PRENTICE HALL

EXPLORADOR DE CIENCIAS

Ciencias del medio ambiente

PRENTICE HALL
Needham, Massachusetts
Upper Saddle River, New Jersey

PRENTICE HALL EXPLORADOR DE CIENCIAS

Ciencias del medio ambiente

Recursos del programa
Student Edition
Annotated Teacher's Edition
Teaching Resources Book with Color Transparencies
Environmental Science Materials Kits

Componentes del programa
Integrated Science Laboratory Manual
Integrated Science Laboratory Manual, Teacher's Edition
Inquiry Skills Activity Book
Student-Centered Science Activity Books
Program Planning Guide
Guided Reading English Audiotapes
Guided Reading Spanish Audiotapes and Summaries
Product Testing Activities by Consumer Reports™
Event-Based Science Series (NSF funded)
Prentice Hall Interdisciplinary Explorations
Cobblestone, Odyssey, Calliope, and *Faces* Magazines

Medios/Tecnología
Science Explorer Interactive Student Tutorial CD-ROMs
Odyssey of Discovery CD-ROMs
Resource Pro® (Teaching Resources on CD-ROM)
Assessment Resources CD-ROM with Dial-A-Test®
Internet site at www.science-explorer.phschool.com
Life, Earth, and Physical Science Videodiscs
Life, Earth, and Physical Science Videotapes

Explorador de ciencias
Libros del estudiante

- *De las bacterias a las plantas*
- *Animales*
- *Células y herencia*
- *Biología humana y salud*
- *Ciencias del medio ambiente*
- *El interior de la Tierra*
- *Cambios en la superficie terrestre*
- *El agua de la Tierra*
- *Meteorología y clima*
- *Astronomía*
- *Elementos químicos básicos*
- *Interacciones químicas*
- *Movimiento, fuerza y energía*
- *Electricidad y magnetismo*
- *Sonido y luz*

Créditos

El equipo de colaboradores de *Explorador de ciencias* está conformado por representantes editoriales, editores, diseñadores, encargados de pruebas de campo de mercadeo, investigadores de mercado, encargados de servicios de mercadeo, desarrolladores de servicios en línea/multimedia, representantes de mercadotecnia, encargados de producción, y publicadores. Los nombres de los colaboradores se listan a continuación. Aquellos resaltados en negritas indican a los coordinadores del equipo.

Kristen E. Ball, **Barbara A. Bertell,** Peter W. Brooks, **Christopher R. Brown, Greg Cantone,** Jonathan Cheney, **Patrick Finbarr Connolly,** Loree Franz, Donald P. Gagnon, Jr., **Paul J. Gagnon, Joel Gendler,** Elizabeth Good, Kerri Hoar, **Linda D. Johnson,** Katherine M. Kotik, Russ Lappa, Marilyn Leitao, David Lippman, **Eve Melnechuk, Natania Mlawer,** Paul W. Murphy, **Cindy A. Noftle,** Julia F. Osborne, Caroline M. Power, Suzanne J. Schineller, **Susan W. Tafler,** Kira Thaler-Marbit, Robin L. Santel, Ronald Schachter, **Mark Tricca,** Diane Walsh, Pearl B. Weinstein, Beth Norman Winickoff

Acknowledgment for page 198: Excerpt translated from *The Amateur Naturalist* by Gerald Durrell. Copyright ©1982 by Dorling Kindersley Ltd., London. Reprinted by permission of Alfred A. Knopf, Inc.

Copyright ©2000 by Prentice-Hall, Inc., Upper Saddle River, New Jersey 07458. All rights reserved. No part of this book may be reproduced or transmitted in any form or by any means, electronic or mechanical, including photocopying, recording, or by any information storage and retrieval system, without permission in writing from the publisher. Printed in the United States of America.

ISBN 0-13-436598-4
3 4 5 6 7 8 9 10   03

Portada: Un caracol y una flor son sólo dos ejemplos de la biodiversidad de la Tierra.

2 ♦ E

Autores del programa

Michael J. Padilla, Ph.D.
Professor
Department of Science Education
University of Georgia
Athens, Georgia

Michael Padilla es líder en la enseñanza de Ciencias en secundaria. Ha trabajado como editor y funcionario de la Asociación Nacional de Profesores de Ciencias. Ha sido miembro investigador en diversas premiaciones de la Fundación Nacional de Ciencias y la Fundación Eisenhower, además de participar en la redacción de los Estándares Nacionales de Enseñanza de Ciencias.

En *Explorador de ciencias*, Mike coordina un equipo de desarrollo de programas de enseñanza que promueven la participación de estudiantes y profesores en el campo de las ciencias con base en los Estándares Nacionales de la Enseñanza de Ciencias.

Ioannis Miaoulis, Ph.D.
Dean of Engineering
College of Engineering
Tufts University
Medford, Massachusetts

Martha Cyr, Ph.D.
Director, Engineering
  Educational Outreach
College of Engineering
Tufts University
Medford, Massachusetts

Explorador de ciencias es un proyecto creado con la colaboración del Colegio de Ingeniería de la Universidad Tufts. Dicha institución cuenta con un extenso programa de investigación sobre ingeniería que fomenta la participación de estudiantes y profesores en las áreas de ciencia y tecnología.

Además de participar en la creación del proyecto *Explorador de ciencias*, la facultad de la Universidad Tufts también colaboró en la revisión del contenido de los libros del estudiante y la coordinación de las pruebas de campo.

Autor

Fred Holtzclaw
Science Instructor
Oak Ridge High School
Oak Ridge, Tennessee

Linda Cronin Jones, Ph.D.
College of Education
University of Florida
Gainesville, Florida

Steve Miller
Science Writer
State College, Pennsylvania

Colaboradores

Thomas R. Wellnitz
Science Instructor
The Paideia School
Atlanta, Georgia

Theresa K. Holtzclaw
Former Science Instructor
Clinton, Tennessee

Asesor de lecturas

Bonnie B. Armbruster, Ph.D.
Department of Curriculum
  and Instruction
University of Illinois
Champaign, Illinois

Asesor interdisciplinario

Heidi Hayes Jacobs, Ed.D.
Teacher's College
Columbia University
New York City, New York

Asesores de seguridad

W. H. Breazeale, Ph.D.
Department of Chemistry
College of Charleston
Charleston, South Carolina

Ruth Hathaway, Ph.D.
Hathaway Consulting
Cape Girardeau, Missouri

Revisores del programa de la Universidad Tufts

Behrouz Abedian, Ph.D.
Department of Mechanical
    Engineering

Wayne Chudyk, Ph.D.
Department of Civil and
    Environmental Engineering

Eliana De Bernardez-Clark, Ph.D.
Department of Chemical Engineering

Anne Marie Desmarais, Ph.D.
Department of Civil and
    Environmental Engineering

David L. Kaplan, Ph.D.
Department of Chemical Engineering

Paul Kelley, Ph.D.
Department of Electro-Optics

George S. Mumford, Ph.D.
Professor of Astronomy, Emeritus

Jan A. Pechenik, Ph.D.
Department of Biology

Livia Racz, Ph.D.
Department of Mechanical Engineering

Robert Rifkin, M.D.
School of Medicine

Jack Ridge, Ph.D.
Department of Geology

Chris Swan, Ph.D.
Department of Civil and
    Environmental Engineering

Peter Y. Wong, Ph.D.
Department of Mechanical Engineering

Revisores del contenido

Jack W. Beal, Ph.D.
Department of Physics
Fairfield University
Fairfield, Connecticut

W. Russell Blake, Ph.D.
Planetarium Director
Plymouth Community
    Intermediate School
Plymouth, Massachusetts

Howard E. Buhse, Jr., Ph.D.
Department of Biological Sciences
University of Illinois
Chicago, Illinois

Dawn Smith Burgess, Ph.D.
Department of Geophysics
Stanford University
Stanford, California

A. Malcolm Campbell, Ph.D.
Assistant Professor
Davidson College
Davidson, North Carolina

Elizabeth A. De Stasio, Ph.D.
Associate Professor of Biology
Lawrence University
Appleton, Wisconsin

John M. Fowler, Ph.D.
Former Director of Special Projects National
Science Teacher's Association
Arlington, Virginia

Jonathan Gitlin, M.D.
School of Medicine
Washington University
St. Louis, Missouri

Dawn Graff-Haight, Ph.D., CHES
Department of Health, Human
    Performance, and Athletics
Linfield College
McMinnville, Oregon

Deborah L. Gumucio, Ph.D.
Associate Professor
Department of Anatomy and Cell Biology
University of Michigan
Ann Arbor, Michigan

William S. Harwood, Ph.D.
Dean of University Division and Associate
    Professor of Education
Indiana University
Bloomington, Indiana

Cyndy Henzel, Ph.D.
Department of Geography
    and Regional Development
University of Arizona
Tucson, Arizona

Greg Hutton
Science and Health
    Curriculum Coordinator
School Board of Sarasota County
Sarasota, Florida

Susan K. Jacobson, Ph.D.
Department of Wildlife Ecology
    and Conservation
University of Florida
Gainesville, Florida

Judy Jernstedt, Ph.D.
Department of Agronomy and Range Science
University of California, Davis
Davis, California

John L. Kermond, Ph.D.
Office of Global Programs
National Oceanographic and
    Atmospheric Administration
Silver Spring, Maryland

David E. LaHart, Ph.D.
Institute of Science and Public Affairs
Florida State University
Tallahassee, Florida

Joe Leverich, Ph.D.
Department of Biology
St. Louis University
St. Louis, Missouri

Dennis K. Lieu, Ph.D.
Department of Mechanical Engineering
University of California
Berkeley, California

Cynthia J. Moore, Ph.D.
Science Outreach Coordinator
Washington University
St. Louis, Missouri

Joseph M. Moran, Ph.D.
Department of Earth Science
University of Wisconsin–Green Bay
Green Bay, Wisconsin

Joseph Stukey, Ph.D.
Department of Biology
Hope College
Holland, Michigan

Seetha Subramanian
Lexington Community College
University of Kentucky
Lexington, Kentucky

Carl L. Thurman, Ph.D.
Department of Biology
University of Northern Iowa
Cedar Falls, Iowa

Edward D. Walton, Ph.D.
Department of Chemistry
California State Polytechnic University
Pomona, California

Robert S. Young, Ph.D.
Department of Geosciences and
    Natural Resource Management
Western Carolina University
Cullowhee, North Carolina

Edward J. Zalisko, Ph.D.
Department of Biology
Blackburn College
Carlinville, Illinois

Revisores de pedagogía

Stephanie Anderson
Sierra Vista Junior
  High School
Canyon Country, California

John W. Anson
Mesa Intermediate School
Palmdale, California

Pamela Arline
Lake Taylor Middle School
Norfolk, Virginia

Lynn Beason
College Station Jr. High School
College Station, Texas

Richard Bothmer
Hollis School District
Hollis, New Hampshire

Jeffrey C. Callister
Newburgh Free Academy
Newburgh, New York

Judy D'Albert
Harvard Day School
Corona Del Mar, California

Betty Scott Dean
Guilford County Schools
McLeansville, North Carolina

Sarah C. Duff
Baltimore City Public Schools
Baltimore, Maryland

Melody Law Ewey
Holmes Junior High School
Davis, California

Sherry L. Fisher
Lake Zurich Middle
  School North
Lake Zurich, Illinois

Melissa Gibbons
Fort Worth ISD
Fort Worth, Texas

Debra J. Goodding
Kraemer Middle School
Placentia, California

Jack Grande
Weber Middle School
Port Washington, New York

Steve Hills
Riverside Middle School
Grand Rapids, Michigan

Carol Ann Lionello
Kraemer Middle School
Placentia, California

Jaime A. Morales
Henry T. Gage Middle School
Huntington Park, California

Patsy Partin
Cameron Middle School
Nashville, Tennessee

Deedra H. Robinson
Newport News Public Schools
Newport News, Virginia

Bonnie Scott
Clack Middle School
Abilene, Texas

Charles M. Sears
Belzer Middle School
Indianapolis, Indiana

Barbara M. Strange
Ferndale Middle School
High Point, North Carolina

Jackie Louise Ulfig
Ford Middle School
Allen, Texas

Kathy Usina
Belzer Middle School
Indianapolis, Indiana

Heidi M. von Oetinger
L'Anse Creuse Public School
Harrison Township, Michigan

Pam Watson
Hill Country Middle School
Austin, Texas

Revisores de actividades de campo

Nicki Bibbo
Russell Street School
Littleton, Massachusetts

Connie Boone
Fletcher Middle School
Jacksonville Beach, Florida

Rose-Marie Botting
Broward County
  School District
Fort Lauderdale, Florida

Colleen Campos
Laredo Middle School
Aurora, Colorado

Elizabeth Chait
W. L. Chenery Middle School
Belmont, Massachusetts

Holly Estes
Hale Middle School
Stow, Massachusetts

Laura Hapgood
Plymouth Community
  Intermediate School
Plymouth, Massachusetts

Sandra M. Harris
Winman Junior High School
Warwick, Rhode Island

Jason Ho
Walter Reed Middle School
Los Angeles, California

Joanne Jackson
Winman Junior High School
Warwick, Rhode Island

Mary F. Lavin
Plymouth Community
  Intermediate School
Plymouth, Massachusetts

James MacNeil, Ph.D.
Concord Public Schools
Concord, Massachusetts

Lauren Magruder
St. Michael's Country
  Day School
Newport, Rhode Island

Jeanne Maurand
Glen Urquhart School
Beverly Farms, Massachusetts

Warren Phillips
Plymouth Community
  Intermediate School
Plymouth, Massachusetts

Carol Pirtle
Hale Middle School
Stow, Massachusetts

Kathleen M. Poe
Kirby-Smith Middle School
Jacksonville, Florida

Cynthia B. Pope
Ruffner Middle School
Norfolk, Virginia

Anne Scammell
Geneva Middle School
Geneva, New York

Karen Riley Sievers
Callanan Middle School
Des Moines, Iowa

David M. Smith
Howard A. Eyer Middle School
Macungie, Pennsylvania

Derek Strohschneider
Plymouth Community
  Intermediate School
Plymouth, Massachusetts

Sallie Teames
Rosemont Middle School
Fort Worth, Texas

Gene Vitale
Parkland Middle School
McHenry, Illinois

Zenovia Young
Meyer Levin Junior
  High School (IS 285)
Brooklyn, New York

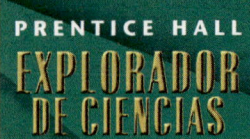

Contenido

Ciencias del medio ambiente

Naturaleza de las ciencias: Protección de la vida silvestre del desierto 10

Capítulo 1 Poblaciones y comunidades 14
1 Seres vivos y medio ambiente 16
2 **Integrar las matemáticas:** Estudio de poblaciones 23
3 Interacciones entre los seres vivos 31

Capítulo 2 Ecosistemas y biomas 42
1 El flujo de energía en los ecosistemas 44
2 **Integrar la química:** Ciclos de la materia 51
3 Biogeografía 56
4 Biomas terrestres 62
5 Sucesión 76

Capítulo 3 Recursos vivientes 82
1 Problemas ambientales 84
2 Bosques y pesquerías 91
3 Biodiversidad 97
4 **Integrar la salud:** Búsqueda de nuevos medicamentos 106

Capítulo 4 Los recursos tierra y suelo 112
1 Conservación de tierra y suelo 114
2 Desechos sólidos 121
3 **Integrar la química:** Desechos peligrosos 130

Capítulo 5 Los recursos aire y agua **138**
    1 Contaminación del aire 140
    2 El recurso del agua 149
    3 **Integrar la tecnología:** Soluciones a la contaminación 155

Capítulo 6 Fuentes de energía **162**
    1 Combustibles fósiles 164
    2 Fuentes renovables de energía 171
    3 **Integrar la química:** Energía nuclear 181
    4 Conservación de la energía 187

Exploración interdisciplinaria: Selvas africanas **194**

Sección de referencia
    Manual de destrezas **200**
        Piensa como científico 200
        Hacer mediciones 202
        Realizar una investigación científica 204
        Razonamiento crítico 206
        Organizar la información 208
        Crear tablas de datos y gráficas 210
    Apéndice A: Seguridad en el laboratorio 213
    Glosario 216
    Índice 220
    Reconocimientos 224

Actividades

Actividades de investigación

PROYECTO DEL CAPÍTULO
Investigación de largo plazo

Capítulo 1: ¿Qué es una acumulación? 15
Capítulo 2: Descomponiéndolo 43
Capítulo 3: Espectáculo de variedades 83
Capítulo 4: ¿Qué hay en un empaque? 113
Capítulo 5: Contaminación vs. pureza 139
Capítulo 6: Una revisión de la energía 163

DESCUBRE
Exploración e investigación antes de leer

¿Qué hay en la escena? 16
¿Cuál es la población de frijoles en un frasco? 23
¿Qué tan bien ocultas una mariposa? 31
¿De dónde vino tu cena? 44
¿Eres parte de un ciclo? 51
¿Cómo puedes mover las semillas? 56
¿Cuánta lluvia es? 62
¿Qué pasó aquí? 76
¿Cómo tomar una decisión? 84
¿Qué pasó con el atún? 91
¿Cuánta variedad existe? 97
¿Cómo se separan las sustancias químicas de las plantas? 106
¿Cómo afecta la minería a la tierra? 114
¿Qué hay en la basura? 121
¿Qué desechos son peligrosos? 130
¿Cómo se esparce el olor? 140
¿Cómo cambia el agua? 149
¿Puedes recuperar el té? 155
¿Qué hay en un pedazo de carbón? 164
¿Puedes captar la energía solar? 171
¿Por qué caen? 181
¿Cuál es más eficiente? 187

Mejora tus destrezas
Práctica de destrezas específicas de la investigación científica

Calcular 24
Clasificar 37
Observar 46
Desarrollar hipótesis 52
Inferir 67
Interpretar datos 69
Comunicar 89
Calcular 94
Hacer gráficas 123
Comunicar 144
Hacer gráficas 156
Hacer gráficas 166
Calcular 183

INTÉNTALO
Refuerzo de conceptos clave

¿Con o sin sal? 18
Libertad de acción 27
Trama de una red alimenticia 49
Supervivencia en el desierto 65
Está en las cifras 125
¿Qué tan ácida es tu lluvia? 143
Limpia el agua 150
Dispara al núcleo 182

Laboratorio de destrezas
Práctica detallada de las destrezas de investigación

Un mundo en un frasco 22
Cambios en una pequeña comunidad 74
Los anillos del árbol 96
Salvar ese suelo 120
¡Concéntrate en esto! 154
Comodidad 186

Laboratorio real
Aplicación diaria de conceptos científicos

Contar tortugas	29
Biomas en miniatura	60
¿Es el papel un recurso renovable?	90
¡Fuera desechos!	128
¿Cómo reverdece el jardín?	148
Cocinar con energía solar	179

EXPLORAR
Exploración visual de conceptos

Las estrategias de defensa	34
Una red alimenticia	48
Las especies en peligro de extinción	102
La conservación del suelo	117
Un relleno sanitario	122
Las predicciones climatológicas	147
Una casa solar	173

Actividades interdisciplinarias

Herramientas matemáticas
Concentración 145

Ciencias e historia
Cómo hacer la diferencia 86
Dispositivos de consumo eficiente de energía ...188

Ciencias y sociedad
Sobrepoblación animal:
    ¿Cómo podemos ayudar? 30
Presas hidroeléctricas:
    ¿Llegaron para quedarse? 180

Conexión
Artes del lenguaje 20
Estudios sociales 58
Estudios sociales 92
Estudios sociales 133
Artes del lenguaje 141
Estudios sociales 175

E ◆ 9

NATURALEZA DE LAS CIENCIAS

Protección de la vida silvestre del desierto

A Elroy Masters le gusta trabajar al aire libre. Un día recorre un sendero de montaña, en busca de tortugas del desierto. A la mañana siguiente, tal vez se encuentre a bordo de un bote, en el río Colorado, contando las aves a lo largo de la ribera. Otro día quizá esté en las colinas de Arizona, construyendo un depósito de agua para el sediento carnero cimarrón. Elroy es biólogo y trabaja para la Oficina de Administración de Tierras (BLM, por sus siglas en inglés). Su labor consiste en proteger el hábitat de la vida silvestre del desierto a lo largo del río Colorado, entre California y Arizona.

"Quizás vengan personas con el deseo de colocar una tubería a través de tierras públicas o con la necesidad de construir una carretera", explica. "Parte de mi tarea consiste en verificar el efecto biológico de esa acción sobre distintas especies de animales y plantas. Si se va a construir una carretera donde hay muchas tortugas, podríamos pedirles que trabajen de noviembre a marzo. Como las tortugas hibernan durante esos meses, reducimos las posibilidades de que las atropellen".

Elroy, quien creció en Arizona, vive en una comunidad agrícola. "Siempre he vivido al aire libre. Pude tener animales que muchos no tienen: pollos, palomas, patos y un caballo. Siempre me han gustado los animales. Nunca abandoné la esperanza de tener algún tipo de profesión relacionada con ellos".

Elroy Masters estudió biología en la Universidad de Phoenix y en la Universidad del Norte de Arizona. Empezó a trabajar para la Oficina de Administración de Tierras cuando era aún estudiante universitario. Ahora se desempeña como biólogo especialista en administración de la vida silvestre. En esta fotografía, Elroy está a punto de poner en libertad a un pez de la familia *Catostomidae*, una especie en peligro de extinción, arrojándolo al río Colorado.

En la actualidad, Elroy y sus compañeros realizan estudios de los animales del desierto. Cuentan a los animales de distintas zonas y elaboran mapas de sus hábitats. Localizan dónde los animales viven y se alimentan, así como dónde construyen sus nidos y madrigueras, y crían a sus descendientes. Elroy se basa en esa información para proteger a los animales cuando los amenazan fenómenos naturales o actividades humanas.

Elroy Masters trabaja en la zona alrededor del lago Havasu, en el oeste de Arizona.

Entrevista con Elroy Masters

P ¿Qué tipo de vida silvestre protege?

R Uno de los animales más hábiles a los que protegemos es el carnero cimarrón del desierto. En un verano común, el calor aquí puede alcanzar hasta 49 grados centígrados. A veces dura semanas. Pero con tanta gente que vive cerca del río, los animales ya no pueden ir a beber agua allí. Así que subimos a las montañas para construir estanques (depósitos) donde recoger agua y almacenarla. De esa manera los carneros pueden permanecer en las montañas y no tratar de cruzar las autopistas para llegar hasta el agua.

Llevamos grandes tanques de almacenamiento con capacidad de unos 10,000 galones de agua. Los enterramos en el suelo o los colocamos sobre una plataforma. Los camuflamos pintándolos del mismo color que el paisaje. A veces construimos un dique o colocamos una lámina de metal para recoger la llovizna.

Un estanque puede contener 10,000 galones de agua (derecha). Se entierra en el suelo. El depósito proporciona el líquido al carnero cimarrón del desierto (abajo), el cariacú y otros animales silvestres.

P ¿Qué más está haciendo para proteger al carnero cimarrón?

R Vamos a trabajar con el Departamento de Peces y Vida Silvestre para trasladar al carnero cimarrón a alguna cordillera dentro de la región a mi cargo. Ya hay aquí carneros y algunos pumas. Sin embargo, a los carneros no les está yendo tan bien como esperábamos. Queremos traer algunos carneros que estén acostumbrados a los pumas que enseñen a los otros cómo huir. Para atrapar a los carneros utilizaremos un helicóptero. Arrojaremos una red sobre ellos, y luego dos trabajadores los agarrarán para integrarlos a nuestro rebaño.

P ¿Qué otros animales debe proteger?

R Trabajo mucho con las tortugas del desierto. Soy responsable de dos poblaciones, una a cada lado del río. Las tortugas viven en zonas más secas y montañosas, lejos del río. Siempre que salimos al campo, tratamos de recoger información. Nos mantenemos al tanto de dónde han estado y dónde se alimentan.

P ¿Cómo encuentra a las tortugas?

R Tenemos mapas que indican su hábitat. Con base en eso, buscamos alguna madriguera debajo de las rocas. Las tortugas son hábiles para excavar. Encuentran una buena piedra y se meten bajo tierra tres o tres metros y medio (10 o 12 pies). Es allí donde pasan el invierno.

El valle del río Colorado es el ambiente natural del papamoscas de los sauces del suroeste y la tortuga del desierto.

Papamoscas de los sauces del suroeste

Tortuga del desierto

P *¿También trabaja con aves?*

R En este momento estamos trabajando con el papamoscas de los sauces del suroeste. Es un pájaro pequeño que depende de la vegetación ribereña (de las orillas) para construir nidos y reproducirse. El papamoscas es una ave migratoria. Cada primavera, vuela a Arizona procedente de América Central y de México. A principios del verano, investigamos cuántos están procreándose. Tratamos de aprender lo necesario para evitar que los papamoscas se extingan. Necesitamos hacer un plano y proteger los bosques que quedan y que constituyen su hábitat. A los papamoscas les gusta anidar en los saucedales espesos. Pero también construyen nidos en otro árbol, el tamarisco. Los pájaros no lo eligen, pero a veces es la única vegetación que queda, así que lo utilizan.

P *¿Qué amenaza a las plantas ribereñas?*

R El bajo nivel del agua en el río —debido al uso humano— representa una gran amenaza. También el fuego. Durante el verano, navegan muchos botes recreativos. Quienes los utilizan pueden provocar incendios. Algunos de éstos se propagan rápidamente a lo largo del río y destruyen gran parte del hábitat donde las aves anidan y crían a sus polluelos.

P *¿Advierte usted los beneficios de su trabajo?*

R Sí, lo percibo sobre todo en las zonas ribereñas donde se protegen algunas partes para que la vegetación pueda volver a crecer. Este año realizamos un nuevo recuento de las aves de una región. Aparecieron especies que no habíamos visto hacía mucho tiempo, como las tanagras. Algunas de las aves migratorias se están refugiando en los álamos jóvenes de Virginia. Ésa es la mejor señal que tengo: ver a los pájaros volver a estos árboles.

También se han obtenido resultados rápidos con los depósitos de agua de las colinas. Llevamos el líquido hace un año. El objetivo es que el carnero cimarrón y el cariacú tengan dónde beber. Pero ahora muchas y distintas aves —palomas y codornices— llegan a la región.

Elroy Masters también trabaja con poblaciones del murciélago de nariz foliforme de California. Este quiróptero posee grandes orejas y una nariz respingona que parece hoja. Está en peligro de perder su hábitat.

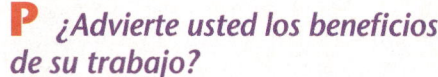

En tu diario

Elroy Masters y sus compañeros de trabajo "inspeccionan" la vida silvestre de la región a su cargo a fin de saber cómo protegerla. Piensa en algún animal que viva en un parque o en un espacio abierto cerca de tu casa: ardillas, ranas, pájaros, incluso insectos. Elabora un plan detallado para trazar un mapa donde señales los lugares en que se encuentra dicho animal.

CAPÍTULO

1 Poblaciones y comunidades

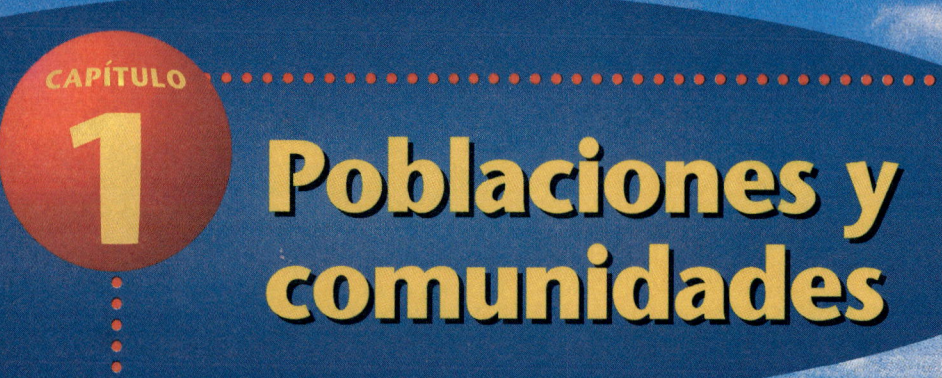

Lo que encontrarás

SECCIÓN 1 **Seres vivos y medio ambiente**
Descubre ¿Qué hay en la escena?
Inténtalo ¿Con o sin sal?
Laboratorio de destrezas Un mundo en un frasco

SECCIÓN 2 **Estudio de poblaciones** *Integrar las matemáticas*
Descubre ¿Cuál es la población de frijoles en un frasco?
Mejora tus destrezas Calcular
Inténtalo Libertad de acción
Laboratorio real Contar tortugas

SECCIÓN 3 **Interacciones entre los seres vivos**
Descubre ¿Qué tan bien ocultas una mariposa?
Mejora tus destrezas Clasificar

PROYECTO 1

¿Qué es una acumulación?

¿Cuántos girasoles hay en esta fotografía? ¡Desde luego demasiados para contarlos! Pero existe un límite acerca de cuántos girasoles más pueden crecer en este campo fértil. El límite lo determina la necesidad de supervivencia de las plantas.

En este capítulo estudiarás cómo los seres vivos obtienen las cosas que necesitan de su ambiente. También aprenderás cómo interactúan los organismos con los seres vivos y los objetos inertes que los rodean. A medida que estudies el capítulo, observarás a las plantas como organismos de muestra.

Tu objetivo Planear y realizar un experimento para determinar el efecto de la acumulación sobre el crecimiento de las plantas.

Para completar este proyecto con éxito, tendrás que:
- elaborar un plan para sembrar distintas cantidades de semillas en recipientes idénticos
- observar y reunir información sobre las plantas en crecimiento
- presentar tus resultados en un informe escrito y una gráfica
- seguir los lineamientos de seguridad del Apéndice A

Para empezar Junto con tu grupo, analiza ideas para elaborar un plan. ¿Qué condiciones necesitan las plantas para crecer? ¿Cómo dispondrán las semillas en sus recipientes? ¿Qué tipo de mediciones harán cuando las plantas empiecen a crecer? Presenten el plan a su maestro para que lo revise.

Comprueba tu aprendizaje Trabajarás en este proyecto mientras estudias el capítulo. Para mantener tu proyecto en marcha, revisa los cuadros de Comprueba tu aprendizaje en los puntos siguientes:

Repaso de la Sección 1, página 21: Siembra las semillas. Mide el crecimiento de las plantas y anota tus observaciones.

Repaso de la Sección 3, página 38: Analiza tus datos y prepara tu informe.

Para terminar Al final del capítulo (página 41), tu grupo presentará tus resultados y conclusiones a la clase.

Fila tras fila, los brillantes girasoles cubren un campo en Provence, Francia.

SECCIÓN 1 Seres vivos y medio ambiente

DESCUBRE

ACTIVIDAD

¿Qué hay en la escena?

1. Escoge la ilustración de una revista donde aparezca una escena natural. Pega la ilustración en una hoja de papel, dejando espacio alrededor de la imagen.

2. Identifica en la ilustración todo lo que tenga vida. Con un lápiz de color, traza una línea desde cada ser vivo u organismo. Si sabes su nombre, escríbelo.

3. Con un lápiz de distinto color, traza una línea desde cada objeto sin vida y ponle nombre.

Reflexiona sobre
Inferir En la ilustración, ¿de qué modo dependen los organismos de las cosas sin vida? Con un lápiz de un tercer color, traza líneas que relacionen los organismos con las cosas sin vida que necesitan.

GUÍA DE LECTURA

◆ ¿Qué necesidades de un organismo satisface el ambiente?

◆ ¿Qué son los niveles de organización dentro de un ecosistema?

Sugerencia de lectura Escribe los títulos de la sección en tu cuaderno. A medida que leas, haz una lista de las ideas principales y los detalles secundarios debajo de cada encabezado.

Una calurosa mañana de verano, en Nebraska, cuando el sol sale la población bulle de actividad. Algunos habitantes trabajan duro construyendo casas para su familia. Lo hacen bajo tierra, donde hay oscuridad y frío. Otros recogen semillas para el desayuno. Algunos más jóvenes juegan y se persiguen corriendo por la hierba.

De pronto, un adulto descubre que una sombra amenazadora se acerca: ¡ha aparecido un enemigo en el cielo! El adulto "grita" varias veces, alertando a los demás. Momentos después, los moradores de la población desaparecen metiéndose en sus casas subterráneas. En el lugar reina el silencio, interrumpido por un halcón que da vueltas en lo alto.

¿Has adivinado de qué población se trata? Es una población de perros de la pradera, en Nebraska. Mientras los animales cavaban sus madrigueras, buscaban alimento y se ocultaban del halcón, interactuaban con su entorno, o ambiente. Los perros de la pradera interactuaban con seres vivos, como la hierba y el halcón, y con cosas sin vida, como el suelo. Todos los seres vivos y las cosas sin vida que interactúan en un espacio dado constituyen un **ecosistema**. La pradera es sólo uno de los numerosos y distintos

▼ Perros de la pradera de cola negra

ecosistemas que existen en la Tierra. Otros ecosistemas en que los seres vivos construyen su hábitat son los ríos y arroyos de las montañas, las profundidades oceánicas y los espesos bosques.

Hábitats

Los perros de la pradera son un tipo de organismo, son seres vivos. Los organismos viven en un lugar específico dentro de un ecosistema. **Los organismos obtienen de su entorno alimento, agua, refugio y otras cosas que necesitan para vivir, crecer y reproducirse.** El lugar donde un organismo vive y que le proporciona lo que necesita se llama **hábitat.**

Un solo ecosistema puede contener muchos hábitats. Por ejemplo, en un ecosistema de bosque, los hongos crecen en terreno húmedo, los conejos viven en el suelo, las termitas habitan debajo de la corteza de los troncos de los árboles, y los pájaros carpinteros dorados construyen nidos en los troncos.

Los organismos viven en distintos hábitats porque sus necesidades de sobrevivir son diferentes. Un perro de la pradera obtiene de su hábitat el alimento y el refugio que necesita. No podría sobrevivir en un bosque tropical o en la rocosa costa oceánica. De igual modo, la pradera no satisfaría las necesidades de un gorila, un pingüino o un cangrejo ermitaño.

Figura 1 Una corriente, dando tumbos, cae sobre rocas musgosas en un exuberante bosque de Tennessee. Este ecosistema contiene muchos hábitats distintos. *Comparar y contrastar* ¿En qué difiere el hábitat de los hongos en el bosque del hábitat del pájaro carpintero dorado?

Factores bióticos

Un organismo interactúa tanto con los seres vivos como con las cosas sin vida que existen en su medio ambiente. Las partes vivas de un ecosistema se llaman **factores bióticos.** Los factores bióticos en el ecosistema de los perros de la pradera incluyen la hierba y las plantas que proporcionan semillas y bayas. Los halcones, hurones, tejones y águilas que cazan a los perros de la pradera también son factores bióticos. Además, los gusanos, hongos y bacterias son factores bióticos que viven en el suelo debajo de la hierba de la pradera. Estos organismos mantienen al suelo rico en nutrientes, pues descomponen los restos de otros seres vivos.

☑ *Punto clave* Menciona un factor biótico que exista en tu medio ambiente.

Figura 2 Esta rana banjo del este está haciendo una madriguera en la arena a fin de permanecer fresca en el ardiente desierto australiano. *Interpretar fotografías* ¿Con cuáles factores abióticos interactúa la rana en esta escena?

Factores abióticos

Las partes sin vida de un ecosistema se llaman **factores abióticos**. Los factores abióticos que afectan a los seres vivos de la pradera son similares a los que se han encontrado en muchos ecosistemas. Incluyen el agua, la luz solar, el oxígeno, la temperatura y el suelo.

Agua Todos los seres vivos requieren de agua para realizar sus procesos vitales. El agua también constituye una gran parte del cuerpo de muchos organismos. Tu cuerpo, por ejemplo, es más o menos 65 por ciento agua. ¡El 95 por ciento de una sandía es agua! Este líquido es particularmente importante para las plantas y las algas. Estos organismos consumen agua, junto con luz solar y dióxido de carbono, para elaborar alimento en un proceso llamado **fotosíntesis**. Otros seres vivos se alimentan de plantas y algas para obtener energía.

Luz solar Como la luz solar es necesaria para la fotosíntesis, es un factor abiótico importante para las plantas, las algas y otros seres vivos. En lugares que no reciben luz solar, como las cuevas oscuras, las plantas no pueden crecer. Sin plantas o algas que les ofrezcan una fuente de alimentos, muy pocos organismos pueden vivir.

Oxígeno La mayoría de los seres vivos requieren de oxígeno para realizar sus procesos vitales. El oxígeno es tan importante para el funcionamiento del cuerpo humano que apenas podemos vivir unos minutos sin él. Los organismos que viven en tierra obtienen oxígeno del aire, cuyo 20 por ciento, más o menos, es oxígeno. Los peces y otros organismos acuáticos obtienen oxígeno disuelto del agua que los rodea.

Temperatura Las temperaturas que son características de una región determinan los tipos de organismos que pueden vivir allí. Por ejemplo, si hicieras un viaje a una calurosa isla tropical, verías palmeras, brillantes flores de hibisco y diminutas lagartijas. Estos organismos no podrían sobrevivir en las heladas llanuras de Siberia. Sin embargo, el grueso y cálido pelaje de los lobos y las cortas y fuertes ramas de los sauces enanos son adecuados para los inviernos borrascosos de esa región.

INTÉNTALO

¿Con o sin sal?

En esta actividad, investigarás si la sal es un factor abiótico.

1. Etiqueta cuatro vasos de precipitados de 600 mL con las letras A, B, C y D. Vierte en cada uno 500 mL de agua de manantial a temperatura ambiente.

2. Aparta el vaso A con agua dulce. Añade 2.5 gr de sal no yodada al vaso B. Agrega 7.5 gr de sal al vaso C y 15 gr de sal al vaso D. Agita los vasos B, C y D.

3. Añade una cucharadita de huevos de camarón de agua salada a cada vaso.

4. Cubre los vasos con papel. Manténlos lejos de la luz o el calor directos. Lávate las manos.

5. Observa los vasos diariamente durante tres días.

Sacar conclusiones ¿En cuáles vasos de precipitados se incubaron los huevos? ¿Qué puedes deducir sobre la cantidad de sal en el hábitat natural de los camarones?

Algunos animales alteran su medio ambiente para soportar temperaturas muy altas o muy bajas. Por ejemplo, los perros de la pradera cavan madrigueras bajo tierra para refugiarse del abrasador sol veraniego. Forran las guaridas con hierba. Ésta mantiene a los perros abrigados durante los fríos y tempestuosos inviernos.

Suelo El suelo es una mezcla de fragmentos de roca, nutrientes, aire, agua y restos en descomposición de seres vivos. El suelo consiste, en diferentes zonas, de cantidades variables de estos materiales. El tipo de suelo de una región influye en los tipos de plantas crecen allí. Muchos animales, como los perros de la pradera, utilizan el suelo como su hábitat. Miles de millones de organismos microscópicos como las bacterias también viven en el suelo. Estos minúsculos organismos desempeñan un papel importante en el ecosistema al descomponer los restos de otros seres vivos.

Punto clave *¿Qué diferencia hay entre los factores bióticos y los abióticos?*

Poblaciones

En 1900, en Texas, los viajeros vieron una población de perros de la pradera que cubría una superficie de dos veces el tamaño de la ciudad de Dallas. La extensa población contenía ¡más de 400 millones de perros de la pradera! Éstos pertenecían a una especie, o clase única, de un organismo. Una **especie** es un grupo de organismos que son físicamente similares y pueden reproducirse entre sí y generar descendientes fértiles.

Todos los miembros de una especie en una región determinada se conocen como **población**. Los 400 millones de perros de la pradera de Texas son un ejemplo de población. Todas las palomas de la ciudad de Nueva York constituyen una población, al igual que todas las margaritas en un campo. En contraste, todos los árboles de un bosque no conforman una población, pues no todos pertenecen a la misma especie. En el bosque, puede haber pinos, arces, abedules y muchas otras especies.

El área en que vive una población puede ser tan pequeña como una hoja de hierba, o tan grande como todo el planeta. Los científicos que estudian un tipo de organismo suelen limitar su investigación a una población de un área definida. Por ejemplo, tal vez estudien la población de peces luna de una laguna o la población de caimanes en los Everglades, en Florida.

Algunas poblaciones, sin embargo, no permanecen en un espacio limitado. Por ejemplo, para estudiar la población de rorcuales, un científico quizás tendría que estudiar el océano entero.

Figura 3 Esta planta de vecentósigo es el hogar de una pequeña población de mariquitas.

Organismo

Población

Comunidades

Por supuesto, muchos ecosistemas contienen más de un tipo de organismo. La pradera, por ejemplo, incluye perros de la pradera, halcones, hierba, tejones y serpientes, junto con muchos otros organismos. Todas las distintas poblaciones que viven juntas en una zona constituyen una **comunidad**.

La Figura 4 muestra los niveles de organización en el ecosistema de la pradera. **La unidad más pequeña de organización es un organismo único, que pertenece a una población de otros miembros de su especie. La población pertenece a una comunidad de distintas especies. La comunidad y los factores abióticos forman juntos un ecosistema.**

Para considerar que se trata de una comunidad, las diversas poblaciones deben vivir lo suficientemente juntas para interactuar. Una manera en que las poblaciones de una comunidad pueden interactuar es utilizando los mismos recursos, como el alimento y el refugio. Por ejemplo, los túneles que cavan los perros de la pradera también sirven de morada a los búhos de las madrigueras y los hurones de patas negras. Los perros de la pradera comparten la hierba con otros animales. Por otra parte, sirven de alimento a muchas especies.

¿Qué es la ecología?

Puesto que las poblaciones en el ecosistema de la pradera interactúan entre sí, cualquier cambio en una comunidad afecta a todas las poblaciones que viven allí. El estudio de la manera en que los seres vivos interactúan unos con otros y con su medio ambiente se llama **ecología**. Los ecólogos, científicos que estudian ecología, examinan la relación que existe entre todos los factores bióticos y abióticos de un ecosistema.

Artes del lenguaje
CONEXIÓN

La palabra *ecología* proviene de dos raíces griegas: *oikos*, que significa casa o lugar para vivir, y *logos*, que quiere decir *estudio*. Juntas, estas raíces crean un término para estudiar los organismos en el lugar donde viven. Muchos vocablos científicos se derivan de raíces griegas y latinas.

En tu diario

Busca en un diccionario las raíces de los siguientes términos de esta sección: *hábitat, biótico, comunidad* y *población*. En el caso de cada palabra, enumera su significado, idioma original y otras palabras en español que contengan la raíz.

Comunidad

Ecosistema

Figura 4 El nivel más pequeño de organización ecológica es un organismo individual. El mayor es todo el ecosistema.

Como parte de su trabajo, los ecólogos estudian la manera en que los organismos reaccionan a los cambios en su medio ambiente. Los seres vivos no dejan de interactuar con su entorno, respondiendo a los cambios en las condiciones que los rodean. Algunas respuestas son muy rápidas. Cuando un perro de la pradera ve a un halcón volando en lo alto, lanza un ladrido de advertencia. Los demás perros de la pradera escuchan el ladrido y reaccionan volviendo a sus madrigueras para ocultarse. Otras respuestas ante el cambio en el medio ambiente ocurren con mayor lentitud. Por ejemplo, después de un incendio en la pradera, la hierba tarda cierto tiempo en alcanzar su altura anterior para que todos los animales regresen a la zona.

Repaso de la sección 1

1. ¿Qué necesidades básicas satisface el hábitat de un organismo?
2. Enumera estos términos de la unidad más pequeña a la más grande: población, organismo, ecosistema, comunidad.
3. Explica de qué modo el agua y la luz del sol son dos factores abióticos importantes para todos los organismos.
4. ¿Por qué los ecólogos estudian tanto los factores bióticos como abióticos de un ecosistema?
5. **Razonamiento crítico Aplicar los conceptos** ¿Se considerarían población todos los insectos de un bosque? ¿Por qué?

PROYECTO DEL CAPÍTULO 1

Comprueba tu aprendizaje

Una vez que el maestro revise tu plan, prepara los recipientes y siembra las semillas. Haz una tabla de datos para anotar la información que usarás para comparar el crecimiento en los distintos recipientes. Cuando las plantas inicien su desarrollo, examínalas diariamente y anota tus observaciones. Asegúrate de cuidar tus plantas de acuerdo con tu plan. (*Sugerencia:* Utiliza una regla métrica para medir el crecimiento de tus plantas. Además del tamaño, busca diferencias en el color de las hojas y el número de brotes entre las plantas).

Laboratorio de destrezas

Hacer modelos

Un mundo en un frasco

En este experimento, estudiarás las interacciones entre los factores bióticos y abióticos de un ecosistema modelo.

Problema

¿Cómo viven los organismos en un ecosistema cerrado?

Materiales

grava de acuario
agitador de plástico
agua de la llave de 2 días
2 olominas
frasco grande con tapa (de 2 litros)
lámpara con bombilla de 60 watts
regla métrica
red de mano
4 plantas acuáticas
4 caracoles

Procedimiento

1. En este experimento, pondrás olominas, caracoles y plantas juntos en un frasco sellado de agua. Anota tu predicción sobre si este hábitat satisfará las necesidades de estos organismos.
2. Busca un lugar seguro para el frasco lejos de ventanas y otros espacios donde sea probable que cambien a menudo la luz y la temperatura. Debe haber un enchufe eléctrico cerca.
3. Pon 3 cm de grava de acuario en el frasco. Agrega agua hasta 6 cm desde la tapa.
4. Coloca las plantas en el frasco una por una. Con el agitador de plástico, aparta suavemente un poco de grava. Coloca las raíces de cada planta contra el fondo del frasco. Mueve la grava sobre las raíces para sujetar la planta.
5. Con una red de mano, coloca las olominas en el agua. Pon los caracoles en el frasco y tápalo.
6. Coloca la lámpara de modo que la luz penetre en el frasco. La bombilla debe quedar de 15 a 20 cm del frasco. **PRECAUCIÓN:** *Cuida que la bombilla no toque ningún objeto.*
7. Observa el frasco todos los días. Anota tus observaciones en tu cuaderno.
8. En un plazo de 5 días, el agua dentro del frasco debe volverse ligeramente verde. El color verde indica la presencia de algas. Si el agua se ve verde brillante, aparta la luz del frasco. Si el líquido no se vuelve verde después de 5 días, acerca la luz a la botella. Anota en cuaderno cualquier cambio en la disposición de las partes.
9. Observa el frasco otra semana más.

Analizar y concluir

1. ¿Qué factores bióticos y abióticos forman parte del ecosistema dentro del frasco?
2. ¿Es posible que penetre en el frasco sellado algún factor biótico o abiótico? Si es así, ¿cuáles?
3. ¿De dónde surgieron las algas verdes?
4. Haz un diagrama de las interacciones que ocurren entre los factores bióticos y abióticos.
5. ¿Vivirían en frascos separados las olominas, los caracoles y las plantas? ¿Por qué?
6. **Piensa en esto** Explica por qué tu frasco es un ecosistema. ¿Tu modelo es distinto de un ecosistema terrestre?

Explorar más

Elabora un plan para construir el modelo de un ecosistema de agua salada o terrestre. ¿En qué sería distinto este modelo del ecosistema de agua dulce? Pide su aprobación de tu maestro antes de llevar a cabo tu plan.

INTEGRAR LAS MATEMÁTICAS

SECCIÓN 2: Estudio de poblaciones

DESCUBRE ACTIVIDAD

¿Cuál es la población de frijoles en un frasco?

1. Llena un frasco con frijoles secos. Ésta es tu población modelo.
2. Tu objetivo es determinar el número de frijoles en el frasco, pero no debes contarlos. Utiliza cualquiera de los siguientes objetos para determinar el tamaño de la población: una regla, un vaso de precipitados pequeño, otro frasco grande. Cuando estés listo, prepara un cronómetro para que cuente dos minutos.
3. Después de dos minutos, anota tu respuesta. Luego cuenta el número de frijoles. ¿Qué tan cerca estuviste?

Reflexiona sobre
Formular definiciones operativas En esta actividad, hiciste una estimación del tamaño de la población de frijoles. Escribe una definición de *estimación* con base en lo que hiciste.

¿Qué te parecería cambiar de trabajo por ahora? En lugar de ser estudiante, hoy eres ecólogo. Estás trabajando en un proyecto para estudiar la población de águilas calvas en la región donde vives. Una pregunta es cómo se ha modificado la población en el tiempo. ¿El número de águilas calvas es mayor, menor o el mismo que hace 50 años? Para responder estas preguntas primero debes determinar el tamaño actual de la población de águilas calvas.

GUÍA DE LECTURA

◆ ¿Cómo determinan los ecólogos el tamaño de una población?

◆ ¿Qué hace que las poblaciones cambien de tamaño?

◆ ¿Qué factores limitan el crecimiento demográfico?

· *Sugerencia de lectura* Antes de leer predice qué factores podrían hacer que una población aumentara o disminuyera.

Densidad de población

Una manera de establecer el tamaño de un población es hacerlo en términos de la **densidad de población,** número de individuos en un área específica. La densidad de población puede expresarse como una ecuación:

$$\text{Densidad de población} = \frac{\text{Número de individuos}}{\text{Unidad de área}}$$

Por ejemplo, supón que contaste 50 mariposas monarca en un jardín que mide 10 metros cuadrados. La densidad de población sería de 50 mariposas por 10 metros cuadrados, o 5 mariposas por metro cuadrado.

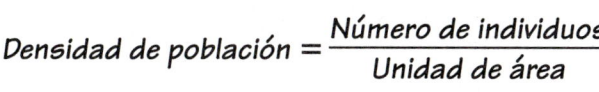
▶ Águilas calvas en Alaska

Cómo determinar el tamaño de la población

En tu trabajo como ecólogo, ¿cómo puedes determinar el tamaño de la población que estás estudiando? **Algunos métodos para determinar el tamaño de una población son la observación directa y la indirecta, el muestreo y los estudios de marcar y capturar.**

Observación directa La manera más obvia de determinar el tamaño de una población es contar, uno por uno, a todos sus miembros. Podrías contar a todas las águilas calvas que viven a lo largo de un río, todos los arces rojos de un bosque o todos los elefantes de un valle de Kenia.

Observación indirecta Los miembros de una población pueden ser pequeños o difíciles de encontrar. Quizás sea más fácil observar sus huellas u otros rastros en lugar de los organismos mismos. En la Figura 5, mira los nidos de lodo construidos por las golondrinas de los acantilados. Cada nido tiene un agujero de entrada. Contando estas aberturas, puedes determinar el número de familias de golondrinas que anidan en la zona. Supón que el número promedio de golondrinas por nido es cuatro: dos padres y dos crías. Si hay 120 nidos en un lugar, puedes encontrar el número de golondrinas multiplicando 120 por 4, es decir, 480 golondrinas.

Figura 5 Estas estructuras en forma de cono son nidos que construyen golondrinas de los acantilados en el Monumento Nacional a los Dinosaurios, en Utah. Contar los nidos es una manera de calcular la población de golondrinas.

Muestreo En muchos casos no es posible contar los miembros de una población. Ésta puede ser muy grande o estar dispersa en una zona amplia. Sería difícil encontrar a cada individuo o recordar cuáles ya se contaron. Por ello, los ecólogos realizan una estimación. Una **estimación** es un número aproximado basado en supuestos razonables.

Un tipo de estimación implica contar el número de organismos en un área pequeña (una muestra) y luego hacer una multiplicación para el número correspondiente a un área más grande. A fin de realizar un cálculo preciso, la muestra debe tener la misma densidad de población que la superficie mayor. Por ejemplo, supón que cuentas 8 arces rojos en un área del bosque de 10 metros por 10 metros. Si el bosque entero tuviera 100 veces ese tamaño, multiplicarías tu cuenta por 100 para calcular la población total, es decir, 800 arces rojos.

Estudios de marca y recaptura Otro método de estimación consiste en una técnica llamada "marca y recaptura". Se le llama así porque a algunos animales primero se les captura, se les marca y se les deja en libertad en su medio ambiente. Luego se captura a otro grupo. El número de

Calcular

Un banco de ostras mide 100 m de largo por 50 m de ancho. En una superficie de un metro cuadrado cuentas 20 ostras. Calcula la población de moluscos en el banco. (*Sugerencia:* Hacer un diagrama puede ayudarte a realizar el cálculo.)

animales marcados en este segundo grupo indica el tamaño de la población. Por ejemplo, si la mitad de los animales del segundo grupo están marcados, significa que la primera muestra era de más o menos a la mitad del total de la población.

He aquí un ejemplo del método de marca y recaptura. Primero, en un campo se atrapan ratones por medio de una trampa que no causa daño a los animales. Los ecólogos cuentan los ratones y marcan el vientre de cada uno con un punto de tinte para el cabello antes de dejarlos libres. Dos semanas después, regresan y capturan de nuevo a los ratones. Cuentan cuántos tienen la marca que indica que ya fueron atrapados, y cuántos no la tienen. Con una fórmula matemática, estiman la población total de ratones en el campo. Tú puedes probar esta técnica en el Laboratorio real, al final de esta sección.

Figura 6 Este joven halcón forma parte de un estudio de marca y recaptura en un pantano de Virginia. *Inferir* ¿Cuál es el propósito de la banda de plata en la pata del halcón?

☑ *Punto clave* ¿Cuándo se emplea el muestreo para estimar una población?

Cambios en el tamaño de la población

Los ecólogos pueden determinar el tamaño de una población en el tiempo regresando con frecuencia a un lugar y empleando uno de los métodos descritos. **Las poblaciones cambian de tamaño cuando ingresan nuevos miembros o cuando otros miembros las abandonan.**

Nacimientos y muertes La manera más importante en que se añaden individuos a una población es mediante el nacimiento de descendientes. El **índice de natalidad** de una población es el número de nacimientos en un tiempo dado. Por ejemplo, supón que una población de 1,000 gansos silvestres produce 1,400 ansarinos en un año. El índice de natalidad de esta población sería de 1,400 ansarinos por año.

Asimismo, la principal manera en que los individuos dejan una población es la muerte. El **índice de mortalidad** es el número de muertes en una población en un tiempo dado. Supón que en la misma población mueren 100 gansos en un año. El índice de mortalidad sería de 100 gansos por año.

Figura 7 El nacimiento de nuevos individuos puede aumentar el tamaño de una población. Esta madre guepardo añadió cinco descendientes a la población en su zona.

La ecuación de la población Cuando en una población el índice de natalidad es mayor que el índice de mortalidad, por lo general la población aumenta de tamaño. Esta afirmación puede expresarse como un enunciado matemático mediante el signo de "es mayor que":

Si el índice de natalidad > el índice de mortalidad, el tamaño de la población aumenta.

Por ejemplo, en la población de gansos silvestres el índice de natalidad de 1,400 ansarinos por año fue mayor que el índice de mortalidad de 100 gansos por año, de modo que la población aumentaría de tamaño.

Pero si el índice de mortalidad de una población es mayor que el de natalidad, el tamaño de la población disminuye. Se expresa como:

Si el índice de mortalidad > el índice de natalidad, el tamaño de la población disminuye.

Inmigración y emigración El tamaño de la población también puede cambiar cuando los individuos se integran a la población o la abandonan, del mismo modo que la población de tu ciudad cambia cuando las familias llegan o se van. **Inmigración** significa incorporarse a una población. **Emigración** significa abandonar una población. La emigración puede ocurrir cuando parte de la población se separa del resto de dicha población. Por ejemplo, si el alimento es escaso, quizás algunos miembros de la manada de antílopes se alejen en busca de mejores pastizales. Si se separan para siempre de la manada original, ya no formarán parte de esa población.

Gráfica de los cambios en una población La Figura 8 es un ejemplo de los cambios ocurridos en una población de conejos. El eje vertical indica el número de conejos y el eje horizontal muestra el tiempo. La gráfica indica el tamaño de la población durante 10 años.

☑ *Punto clave* Menciona dos maneras en que los individuos pueden unirse a una población.

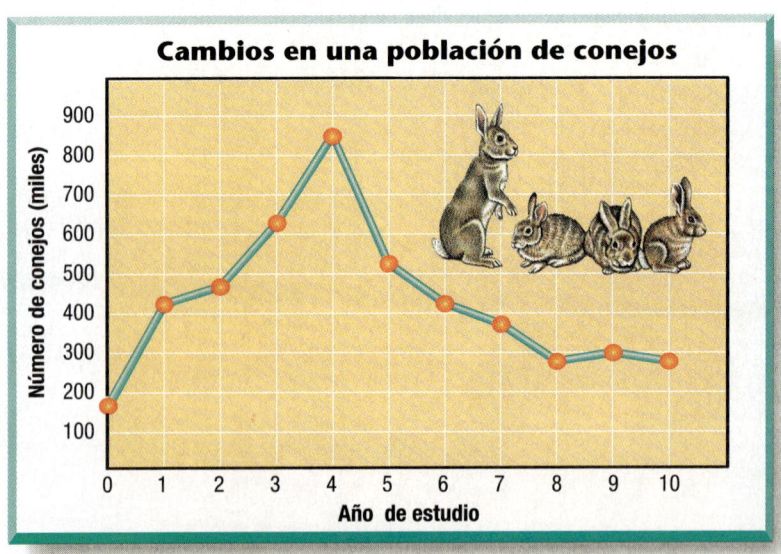

Figura 8 Del año 0 al 4, fueron más los conejos que se unieron a la población que los que la dejaron, de modo que la población aumentó. Del año 4 al 8, fueron más los que la dejaron que los que se unieron, así que la población disminuyó. Del año 8 al 10, los índices de conejos que dejaron y se unieron a la población fue más o menos igual, de manera que la población permaneció estable.
Interpretar gráficas ¿En qué año alcanzó la población de conejos su punto más alto? ¿Cuál fue el tamaño de la población ese año?

Figura 9 Estos alcatraces parecen haber escuchado el dicho de "Dios los hace y ellos se juntan". Cuando haya más aves de las que el espacio pueda permitir, la población habrá excedido la capacidad portadora de la costa.

Factores limitantes

Cuando las condiciones son buenas, las poblaciones suelen aumentar. Pero una población no crece constantemente. Con el tiempo, algún factor en su medio ambiente hace que la población deje de crecer. Un **factor limitante** es un factor ambiental que impide crecer a una población. **Algunos factores limitantes de las poblaciones son el alimento, el espacio y las condiciones atmosféricas.**

Alimento Los organismos requieren de alimento para sobrevivir. En una zona donde el alimento es escaso, se convierte en un factor de restricción. Pongamos el caso de una jirafa que necesita comer 10 kilogramos de hojas cada día para sobrevivir. Los árboles de una zona pueden proporcionar 100 kilogramos de hojas diarias y sanos. Cinco jirafas podrían vivir fácilmente en ese espacio, pues sólo requerirían un total de 50 kilogramos de alimento. Pero 15 animales no podrían sobrevivir, pues no habría alimento suficiente para todos ellos. No importa cuánta agua, refugio y otros recursos pudiera haber, la población no aumentará en más de 10 jirafas. La mayor población que puede tener un ambiente se llama **capacidad portadora**. La capacidad portadora de este medio ambiente es de 10 jirafas.

Espacio A las aves de la Figura 9 pocas veces se les ve en tierra. Estos alcatraces pasan la mayor parte de su vida volando sobre el mar. Sólo bajan a esta costa para anidar. Pero, como puedes ver, la costa está muy concurrida. Si una pareja de alcatraces no dispone de espacio para construir un nido, no producirá descendientes.

INTÉNTALO

Libertad de acción

Con cinta adhesiva, delimita varios cuadrados de un metro en el piso de tu salón de clases. Tu maestro formará grupos de 2, 4 y 6 estudiantes. Cada grupo deberá armar un pequeño rompecabezas en uno de los cuadrados. Todos los miembros del grupo deben mantener los pies dentro del cuadrado. Mide el tiempo que tarda tu grupo en terminar el rompecabezas.

Hacer modelos ¿Cuánto tiempo le llevó a cada grupo realizar la tarea? ¿Cómo demuestra esta actividad que el espacio puede ser un factor limitante? ¿Cuál es la capacidad portadora de estudiantes que resuelven rompecabezas en un metro cuadrado?

Figura 10 Una tormenta de nieve puede reducir el tamaño de la cosecha de naranjas.

Esas aves no contribuirán a un incremento de la población de alcatraces. Esto significa que el espacio para anidar es un factor limitante para ellos. Si la costa fuera más extensa, más alcatraces podrían anidar allí, y la población aumentaría.

A menudo el espacio constituye un factor limitante para las plantas. La cantidad de espacio en que crece una planta puede determinar cuánta luz del sol, agua y otros recursos puede obtener. Por ejemplo, muchos plantones de pino retoñan cada año en el bosque. Pero a medida que los árboles crecen, los que están demasiado juntos no disponen de espacio para extender sus raíces bajo tierra. Las ramas de otros árboles bloquean la luz del sol que necesitan para vivir. Algunos de los plantones mueren, limitando así el tamaño de la población de pinos.

Meteorología Condiciones meteorológicas como la temperatura y la cantidad de precipitación también pueden restringir el crecimiento demográfico. Muchas especies de insectos se reproducen durante el cálido tiempo de primavera. Cuando se inicia el invierno, la primera helada acaba con muchos de ellos. Este repentino aumento del índice de mortalidad hace que la población de insectos disminuya.

Un solo fenómeno atmosférico intenso puede modificar grandemente el tamaño de un población aniquilando a muchos organismos. Por ejemplo, una inundación o un huracán puede destruir nidos y madrigueras del mismo modo que daña las casas de los seres humanos. Si vives en algún estado del norte, tal vez hayas visto cómo una helada temprana reduce la población de tomates de un huerto de verduras.

Repaso de la sección 2

1. Menciona cuatro maneras de determinar el tamaño de una población.
2. ¿Qué relación existe entre índice de natalidad y tamaño de la población?
3. Enumera tres factores limitantes de las poblaciones. Elige uno y explica cómo puede restringir el crecimiento demográfico.
4. Explica por qué con frecuencia es necesario que los ecólogos calculen el tamaño de una población.
5. **Razonamiento crítico Resolver problemas** Un campo mide 50 m por 90 m. En un metro cuadrado cuentas 3 ratones. Estima la población total de ratones en el campo. ¿Qué método empleaste para hacer la estimación?

Las ciencias en casa

Escoge una página de diccionario o de otro libro que tenga una gran cantidad de caracteres. Pide a miembros de tu familia que estimen el número de palabras en la página. Después de que todos hayan hecho la estimación, pide a cada uno que explique el método que empleó. Ahora cuenta el número real de palabras sobre la página. ¿Cuál estimación fue la más aproximada?

Profesiones científicas
Contar tortugas

Laboratorio real

Durante tres años, los ecólogos han usado el método de marca y recaptura para determinar una población de tortugas. En este experimento, representarás la captura y analizarás los resultados.

Problema
¿Cómo el método de marca y recaptura ayuda a determinar el tamaño de una población?

Enfoque en las destrezas
calcular, hacer gráficas, predecir

Materiales
población de tortugas en papel para maquetas
calculadora   papel cuadriculado

Procedimiento
1. La tabla de datos muestra los resultados de los primeros tres años del estudio. Cópiala en tu cuaderno, dejando espacios para tus datos.
2. Tu maestro te dará una caja que representa al estanque. Se han marcado quince de las tortugas de papel, como se muestra en la tabla.
3. Captura un miembro de la población seleccionando al azar una tortuga. Apártala.
4. Repite el Paso 3 nueve veces. Anota el número total de tortugas que capturaste.
5. Examina si las tortugas tienen marca. Cuenta el número de tortugas capturadas (marcadas). Anota este número en tu tabla.

Analizar y concluir
1. Con la ecuación, estima la población de tortugas de cada año. El primer año se da como ejemplo. Si tu respuesta es un decimal, redondéalo al entero más próximo para que tu estimación sea en "tortugas enteras". Anota la población de cada año en la última columna de la tabla.

$$\text{Población total} = \frac{\text{Número marcado} \times \text{Número total capturado}}{\text{Número recapturado (con marca)}}$$

Ejemplo (año 1):
$$\frac{32 \times 28}{15} = 59.7 \text{ o } 60 \text{ tortugas}$$

2. Haz una gráfica de las poblaciones totales de los cuatro años. Señala los años en el eje horizontal y la población en el eje vertical.
3. Describe cómo la población de tortugas ha cambiado durante los cuatro años del estudio. Sugiere tres posibles causas de esto.
4. **Aplicar** Con tu gráfica, predice la población de tortugas en el año 5. Explica tu predicción.

Participa
Investiga si agencias nacionales, estatales o locales están supervisando la vida silvestre de tu localidad. Haz un cartel o escribe un artículo sobre una población y los métodos usados para estudiarla.

TABLA DE DATOS

Año	Número marcado	Número total capturado	Número recapturado (con marca)	Población total estimada
1	32	28	15	
2	25	21	11	
3	23	19	11	
4	15			

Ciencias y Sociedad

Sobrepoblación animal: ¿Cómo podemos ayudar?

Las poblaciones de ciervos de Virginia están creciendo rápidamente en Estados Unidos. A medida que se multiplican, el alimento se convierte en un factor limitante. Muchos ciervos mueren de hambre, otros crecen enfermizos. En busca de comida, los ciervos hambrientos se acercan más a los seres humanos. Allí se alimentan de la cosecha de las granjas, de verduras e incluso de árboles. Esto afecta a las aves y los animales pequeños que dependen de las plantas. Además, mayor número de ciervos cerca de las carreteras puede causar más accidentes automovilísticos.

La gente admira la gracia, la belleza y la rapidez de los ciervos. Muchos no desean que estos animales sufran hambre o enfermedades. ¿Se debe reducir el crecimiento de las poblaciones de ciervos?

Temas de debate

¿Se deben tomar medidas directas?

Muchas personas argumentan que la caza es la manera más sencilla de reducir las poblaciones de animales. Los administradores de la vida silvestre examinan el suministro de recursos en una región y determinan su capacidad portadora. Luego se expiden licencias a los cazadores para que ayuden a reducir el número de ciervos.

Otras personas rechazan la cacería como método para controlar las poblaciones de ciervos. Un plan consiste en reubicar a los animales. Pero este método es costoso y requiere encontrar otro lugar que pueda aceptar a los ciervos sin que desequilibre su propio sistema.

Los científicos investigan productos químicos que reduzcan el índice de natalidad de las poblaciones de ciervos. Sin embargo, este plan sólo es eficaz una vez al año.

¿Se deben tomar medidas indirectas?

Algunos proponen llevar enemigos de los ciervos, como lobos, pumas y osos, a las zonas con demasiados ciervos. Sin embargo, estos animales podrían atacar al ganado, e incluso a los humanos. Otras comunidades han construido cercas altas para que no los invadan los ciervos. Si bien esta es una solución para la gente que tiene patios pequeños, resulta poco práctico para granjeros o rancheros.

¿No se debe hacer nada?

Algunas personas se oponen a toda clase de medidas. Apoyan la idea de permitir que la naturaleza siga su curso. Las poblaciones de animales pasan por ciclos a lo largo del tiempo. No hacer nada significa que algunos ciervos morirán de hambre o de enfermedad. Pero finalmente la población se reducirá al tamaño de la capacidad portadora del medio ambiente.

Tú decide

1. Identifica el problema
Explica, con tus propias palabras, el problema creado por la sobrepoblación del ciervo de Virginia.

2. Analiza las opciones
Enumera los métodos a los que se puede recurrir para resolver el problema del ciervo de Virginia. Señala los puntos negativos y positivos de cada método.

3. Encuentra una solución
Supón que eres ecólogo en una zona que tiene el doble de ciervos que pueden mantener. Propón un método para que la comunidad solucione el problema.

SECCIÓN 3 Interacciones entre los seres vivos

DESCUBRE ACTIVIDAD

¿Qué tan bien ocultas una mariposa?

1. Con el bosquejo de la derecha, dibuja una mariposa sobre un pedazo de papel.

2. Escoge un punto de tu salón de clases para colocar tu mariposa. Ésta debe ponerse completamente al aire libre. Colorea tu mariposa para que armonice con el lugar que escogiste.

3. Pega con cinta tu mariposa en su sitio. Ahora alguien entrará en busca de las mariposas. Esta persona dispondrá de un minuto para encontrar todas las que pueda. ¿Descubrirá a tu mariposa?

Reflexiona sobre
Predecir A lo largo del tiempo, ¿cómo crees que el tamaño de la población cambiaría en el caso de las mariposas que armonizan con su entorno?

◀ Cacto saguaro en el desierto de Arizona

GUÍA DE LECTURA

◆ ¿Cómo las adaptaciones ayudan a un organismo a sobrevivir?

◆ ¿Cuáles son los principales tipos de interacciones entre los organismos?

◆ ¿Cuáles son las tres formas de relación simbiótica?

Sugerencia de lectura A medida que leas, elabora un esquema con los títulos de la sección. Agrega detalles debajo de cada título.

Imagina que le das un gran abrazo a la planta de la foto. ¡Ay! Las puntiagudas espinas de su tronco te harían pensarlo dos veces antes de abrazar, o siquiera tocar, el cacto saguaro. Pero si pasaras un día oculto dentro de un saguaro, verías que muchas especies interactúan con esta espinosa planta.

Al rayar el alba, escuchas un gorjeo que proviene de un nido metido en uno de los brazos del saguaro. Dos jóvenes halcones de cola roja están preparándose para volar por primera vez. Más abajo, en el tronco, un diminuto búho duende se asoma desde su nido, en un pequeño agujero. ¡El ave es tan diminuta que podría caber en la palma de tu mano! Una serpiente de cascabel se desliza alrededor de la base del saguaro, en busca de comida. Cerca, descubre a una musaraña y se prepara para el ataque. Con un repentino movimiento, muerde a la musaraña con sus afilados dientes.

La actividad alrededor del saguaro no se detiene después del ocaso. Por la noche, los murciélagos narigones se alimentan del néctar de las flores del saguaro. Meten la cara en las flores para comer y, en el proceso, cubren su largo hocico con una fina capa de polen blanco. Como los murciélagos van de planta en planta, llevan consigo el polen. Esto permite que los cactos se reproduzcan.

Adaptación al medio ambiente

Cada organismo en este ecosistema desértico posee características únicas. En respuesta a su medio ambiente, las especies evolucionan, o cambian a través del tiempo. Los cambios que hacen que los organismos se adapten a su medio ambiente se producen a través de un proceso llamado **selección natural.**

La selección natural opera así: Los individuos que forman una población poseen características diferentes. Los individuos cuyas características se adaptan mejor al medio ambiente suelen sobrevivir y producir descendencia. Los descendientes que heredan las características que hicieron exitosos a sus progenitores también lograr vivir para reproducirse. A lo largo de muchas generaciones, los individuos con esas características continúan reproduciéndose. Los individuos que están mal adaptados tienen menos probabilidades de sobrevivir y reproducirse. Con el tiempo, esos rasgos inapropiados pueden desaparecer de la población. Este proceso tiene como resultado las **adaptaciones**, el comportamiento y las características físicas de las especies que les permiten vivir en su medio ambiente.

Cada organismo ha realizado diversas adaptaciones que resultan apropiadas con sus condiciones de vida específicas. Estas adaptaciones de los organismos en el ecosistema desértico crean papeles únicos para cada organismo. El papel particular que desempeña un organismo, o la manera en que sobrevive, se llama **nicho**. Un nicho incluye el tipo de alimento que el organismo consume, la manera en que lo obtiene y de qué otras especies se convierte en alimento. El nicho también implica cuándo y cómo se reproduce el organismo, así como las condiciones físicas que requiere para sobrevivir.

El nicho de un organismo puede incluir la manera en que interactúa con otros organismos. Durante el día que pasaste en la comunidad del saguaro observaste una serie de dichas interacciones. **Existen tres tipos principales de interacciones entre los organismos: competencia, depredación y simbiosis.**

Figura 11 Los organismos de la comunidad del saguaro están bien adaptados a su ambiente desértico. *Observar* Identifica dos interacciones entre organismos que tengan lugar en esta escena.

Figura 12 Cada una de estas currucas ocupa un nicho distinto en su hábitat: la picea. Al alimentarse en distintas partes del árbol, las aves evitan competir entre sí por el alimento.

Competencia

Distintas especies pueden compartir el mismo hábitat, como los numerosos animales que viven dentro y alrededor del saguaro. Distintas especies también pueden compartir necesidades similares de alimento. Por ejemplo, tanto el halcón de cola roja como el búho duende viven en el saguaro y consumen alimentos semejantes. Sin embargo, estas dos especies no ocupan exactamente el mismo nicho. El halcón se mantiene activo durante el día, mientras que el búho lo hace sobre todo por la noche. Si dos especies ocupan el mismo nicho, una de ellas termina por desaparecer. La razón de esto es la **competencia**, la lucha entre los organismos por sobrevivir en un hábitat con recursos limitados.

Un ecosistema no puede satisfacer las necesidades de todos los seres vivos en un hábitat particular. Existe una cantidad limitada de alimento, agua y refugio. Los organismos que sobreviven realizan adaptaciones que les permiten reducir la competencia. Por ejemplo, las tres especies de currucas de la Figura 12 viven en el mismo hábitat: el bosque de piceas. Todos ellos se alimentan de insectos que viven en los árboles. ¿Cómo evitan estas aves la competencia por el suministro limitado de insectos? Cada curruca "se especializa" en alimentarse en una parte determinada de la picea. Así, las tres especies pueden coexistir.

 **INTEGRAR LA QUÍMICA** Muchas plantas se valen de sustancias químicas para rechazar a sus competidores. Con frecuencia, las plantas compiten entre sí por el espacio para crecer y el agua. Algunos arbustos liberan por sus hojas sustancias químicas tóxicas o venenosas. Estas sustancias se depositan en el suelo e impiden que la hierba y la maleza crezcan alrededor de los arbustos. A menudo esto forma un anillo de suelo raso de un metro o dos de ancho.

☑ *Punto clave* ¿Por qué dos especies no pueden ocupar el mismo nicho?

Depredación

Un tiburón tigre acecha debajo de la superficie del agua azul claro, en busca de la sombra de jóvenes albatros que flotan por encima de ella. El tiburón ve un polluelo y se acerca con sigilo. De pronto, el tiburón sale del agua y atrapa al albatros con una tarascada de sus fuertes quijadas. Esta interacción entre los dos organismos tiene un desenlace infortunado para el albatros.

Una interacción en la que un organismo mata y se come a otro se llama **depredación**. El organismo que mata, en este caso el tiburón tigre, es el **depredador**. El organismo que muere, el albatros, es la **presa**.

Adaptaciones de los depredadores Los depredadores realizan adaptaciones que les ayudan a atrapar y matar a su presa. Por ejemplo, un guepardo puede correr muy rápido durante un tiempo corto, lo que le permite atrapar a su presa. Los tentáculos de una medusa contienen una sustancia venenosa que paraliza a minúsculos animales acuáticos.

EXPLORAR *las estrategias de defensa*

Los organismos despliegan una amplia selección de adaptaciones que los ayudan a evitar convertirse en presas.

Cubiertas protectoras
Este erizo de mar envía un mensaje claro a los depredadores: "¡No me toques!" Los puerco espines, los erizos y los cactos recurren a la misma estrategia "espinosa". Después de algunos encuentros dolorosos, los depredadores buscarán presas con menos púas o espinas. ▼

Camuflaje ▲
Estos delicados insectos espinosos armonizan perfectamente con su hábitat de ramas. Cuanto más se parezca un organismo a su entorno, menos probable será que algún depredador se fije en él. Algunos animales, como la platija, incluso pueden cambiar de color para hacer juego con varios ambientes.

Quizás pienses en muchos depredadores que tienen garras, dientes afilados o aguijones. Algunas plantas, también, tienen adaptaciones para atrapar a su presa. La drosera se cubre de bulbos pegajosos, y cuando una mosca se posa sobre ella, el insecto queda atrapado en la sustancia pegajosa mientras la planta lo digiere.

Algunos depredadores tienen adaptaciones que les permiten cazar de noche. Por ejemplo, los grandes ojos de un búho dejan entrar la luz necesaria para ver en la oscuridad. Los murciélagos pueden cazar sin ver en absoluto: localizan a sus presas produciendo pulsaciones de sonido y poniendo atención al eco. Este método exacto permite a un murciélago atrapar a una palomilla en vuelo en completa oscuridad.

Adaptaciones de las presas ¿Cómo logran los organismos que se convierten en presas evitar que los maten depredadores tan eficaces? En *Explorar las estrategias de defensa*, abajo, puedes ver ejemplos de cómo las características físicas de un organismo lo protegen.

Colores de advertencia ▲
Desde luego, una rana tan brillante no puede ocultarse. ¿Cómo podría ser una ventaja un color así? El rojo y azul brillantes de esta rana flecha venenosa advierte a los depredadores de que no se la coman, pues las glándulas de su lomo liberan sustancias tóxicas que la hacen una elección equivocada como alimento.

Mimetismo
Si alguna vez te ha picado una abeja, tal vez no te acerques a este insecto. Pero en realidad, esta "abeja" es una mosca inofensiva. El parecido de la mosca con una abeja verdadera la protege de los pájaros y de otros depredadores, a los cuales engaña para que no se acerquen. ▼

◀ **Colores falsos**
¿Hacia dónde nada este budión? El punto negro que tiene en la cola es un ojo falso. Quizás un depredador muerda este extremo del pez, el cual sólo perdería parte de la cola antes de escapar.

Figura 13 Las poblaciones de lobos y alces de Isle Royale están relacionadas. La población del lobo depredador depende del tamaño de la población de alces que son sus presas, y viceversa.
Predecir ¿Cómo podría afectar una enfermedad en la población de lobos un año a la población de alces al año siguiente?

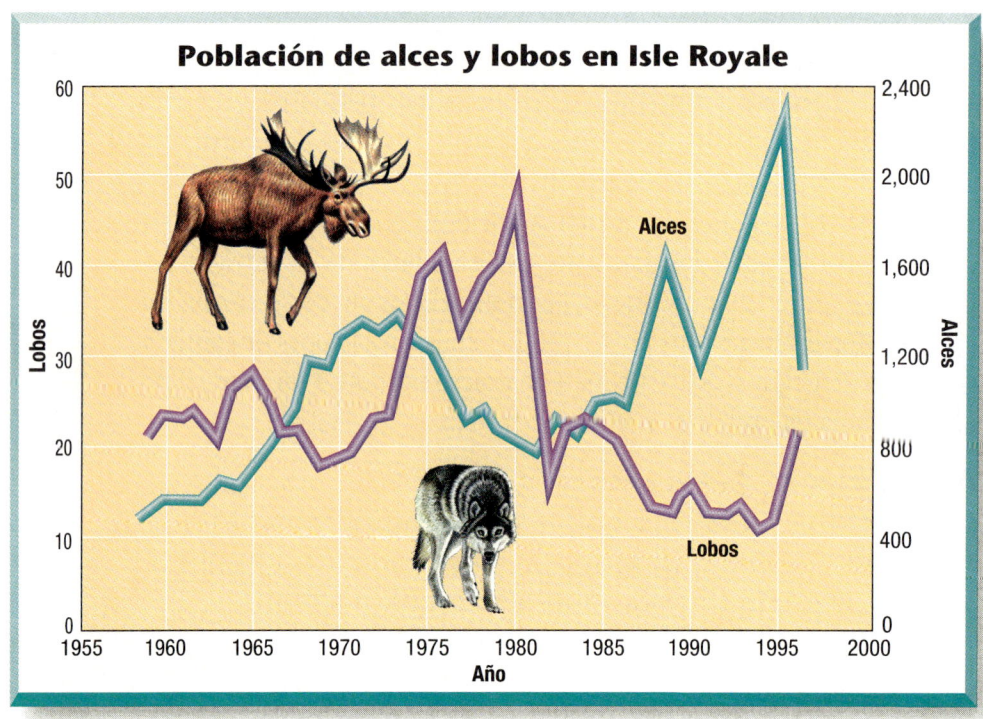

Efecto de la depredación en el tamaño de la población

La depredación puede tener un efecto importante en el tamaño de una población. Como aprendiste en la Sección 2, cuando el índice de mortalidad excede al índice de natalidad en una población, el tamaño de ésta suele disminuir. Si los depredadores son muy hábiles para cazar a sus presas, con frecuencia el resultado es una disminución en el tamaño de la población que se convierte en presa. Pero una baja en esta población afecta, a su vez, a la población depredadora.

Para ver cómo las poblaciones de depredadores y de presas pueden afectarse entre sí, da un vistazo a la gráfica de arriba. La gráfica muestra el número de alces y lobos que viven en Isle Royale, una isla situada en el lago Superior. De 1965 a 1975, aumentó el número de alces. Los lobos tenían suficiente para comer, de modo que un mayor número de ellos sobrevivió. En unos cuantos años, la población de lobos empezó a aumentar. Los lobos, más numerosos, comenzaron a matar más y más alces. La población de alces disminuyó. En 1980, la falta de alces había afectado mucho a los lobos. Algunos de éstos murieron de hambre y otros no pudieron criar tantos jóvenes. Pronto la población de alces empezó a aumentar de nuevo. Las dos especies han estado pasando por este ciclo hasta ahora.

Desde luego, otros factores también afectan a la poblaciones de Isle Royale. Por ejemplo, los inviernos fríos y las enfermedades también pueden reducir el tamaño de una o de las dos poblaciones.

✓ *Punto clave* *Si la depredación elimina más miembros de una población de los que nacen, ¿cómo se transformará dicha población?*

Simbiosis

Muchas de las interacciones que ocurren en la comunidad del saguaro y sobre las que leíste antes son ejemplos de simbiosis. La **simbiosis** es una relación estrecha entre dos especies que beneficia al menos a una de ellas. **Los tres tipos de relación simbiótica que existen son: mutualismo, comensalismo y parasitismo.**

Mutualismo Una relación en la que las dos especies se benefician se llama **mutualismo**. La relación entre el saguaro y los orejudos es un ejemplo de mutualismo. El murciélago se beneficia porque las flores del cacto le proporcionan alimento. El saguaro se beneficia pues el animal transporta en su nariz el polen a otra planta.

 INTEGRAR LA SALUD En este preciso momento, estás participando en una relación mutualista con una población de bacterias en tu intestino grueso. Esas bacterias, llamadas *Escherichia coli*, viven en los intestinos de la mayoría de los mamíferos. Descomponen algunos alimentos que los mamíferos no pueden digerir. Las bacterias se benefician al recibir alimento y un lugar para vivir. También tú te beneficias de la relación porque las bacterias te ayudan a digerir tu alimento. Tu *Escherichia coli* también te proporciona vitamina K, un nutriente necesario para que tu sangre se coagule.

Comensalismo Una relación en la que una especie se beneficia y no ayuda ni daña a la otra se llama **comensalismo**. La interacción de los halcones de cola roja con el saguaro es un ejemplo de comensalismo. Los halcones reciben ayuda pues cuentan con un lugar para construir su nido, pero no afectan al cacto.

El comensalismo no es muy común en la naturaleza porque por lo general en cualquier interacción entre dos especies, éstas reciben ayuda o son dañadas un poco. Por ejemplo, al hacer un pequeño agujero para construir un nido en el tronco del cacto, el búho duende daña ligeramente al cacto.

Clasificar

ACTIVIDAD

Clasifica cada interacción como un ejemplo de mutualismo, comensalismo o parasitismo. Explica tus respuestas.

- una rémora se adhiere a la parte inferior de un tiburón al que no causa ningún daño; además se alimenta de los restos de lo que come el escualo
- un vampiro succiona la sangre a los caballos
- las bacterias que viven en el estómago de las vacas les ayudan a descomponer las proteínas en grasas

Figura 14 Tres estorninos de pico amarillo pasean y comen a bordo de un complaciente hipopótamo. Los estorninos se alimentan de las garrapatas que viven en la piel del hipopótamo. Como tanto las aves como el mamífero se benefician de esta interacción, es un ejemplo de mutualismo.

Figura 15 Los objetos blancos que están sobre esta larva de esfinge son capullos de avispa. Cuando las avispas surjan, se alimentarán de la larva.
Aplicar los conceptos En esta interacción, ¿qué organismo es el parásito? ¿Cuál es el huésped?

Parasitismo El tercer tipo de simbiosis se llama parasitismo. El **parasitismo** implica que un organismo vive sobre o dentro de otro organismo y lo daña. El organismo que se beneficia se llama **parásito**, y el organismo sobre o dentro del que éste vive se llama **huésped**. Por lo general el parásito es más pequeño que el huésped. En una relación parasitaria, el parásito se beneficia de la interacción, mientras que el huésped resulta dañado.

Algunos parásitos comunes que tal vez conozcas son las pulgas, las garrapatas y las sanguijuelas. Estos parásitos tienen adaptaciones que les permiten adherirse a su huésped y alimentarse de su sangre. Otros parásitos viven dentro del cuerpo del huésped, como las planarias, que viven en el interior del aparato digestivo de perros y lobos.

A diferencia de los depredadores, los parásitos no suelen matar al organismo del que se alimentan. Si el huésped muere, el parásito pierde su fuente de alimento. Un interesante ejemplo de esta regla lo constituye una especie de ácaro que vive en las orejas de las polillas. Los ácaros casi siempre viven sólo en una de las orejas de la polilla. Si viven en las dos orejas, el oído de la polilla resulta tan afectado que es probable que sea atrapada y devorada por su depredador, el murciélago.

Repaso de la sección 3

1. ¿Cómo las adaptaciones ayudan a sobrevivir a un organismo?
2. Menciona y define los tres tipos principales de interacciones entre los organismos.
3. Enumera los tres tipos de simbiosis. Explica, en cada caso, cómo son afectados los dos organismos.
4. El insecto palo se parece a una pequeña rama. ¿Cómo crees que este insecto evita a los depredadores?
5. **Razonamiento crítico Comparar y contrastar** ¿En qué se parecen el parasitismo y la depredación? ¿En qué difieren?

> **PROYECTO DEL CAPÍTULO 1**
>
> **Comprueba tu aprendizaje**
>
> Ya debes estar haciendo las observaciones finales de tus plantas y planeando tu informe. ¿Cómo puedes presentar tu información en una gráfica? Piensa en lo que debes poner en cada eje de tu gráfica. (*Sugerencia:* Haz un proyecto de la parte escrita de tu informe a tiempo para que lo revises y hagas los cambios necesarios.)

GUÍA DE ESTUDIO

SECCIÓN 1 — Seres vivos y medio ambiente

Ideas clave
◆ El hábitat proporciona a un organismo alimento, agua, refugio y otras cosas que necesita para vivir, crecer y reproducirse.
◆ Un ecosistema incluye factores tanto bióticos como abióticos. Los factores abióticos que se encuentran en muchos ambientes incluyen el agua, la luz del sol, el oxígeno, la temperatura y el suelo.
◆ Una población se compone de una sola especie. Las distintas poblaciones que viven juntas en una zona constituyen una comunidad. La comunidad junto con los factores abióticos forman un ecosistema.
◆ Los ecólogos estudian cómo los factores bióticos y abióticos interactúan dentro de un ecosistema.

Términos clave
ecosistema
hábitat
factor biótico
factor abiótico
fotosíntesis
especie
población
comunidad
ecología

SECCIÓN 2 — Estudio de poblaciones

INTEGRAR LAS MATEMÁTICAS

Ideas clave
◆ Los ecólogos pueden estimar el tamaño de las poblaciones mediante las observaciones directas e indirectas, el muestreo y los estudios de marcar y recapturar.
◆ Una población cambia de tamaño como resultado de modificaciones en el índice de natalidad o el índice de mortalidad, o cuando los organismos ingresan o abandonan dicha población.
◆ El tamaño de una población se controla limitando factores como el alimento, el espacio y las condiciones atmosféricas.

Términos clave
densidad de población
estimación
índice de natalidad
índice de mortalidad
inmigración
emigración
factor limitante
capacidad portadora

SECCIÓN 3 — Interacciones entre los seres vivos

Ideas clave
◆ A través del tiempo, las especies desarrollan adaptaciones y conductas especializadas que les ayudan a tener éxito en su medio ambiente.
◆ Los principales tipos de interacciones entre los organismos son la competencia, la depredación y la simbiosis.
◆ Los depredadores tienen muchas adaptaciones para atrapar a su presa, mientras que los organismos que se convierten en presas tienen adaptaciones para protegerse de los depredadores.
◆ La simbiosis es una relación estrecha entre dos especies. Los tres tipos de relación simbiótica son el mutualismo, el comensalismo y el parasitismo.

Términos clave
selección natural
adaptación
nicho
competencia
depredación
depredador
presa
simbiosis
mutualismo
comensalismo
parasitismo
parásito
huésped

CAPÍTULO 1 REPASO

USAR LA INTERNET — ACTIVIDAD
www.science-explorer.phschool.com

Capítulo 1 **E ◆ 39**

CAPÍTULO 1 REPASO

Repaso del contenido

 Para repasar los conceptos clave, consulta el Interactive Student Tutorial CD-ROM.

Opción múltiple
Elige la letra que complete mejor cada enunciado.

1. Un perro de la pradera, un halcón y un tejón son miembros del (la) mismo (a)
   a. hábitat. b. comunidad.
   c. especie. d. población.
2. ¿Cuál de las siguientes cosas *no* es un ejemplo de población?
   a. las mascotas de tu barrio
   b. la gente de la ciudad
   c. las truchas arco iris de un río
   d. las hormigas de un hormiguero
3. Los siguientes son ejemplos de factores limitantes de la población *excepto*
   a. el espacio   b. el alimento
   c. el tiempo   d. la meteorología
4. ¿Cuál de estas relaciones es un ejemplo de parasitismo?
   a. un pájaro que hace un nido en un árbol
   b. un murciélago polinizando un cacto saguaro
   c. una pulga que vive de la sangre de un gato
   d. la bacteria *Escherichia coli* produciendo vitamina K en tu intestino
5. ¿En qué tipo de interacción dos especies se benefician?
   a. la depredación   b. el mutualismo
   c. el comensalismo   d. el parasitismo

Falso o verdadero
Si el enunciado es verdadero, escribe verdadero. Si es falso, cambia la palabra o palabras subrayadas para hacer verdadero el enunciado.

6. La hierba es un ejemplo de factor <u>abiótico</u> en un hábitat.
7. Un aumento del índice de natalidad mientras el índice de mortalidad permanece estable hará que una población <u>aumente</u> de tamaño.
8. La lucha entre organismos por recursos limitados se llama <u>mutualismo</u>.
9. Un parásito vive sobre o dentro de su <u>depredador</u>.
10. El papel específico de un organismo en su hábitat se llama <u>nicho</u>.

Revisar los conceptos

11. Menciona dos factores bióticos y dos abióticos que hay en un ecosistema forestal.
12. Explica cómo las plantas y las algas emplean la luz del sol. ¿Qué tan importante es este proceso para otros seres vivos en un ecosistema?
13. Describe cómo los ecólogos utilizan la técnica de muestreo para estimar el tamaño de una población.
14. Da un ejemplo de cómo el espacio puede ser un factor limitante para una población.
15. ¿Cuáles son dos adaptaciones que los organismos que se convierten en presa han desarrollado para protegerse? Describe cómo cada adaptación protege al organismo.
16. **Escribir para aprender** Escribe una descripción de tu nicho en el medio ambiente. Incluye detalles acerca de tu hábitat, así como los factores bióticos y abióticos que te rodean. Asegúrate de describir tus hábitos alimenticios al igual que cualquier interacción que tengas con miembros de otras especies.

Razonamiento gráfico

17. **Red de conceptos** En una hoja de papel, copia la red de conceptos sobre las interacciones entre los organismos. Después complétala y ponle un título. (Para más información acerca de las redes de conceptos, consulta el Manual de destrezas.)

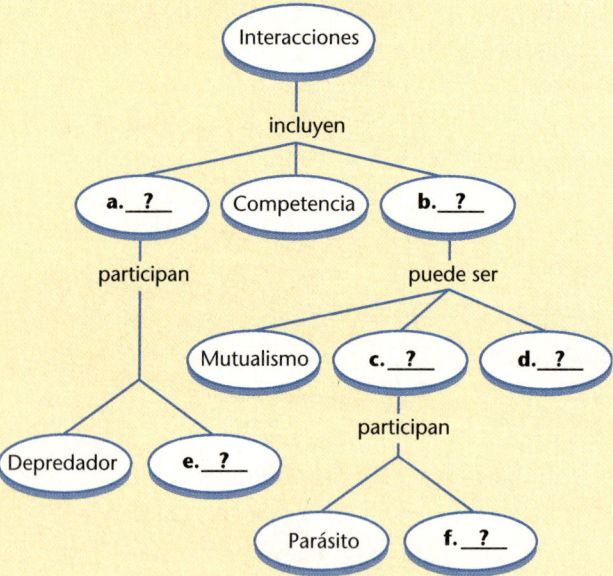

40 ◆ E

Aplicar las destrezas

Los ecólogos que vigilaban una población de ciervos reunieron datos durante un estudio de 30 años. Utiliza esa información para responder las Preguntas 18–21.

18. Crear gráficas Elabora una gráfica de líneas con los datos de la tabla. Señala los años en el eje horizontal y la población en el eje vertical.

Año	0	5	10	15	20	25	30
Población (miles)	15	30	65	100	40	25	10

19. Interpretar datos ¿En qué año alcanzó la población de ciervos su punto más alto? ¿Cuándo llegó a su punto más bajo?

20. Comunicar Escribe algunas oraciones con las que describas cómo cambió la población de ciervos durante el estudio.

21. Desarrollar hipótesis En el año 16 del estudio, esta región experimentó un invierno muy riguroso. ¿Cómo pudo afectar esto a la población de ciervos?

Razonamiento crítico

22. Hacer generalizaciones Explica por qué los ecólogos suelen estudiar una población específica de organismos en lugar de estudiar a toda la especie.

23. Resolver problemas Al trabajar durante el verano para un ecólogo, se te ha asignado que calcules la población de saltamontes en un campo. Propón un método para obtener un cálculo y explica cómo lo llevarías a cabo.

24. Comparar y contrastar Explica en qué se parecen y en qué difieren el parasitismo y el mutualismo.

25. Relacionar causa y efecto La competencia por los recursos en una región es por lo general más intensa dentro de una sola especie que dentro de dos especies distintas. ¿Puedes proponer una explicación de este hecho? (*Sugerencia:* Considera cómo los nichos ayudan a los organismos a evitar la competencia.)

Evaluación del rendimiento

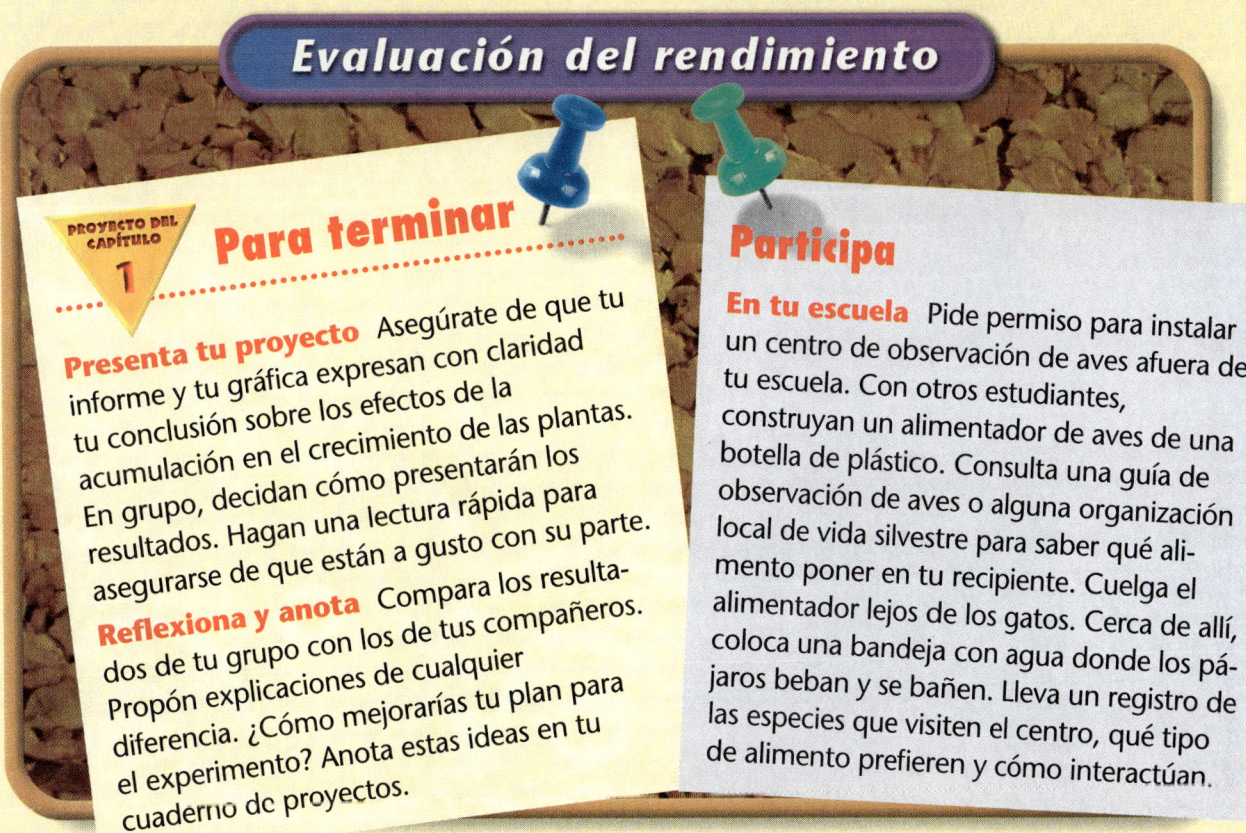

Para terminar

Presenta tu proyecto Asegúrate de que tu informe y tu gráfica expresan con claridad tu conclusión sobre los efectos de la acumulación en el crecimiento de las plantas. En grupo, decidan cómo presentarán los resultados. Hagan una lectura rápida para asegurarse de que están a gusto con su parte.

Reflexiona y anota Compara los resultados de tu grupo con los de tus compañeros. Propón explicaciones de cualquier diferencia. ¿Cómo mejorarías tu plan para el experimento? Anota estas ideas en tu cuaderno de proyectos.

Participa

En tu escuela Pide permiso para instalar un centro de observación de aves afuera de tu escuela. Con otros estudiantes, construyan un alimentador de aves de una botella de plástico. Consulta una guía de observación de aves o alguna organización local de vida silvestre para saber qué alimento poner en tu recipiente. Cuelga el alimentador lejos de los gatos. Cerca de allí, coloca una bandeja con agua donde los pájaros beban y se bañen. Lleva un registro de las especies que visiten el centro, qué tipo de alimento prefieren y cómo interactúan.

CAPÍTULO 2
Ecosistemas y biomas

Lo que encontrarás

 SECCIÓN 1 El flujo de energía en los ecosistemas
Descubre ¿De dónde vino tu cena?
Mejora tus destrezas Observar
Inténtalo Trama de una red alimenticia

Integrar la química

 SECCIÓN 2 Ciclos de la materia
Descubre ¿Eres parte de un ciclo?
Mejora tus destrezas Desarrollar hipótesis

 SECCIÓN 3 Biogeografía
Descubre ¿Cómo puedes mover las semillas?

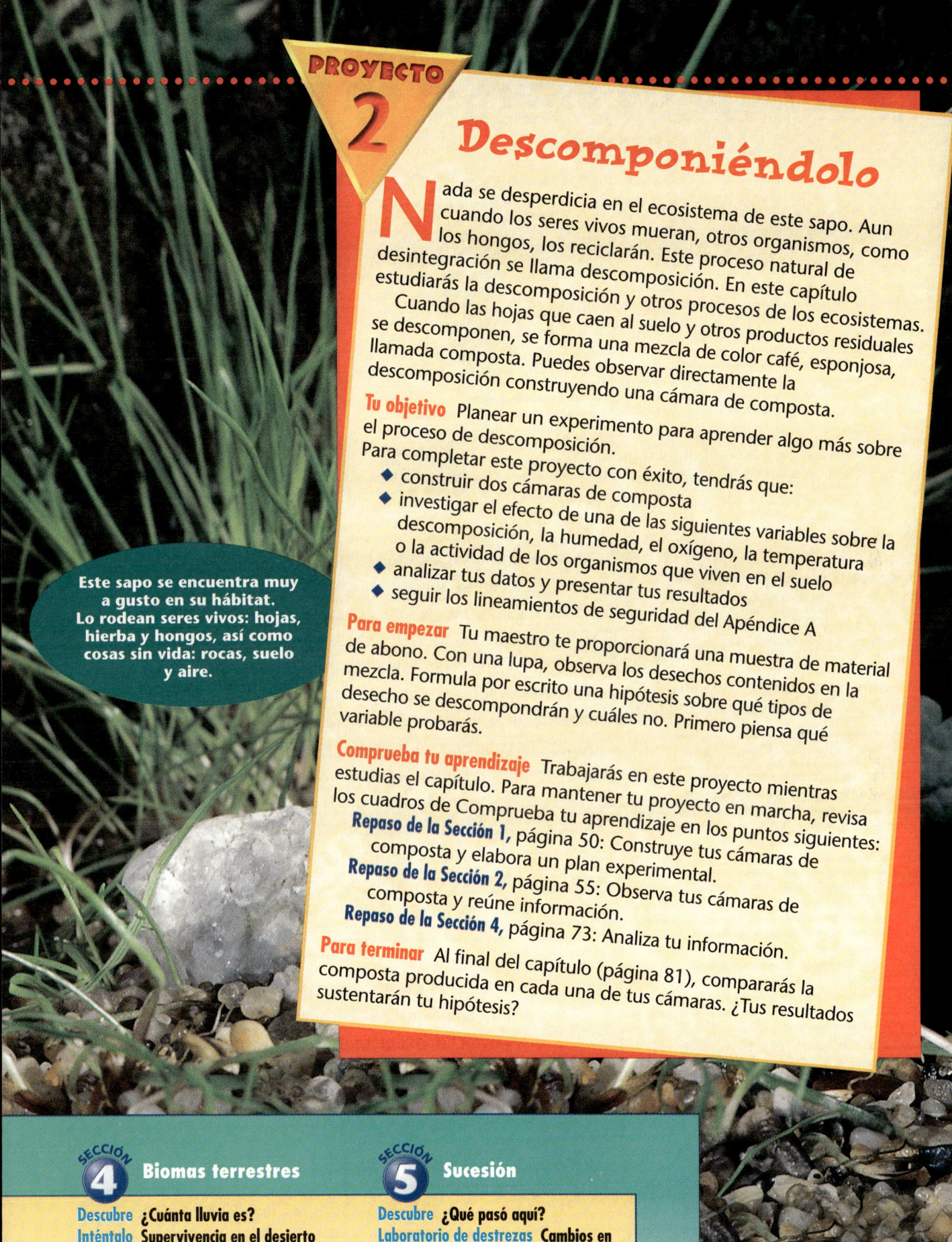

PROYECTO 2

Descomponiéndolo

Nada se desperdicia en el ecosistema de este sapo. Aun cuando los seres vivos mueran, otros organismos, como los hongos, los reciclarán. Este proceso natural de desintegración se llama descomposición. En este capítulo estudiarás la descomposición y otros procesos de los ecosistemas.

Cuando las hojas que caen al suelo y otros productos residuales se descomponen, se forma una mezcla de color café, esponjosa, llamada composta. Puedes observar directamente la descomposición construyendo una cámara de composta.

Tu objetivo Planear un experimento para aprender algo más sobre el proceso de descomposición.

Para completar este proyecto con éxito, tendrás que:
- construir dos cámaras de composta
- investigar el efecto de una de las siguientes variables sobre la descomposición, la humedad, el oxígeno, la temperatura o la actividad de los organismos que viven en el suelo
- analizar tus datos y presentar tus resultados
- seguir los lineamientos de seguridad del Apéndice A

Para empezar Tu maestro te proporcionará una muestra de material de abono. Con una lupa, observa los desechos contenidos en la mezcla. Formula por escrito una hipótesis sobre qué tipos de desecho se descompondrán y cuáles no. Primero piensa qué variable probarás.

Comprueba tu aprendizaje Trabajarás en este proyecto mientras estudias el capítulo. Para mantener tu proyecto en marcha, revisa los cuadros de Comprueba tu aprendizaje en los puntos siguientes:

Repaso de la Sección 1, página 50: Construye tus cámaras de composta y elabora un plan experimental.
Repaso de la Sección 2, página 55: Observa tus cámaras de composta y reúne información.
Repaso de la Sección 4, página 73: Analiza tu información.

Para terminar Al final del capítulo (página 81), compararás la composta producida en cada una de tus cámaras. ¿Tus resultados sustentarán tu hipótesis?

Este sapo se encuentra muy a gusto en su hábitat. Lo rodean seres vivos: hojas, hierba y hongos, así como cosas sin vida: rocas, suelo y aire.

SECCIÓN 4 Biomas terrestres

Descubre ¿Cuánta lluvia es?
Inténtalo Supervivencia en el desierto
Mejora tus destrezas Inferir
Mejora tus destrezas Interpretar datos
Laboratorio real Biomas en miniatura

SECCIÓN 5 Sucesión

Descubre ¿Qué pasó aquí?
Laboratorio de destrezas Cambios en una pequeña comunidad

SECCIÓN 1
El flujo de energía en los ecosistemas

DESCUBRE ACTIVIDAD

¿De dónde vino tu cena?

1. En la parte superior de una página, enumera horizontalmente los tipos de alimento que cenaste ayer.
2. Debajo de cada alimento, escribe la planta, animal u organismo fuente de ese alimento. Algunos tienen más de una fuente. Así, el pan se hace de harina (viene de una planta, el trigo) y levadura (un hongo).

Reflexiona sobre
Clasificar Cuenta los organismos que contribuyeron a tu cena. ¿Cuántas de tus fuentes alimentarias fueron plantas? ¿Y animales?

GUÍA DE LECTURA

◆ ¿Qué papel energético desempeñan los organismos en un ecosistema?

◆ ¿De cuánta energía se dispone en cada nivel de una pirámide de la energía?

Sugerencia de lectura A medida que leas, elabora un diagrama de flujo de una vía posible de energía a través de un ecosistema.

Luego de impulsarse desde su posición en la rama de un roble, el cernícalo planea por encima de un campo de flores amarillas. En medio del campo, el ave se detiene. Revolotea como un gigantesco colibrí. A pesar de las fuertes ráfagas de viento, la cabeza del pájaro permanece firme mientras busca una presa. El cernícalo necesita mucha energía para revolotear de esa manera, pero desde su posición puede buscar alimento en el campo.

Pronto el cernícalo ve a un ratón que come una brizna de hierba. Segundos después, el ave vuela en picada y atrapa al ratón con sus garras. El cernícalo se lleva el ratón al árbol para alimentarse con él.

Mientras tanto, una araña lince se oculta entre los pétalos de una flor. Una abeja desprevenida se posa sobre la flor para tomar un poco de néctar. La araña sujeta a la abeja y le inyecta su veneno. El veneno mata a la abeja antes de que pueda responder con su picadura mortal.

Este campo soleado es un ecosistema de seres vivos y cosas sin vida que interactúan entre sí. Muchas interacciones en este ecosistema tienen que ver con la alimentación. La araña devora una abeja que se alimenta de néctar, mientras que el cernícalo se come un ratón que se alimenta de hierba. Los ecólogos estudian tales patrones de alimentación para saber cuánta energía fluye dentro de un ecosistema.

Figura 1 Oculta en una flor de *Grindelia camporum*, una araña lince verde ataca a una desprevenida abeja. Estos organismos participan en interacciones de alimentación.

Papeles energéticos

¿Tocas algún instrumento en la banda de tu escuela? Si es así, sabes que cada instrumento desempeña un papel en una pieza musical. Por ejemplo, la flauta puede proveer la melodía, mientras que la batería aporta el ritmo. Aunque los dos instrumentos son muy distintos, desempeñan papeles importantes en la creación de la música de la banda. Del mismo modo, cada organismo desempeña un papel en el movimiento de energía a través de su ecosistema. Este papel forma parte del nicho del organismo en el ecosistema. Los papeles del cernícalo del roble donde estaba posado son distintos. Pero todas las partes del ecosistema, como todas las partes de la banda, son necesarias para que el ecosistema funcione.

El papel energético de un organismo está determinado por la manera en que obtiene energía y cómo interactúa con los demás seres vivos en su ecosistema. **El papel energético de un organismo en un ecosistema puede ser de productor, consumidor o descomponedor.**

Productores En primer lugar, la energía interviene en muchos ecosistemas como luz solar. Algunos organismos, como las plantas, las algas y ciertos microorganismos son capaces de capturar la energía de la luz del sol y almacenarla como energía alimentaria. Como se muestra en la Figura 2, estos organismos aprovechan la luz solar para convertir el agua y el dióxido de carbono en moléculas como azúcares y almidones. Como recuerdas, en el Capítulo 1 vimos que este proceso se llama fotosíntesis.

Un organismo que puede elaborar su propio alimento es un **productor**. Los productores son la fuente de todo el alimento en un ecosistema. Por ejemplo, la hierba y el roble son los productores del ecosistema de campo sobre el cual leíste al principio de la sección.

En algunos ecosistemas, los productores obtienen energía de una fuente distinta de la luz solar. Tal ecosistema se encuentra en las rocas que se hallan en el suelo, a una gran profundidad. Si estas rocas nunca están expuestas a la luz solar, ¿cómo adquiere energía este ecosistema? Algunas bacterias producen su propio alimento al utilizar la energía de un gas, el sulfuro de hidrógeno, que se encuentra en su medio ambiente.

Figura 2 La luz solar que atraviesa a raudales este bosque de secoyas es la fuente de energía del ecosistema. Las plantas convierten, mediante el proceso de la fotosíntesis, la energía solar en energía alimentaria almacenada. *Interpretar diagramas ¿Qué sustancias son necesarias para la fotosíntesis? ¿Qué sustancias se producen?*

Figura 3 Los consumidores se clasifican según lo que comen.
A. Un gerenuk se alza sobre sus patas traseras para alcanzar estas hojas. Los consumidores que comen plantas se llaman herbívoros.
B. Los carnívoros como esta iguana de collar sólo comen animales.
C. Un buitre negro es un carroñero, un carnívoro que se alimenta de organismos muertos.

Mejora tus destrezas

Observar ACTIVIDAD

 Rocía agua sobre una rebanada de pan y métela en una bolsa de plástico que pueda sellarse. Cierra la bolsa con cinta adhesiva y colócala en un lugar caliente y oscuro. Observa el pan diariamente por 2 semanas. **PRECAUCIÓN:** *No abras la bolsa.* Describe con algunas oraciones los cambios que observes. ¿A qué se debe la transformación?

Consumidores Otros miembros del ecosistema no pueden elaborar su propio alimento. En cuanto a alimento y energía, estos organismos dependen de los productores. Un organismo que obtiene energía alimentándose de otros organismos es un **consumidor**.

Los consumidores se clasifican según lo que comen. Los consumidores que sólo se alimentan de plantas se llaman **herbívoros**. Este término proviene de las palabras latinas *herba*, que significa hierba, y *vorare*, que significa comer. Algunos herbívoros conocidos son las orugas, el ganado vacuno y los ciervos. Los consumidores que sólo comen animales se llaman **carnívoros.** Este término procede de la misma raíz, *vorare*, más la palabra latina correspondiente a carne, *carnis*. Los leones, las arañas y las serpientes son algunos ejemplos de carnívoros. El consumidor que se alimenta tanto de plantas como de animales se llama **omnívoro**. La palabra latina *omni* significa todo. Los cuervos, las cabras y la mayoría de los seres humanos son ejemplos de omnívoros.

Algunos carnívoros son carroñeros. Un **carroñero** es un carnívoro que se alimenta de los cuerpos de los organismos muertos. Entre los carroñeros tenemos a los siluros y los buitres.

Descomponedores ¿Qué pasaría si sólo hubiera productores y consumidores en un ecosistema? A medida que los organismos continuaran tomando agua, minerales y otras materias primas de su entorno, dichos materiales empezarían a escasear. Si no fueran reemplazados, no podrían crecer nuevos organismos.

Todos los organismos de un ecosistema producen desechos y finalmente mueren. Si estos desechos y organismos muertos no fueran eliminados de algún modo del sistema, se apilarían hasta aplastar a los seres vivos. Los organismos que descomponen desechos y organismos muertos, y regresan las materias primas al medio ambiente se llaman **descomponedores**. Las bacterias y los hongos son dos grupos importantes de descomponedores. Al obtener energía para satisfacer sus necesidades, los descomponedores devuelven moléculas sencillas al medio ambiente. Otros organismos pueden volver a aprovechar estas moléculas.

☑ *Punto clave* ¿Qué tienen en común herbívoros y carnívoros?

Cadenas y redes alimenticias

Como has leído, la energía aparece en la mayoría de los ecosistemas como luz solar, que los productores convierten en moléculas de azúcar y almidón. Esta energía se transfiere a cada organismo que se alimenta de un productor, y luego a otros organismos que se alimentan de estos consumidores. El movimiento de la energía a través de un ecosistema se puede mostrar en diagramas llamados cadenas y redes alimenticias.

Una **cadena alimenticia** es una serie de hechos en los que un organismo se alimenta de otro y obtiene energía. Puedes seguir una cadena alimenticia desde el ecosistema de campo que aparece abajo. El primer organismo de una cadena alimenticia siempre es un productor, como la hierba del campo. El segundo organismo es un consumidor que se alimenta del productor, y se llama consumidor primario. El ratón es un consumidor primario. En seguida, un consumidor secundario se alimenta del consumidor primario. El consumidor secundario en este ejemplo es el cernícalo.

Una cadena alimenticia muestra una vía en que la energía puede moverse a través de un ecosistema. Pero así como tú no comes lo mismo todos los días, tampoco lo hacen muchos otros organismos. La mayoría de los productores y consumidores forman parte de muchas cadenas alimenticias. Una manera más realista de mostrar el flujo de energía a través de un ecosistema es una red alimenticia. Una **red alimenticia** se compone de las numerosas cadenas alimenticias de un ecosistema.

Figura 4 Un grupo de hongos crece entre las hojas muertas. Los hongos son conocidos descomponedores.

Figura 5 Estos organismos constituyen una cadena alimenticia en un ecosistema de campo. *Clasificar* ¿Qué organismo es un herbívoro? ¿Cuál es carnívoro?

Cernícalo (Consumidor secundario)

Hierba (Productor) *Ratón (Consumidor primario)*

Capítulo 2 **E ◆ 47**

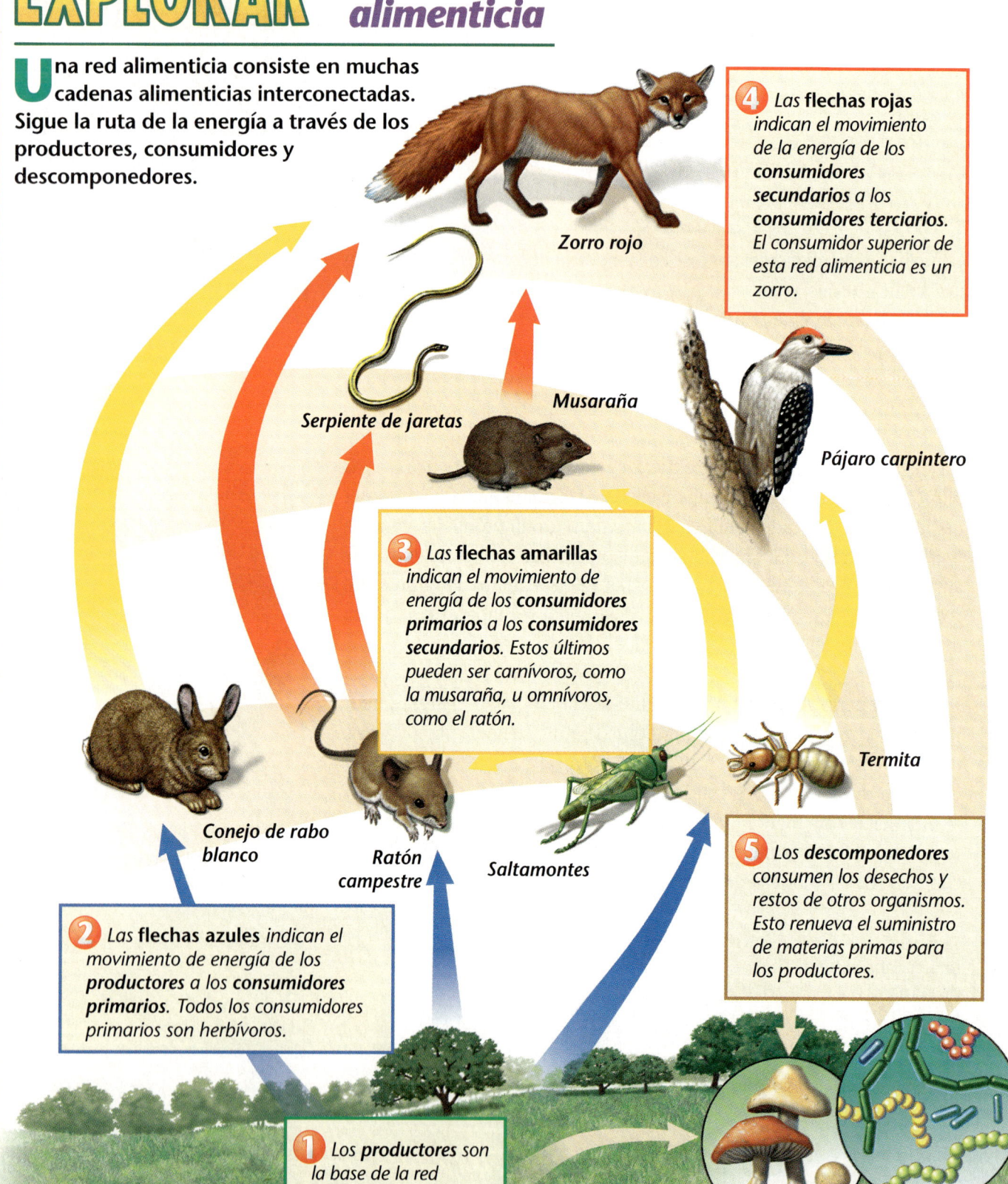

En *Explorar una red alimenticia* de la página anterior, puedes seguir la ruta de muchas cadenas alimenticias de un ecosistema del bosque. Fíjate que un organismo puede desempeñar más de un papel en un ecosistema. Por ejemplo, un omnívoro como el ratón es un consumidor primario cuando se alimenta de hierba, pero es un consumidor secundario cuando devora a un saltamontes.

☑ *Punto clave* ¿Cuáles son los organismos de una cadena alimenticia que se muestran en la red alimenticia de la página opuesta?

Pirámides de la energía

Dentro de un ecosistema, cuando un organismo se alimenta obtiene energía. El organismo utiliza parte de esta energía para moverse, crecer, reproducirse y realizar otras actividades vitales. Esto significa que sólo parte de la energía estará a disposición del siguiente organismo de la red alimenticia.

Un diagrama llamado **pirámide de la energía** muestra la cantidad de energía que se desplaza de un nivel de alimentación a otro en una red alimenticia. Los organismos de cada nivel usan parte de la energía en sus procesos vitales. **La mayor parte de la energía está disponible a nivel del productor. En cada nivel, hay menos energía disponible que en el nivel inferior.** La pirámide de la energía recibe su nombre de la forma del diagrama: más ancho en la base y más estrecho en la punta, es decir, se parece a una pirámide.

En general, sólo aproximadamente el 10 por ciento de la energía en un nivel de una red alimenticia se transfiere al siguiente nivel más alto.

INTÉNTALO

Trama de una red alimenticia *ACTIVIDAD*

En esta actividad se muestra cómo están interconectados los organismos de una red alimenticia.

1. Tu maestro te asignará un papel en la red alimenticia.
2. Sostén un extremo de cada uno de varios pedazos de hilo. Entrega los otros extremos de tu hilo a los organismos a los cuales el tuyo está unido.
3. Ahora tu maestro eliminará uno de los organismos. Todos los que estén conectados con ese organismo deben dejar caer el hilo que los relaciona con él.

Hacer modelos ¿Cuántos organismos resultaron afectados por la eliminación de un organismo? ¿Qué muestra esta actividad sobre la importancia de cada organismo en una red alimenticia?

Figura 6 Los organismos consumen energía para realizar sus actividades vitales. Un leona utiliza la energía para cazar a su presa, la cebra. Las cebras utilizan la energía para huir.

Figura 7 Este diagrama de pirámide de la energía muestra la energía disponible en cada nivel de una red alimenticia. La energía se mide en kilocalorías, o kcal. *Calcular* ¿Cuántas veces más hay energía disponible a nivel del productor que a nivel del consumidor secundario?

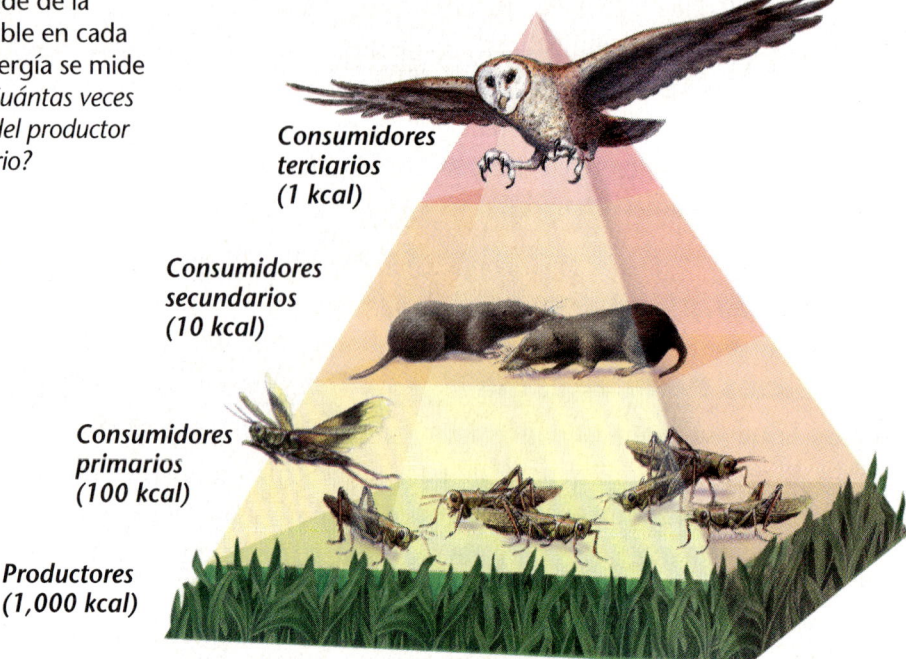

Consumidores terciarios (1 kcal)

Consumidores secundarios (10 kcal)

Consumidores primarios (100 kcal)

Productores (1,000 kcal)

El otro 90 por ciento de la energía lo consume el organismo en sus procesos vitales o se pierde como calor emitido al medio ambiente. A causa de esto, la mayoría de las redes alimenticias sólo tienen tres o cuatro niveles de alimentación. Como 90 por ciento de la energía se pierde en cada paso, no es suficiente para sustentar muchos niveles.

Pero los organismos a niveles más altos de una pirámide energética no necesariamente requieren menos energía para vivir que los organismos de niveles más bajos. Como se pierde mucha energía en cada nivel, la cantidad de ésta a nivel del productor limita el número de consumidores que el ecosistema puede mantener. Como resultado, suele haber pocos organismos en el nivel más alto de una red alimenticia.

Repaso de la sección 1

1. Menciona los tres papeles energéticos de los organismos en un ecosistema. ¿Cómo obtiene energía cada tipo de organismo?
2. ¿Cómo cambia la cantidad de energía disponible de un nivel de la pirámide de la energía al siguiente nivel superior?
3. Nombra y define los cuatro tipos de consumidores.
4. ¿Cuál es la fuente de energía de muchos ecosistemas?
5. **Razonamiento crítico Hacer generalizaciones** ¿Por qué las redes alimenticias describen mejor los ecosistemas que las cadenas alimenticias?

Comprueba tu aprendizaje

PROYECTO DEL CAPÍTULO 2

Ya debes haber construido tus cámaras de composta y escogido una variable para investigar. Haz un plan para observar el efecto de esta variable en el proceso de descomposición. Presenta el plan a tu maestro para su aprobación. (*Sugerencia:* Como parte del plan, explica cómo reunirás los datos parar medir la descomposición en tus cámaras de composta.)

INTEGRAR LA QUÍMICA

SECCIÓN 2 Ciclos de la materia

DESCUBRE ACTIVIDAD

¿Eres parte de un ciclo?

1. Sostén un pequeño espejo a unos cuantos centímetros de tu boca.
2. Exhala sobre el espejo.
3. Observa la superficie del espejo.

Reflexiona sobre
Inferir ¿Qué sustancia se forma sobre el espejo? ¿De dónde provino esa sustancia?

Una pila de automóviles abollados está lista para cargarse en un gigantesco compactador. Los trabajadores del deshuesadero ya han quitado muchas piezas de los coches. Los pedazos de aluminio y cobre se han retirado para poderse reciclar, es decir, volver a usar. Luego una planta de reciclado regenerará el acero de la carrocería de los autos. La Tierra cuenta con un suministro reducido de aluminio, cobre y el hierro necesario para fabricar acero. Reciclar automóviles usados es una manera de ofrecer un nuevo suministro de estos materiales.

Reciclado de la materia

La manera en que se recicla la materia en los ecosistemas es similar a la manera en que se recicla el metal de los autos usados. Al igual que el suministro de metal para la fabricación de automóviles, el suministro de materia en un ecosistema es limitado. Si la materia no pudiera reciclarse, los ecosistemas se quedarían rápidamente sin las materias primas necesarias para la vida.

La energía, por otra parte, no se recicla. Se debe proveer constantemente a un automóvil de energía en forma de gasolina. También a los ecosistemas debe suministrárseles siempre de energía, por lo general en forma de luz solar. La gasolina y la energía del sol no pueden reciclarse, sino que deben suministrarse constantemente.

Como leíste en la Sección 1, la energía entra en un ecosistema y se desplaza de los productores a los consumidores y luego a los descomponedores. En contraste, a través de un ecosistema, la materia pasa por ciclos una y otra vez. La materia en un ecosistema incluye agua, oxígeno, carbono, nitrógeno y muchas otras sustancias. Para entender

GUÍA DE LECTURA

◆ ¿Cuáles son los tres importantes procesos que constituyen el ciclo del agua?

◆ ¿Cómo utilizan los productores el dióxido de carbono?

Sugerencia de lectura A medida que leas, haz un esquema de la sección con los encabezados.

Automóviles en espera de reciclarse en una planta de Utah ▼

Figura 8 En el ciclo del agua, ésta se desplaza continuamente de la superficie terrestre a la atmósfera, y viceversa. *Interpretar diagramas* ¿En qué etapa del ciclo del agua ésta regresa a la superficie terrestre?

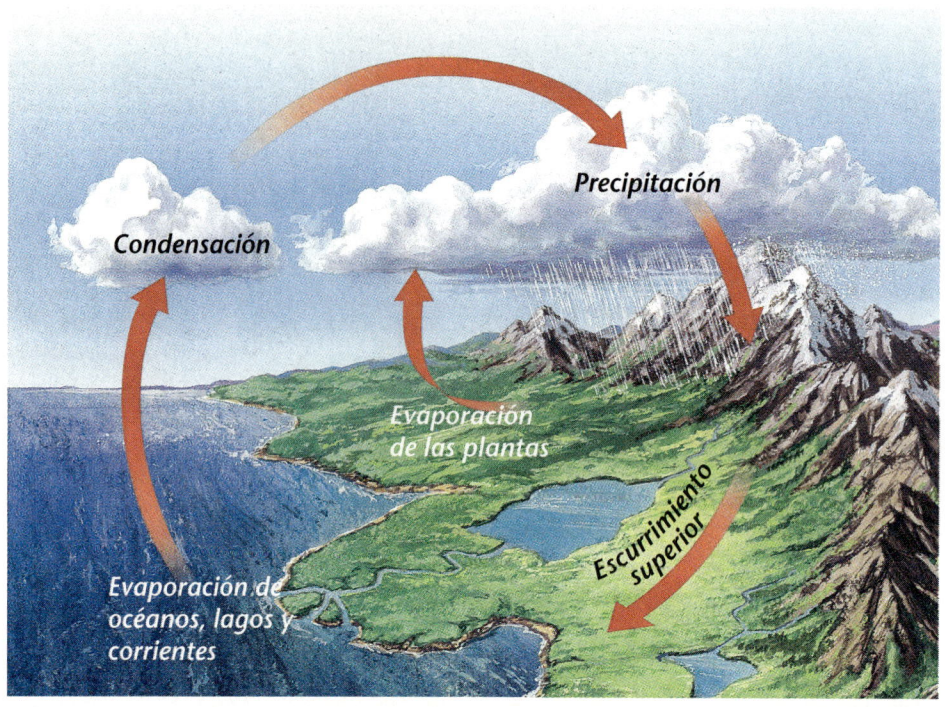

cómo estas sustancias pasan por ciclos dentro de un ecosistema, necesitas conocer algunos términos básicos que describan la estructura de la materia. La materia se compone de partículas diminutas llamadas átomos. Las combinaciones de dos o más átomos enlazados químicamente se llaman moléculas. Por ejemplo, una molécula de agua se compone de dos átomos de hidrógeno y un átomo de oxígeno. En esta sección, aprenderás sobre algunos de los ciclos más importantes de la materia: el ciclo del agua, los ciclos del carbono y el oxígeno y el ciclo del nitrógeno.

El ciclo del agua

¿Cómo podrías determinar si alguna vez ha existido vida en otro planeta del sistema solar? Un indicio que los científicos buscan es la presencia de agua. Esto sucede porque el agua es el compuesto más común de todas las células vivas de la Tierra. Como ya sabemos, el agua es necesaria para la vida.

El agua se recicla a través de su propio ciclo. El **ciclo del agua** es el proceso continuo mediante el cual este líquido se desplaza de la superficie de la Tierra a la atmósfera, y viceversa. **Los procesos de evaporación, condensación y precipitación constituyen el ciclo del agua**. Al leer sobre estos procesos, sigue el ciclo de la Figura 8.

Evaporación El proceso mediante el cual las moléculas del agua líquida absorben energía y cambian al estado gaseoso se llama **evaporación**. En el ciclo del agua, el agua líquida se evapora de la superficie terrestre y forma vapor de agua, un gas, en la atmósfera. La mayor parte del líquido se evapora de la superficie de océanos y lagos. La energía necesaria para la evaporación proviene del sol.

Desarrollar hipótesis

Un día frío, lluvioso, estás tomando chocolate en la casa de un amigo. Cuando tu amigo hierve el agua, te das cuenta de que una ventana próxima a la estufa se cubre de gotitas de agua. Tu amigo piensa que el líquido se filtra por la ventana. Con base en lo que sabes sobre el ciclo del agua, ¿puedes proponer otra explicación acerca de las gotitas de agua sobre la ventana?

También los seres vivos producen agua. Por ejemplo, las plantas absorben agua a través de la raíz y liberan vapor agua por sus hojas. Tú absorbes agua cuando bebes y comes. Liberas agua líquida en tus desechos y vapor de agua cuando exhalas.

Condensación ¿Qué le ocurre en seguida al vapor de agua en la atmósfera? A medida que se eleva en la atmósfera, se enfría. Cuando se enfría hasta determinada temperatura, el vapor se transforma en diminutas gotas de agua líquida. El proceso mediante el cual un gas se convierte en líquido se llama **condensación**. Las gotitas de agua se acumulan alrededor de partículas de polvo en el aire, y finalmente forman nubes como las de la Figura 8.

Precipitación A medida que más vapor de agua se condensa, las gotas de agua en la nube aumentan de tamaño y peso. Finalmente, las pesadas gotas caen a la tierra como una forma de **precipitación:** lluvia, nieve, aguanieve o granizo. La mayor parte de la precipitación cae en los océanos o en los lagos. La precipitación que cae a tierra puede infiltrarse en el suelo y convertirse en agua subterránea. O puede correr por la tierra y desembocar en un río o en el mar una vez más.

☑ *Punto clave* ¿Qué cambio de estado ocurre cuando el agua de la superficie del océano llega a la atmósfera como vapor de agua?

Los ciclos del carbono y el oxígeno

Otras dos sustancias químicas necesarias para la vida son el carbono y el oxígeno. Los procesos mediante los cuales se reciclan están enlazados, como se muestra en la Figura 9. El carbono es el componente básico de la materia que constituye el cuerpo de los seres vivos. Está presente en un gas de la atmósfera, el dióxido de carbono. Los productores absorben el

Figura 9 Esta escena muestra cómo los ciclos del carbono y del oxígeno están enlazados. Los productores emplean el dióxido de carbono para efectuar la fotosíntesis. En este proceso, el carbono se utiliza para crear moléculas de azúcar como las que se encuentran en las manzanas. Los productores liberan oxígeno, que luego emplean otros organismos. Estos organismos absorben el carbono del alimento y lo liberan en forma de dióxido de carbono.

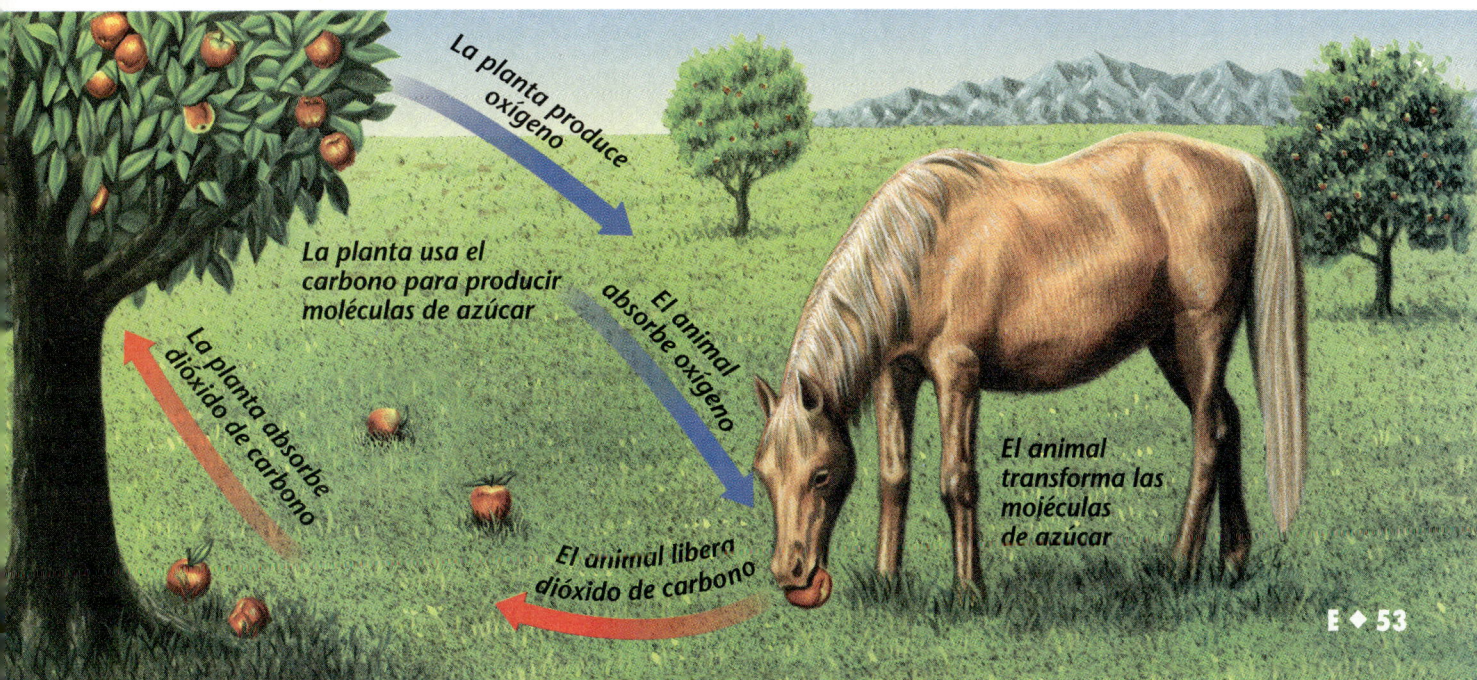

dióxido de carbono de la atmósfera durante la fotosíntesis. **En este proceso, los productores utilizan el carbono del dióxido de carbono para elaborar otras moléculas que contengan carbono.** Estas moléculas incluyen a los azúcares y los almidones. Para obtener energía de estas moléculas, los consumidores descomponen moléculas más simples. Los consumidores liberan agua y dióxido de carbono como productos residuales.

Al mismo tiempo, el oxígeno pasa por ciclos a través del ecosistema. Los productores generan oxígeno como resultado de la fotosíntesis. Otros organismos absorben el oxígeno de la atmósfera y lo utilizan en sus procesos vitales.

☑ *Punto clave* ¿Cómo regresa el oxígeno al medio ambiente?

Ciclo del nitrógeno

Al igual que el carbono, el nitrógeno es un componente básico necesario de la materia que forma a los seres vivos. Puesto que el aire que te rodea es alrededor de 78 por ciento nitrógeno, podrías pensar que es fácil para los seres vivos obtenerlo. Sin embargo, la mayoría de los organismos no pueden utilizar el nitrógeno del aire. El gas nitrógeno se llama nitrógeno "libre", lo cual significa que no se combina con otra clase de átomos. Muchos organismos sólo pueden utilizar el nitrógeno una vez que ha sido "fijado", o combinado con otros elementos para formar compuestos que contienen nitrógeno. Puedes seguir este proceso en la Figura 10 de abajo.

Figura 10 En el ciclo del nitrógeno, éste pasa del aire al suelo, a los seres vivos y regresa al aire.
Interpretar diagramas ¿Cómo obtienen nitrógeno los consumidores?

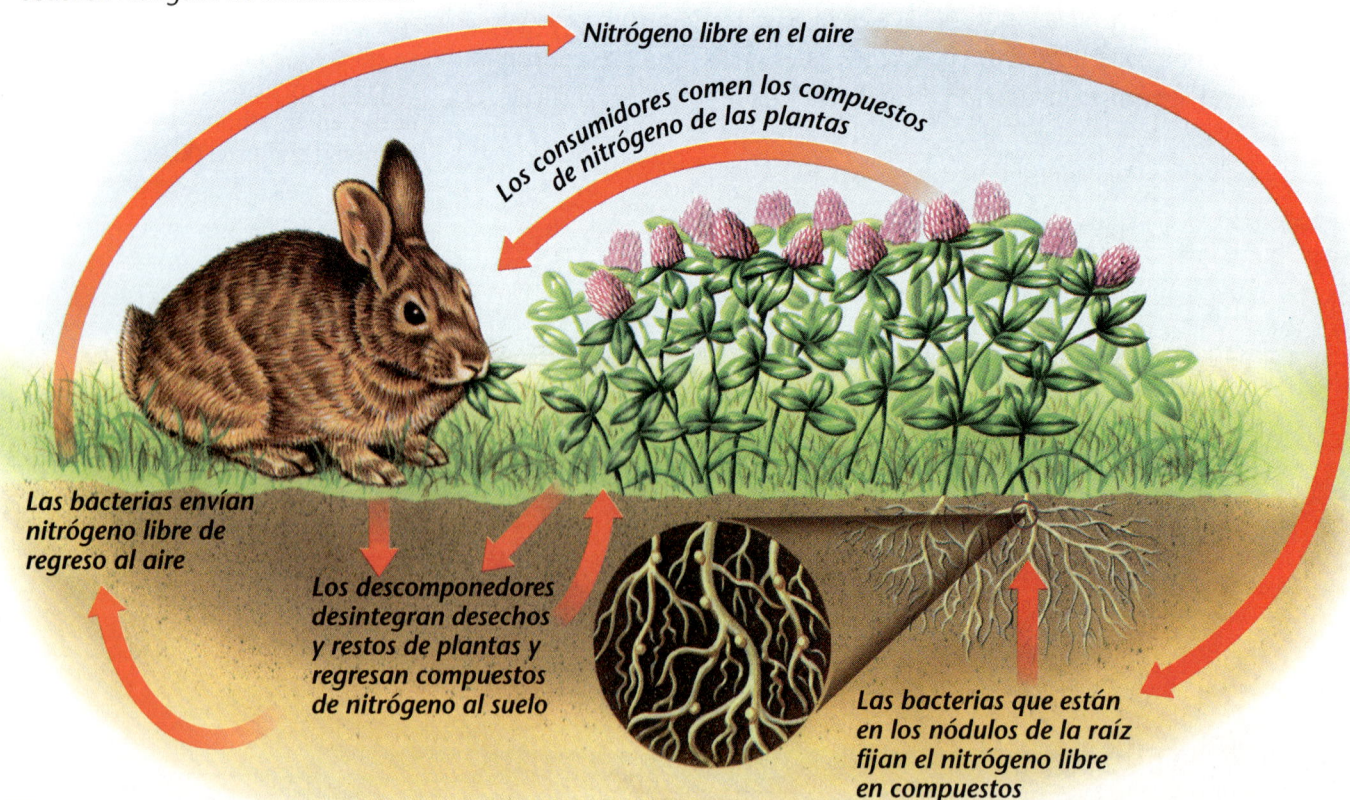

Fijación del nitrógeno El proceso mediante el cual el gas nitrógeno libre se convierte en una forma de nitrógeno utilizable se llama **fijación del nitrógeno.** La mayor parte de la fijación del nitrógeno la realizan ciertos tipos de bacterias. Algunas de ellas viven en protuberancias llamadas **nódulos**, que están en la raíz de determinadas plantas. Entre éstas, conocidas como legumbres, se encuentran el trébol, los frijoles, los chícharos, la alfalfa y los cacahuates.

La relación entre las bacterias y las legumbres es un ejemplo de mutualismo. En el Capítulo 1 vimos que una relación simbiótica en la que las dos especies se benefician se llama mutualismo. Tanto las bacterias como la planta se benefician de esta relación: las bacterias tienen un lugar para vivir y la planta recibe nitrógeno en forma utilizable.

INTEGRAR LA TECNOLOGÍA Muchos agricultores aprovechan las bacterias que fijan el nitrógeno en las legumbres para enriquecer sus campos. Cada determinado número de años, un agricultor puede sembrar una legumbre, como la alfalfa, en un campo. Las bacterias de las raíces de la alfalfa crean una nueva provisión de compuestos de nitrógeno en el suelo. Al año siguiente, los nuevos cultivos se benefician del suelo mejorado.

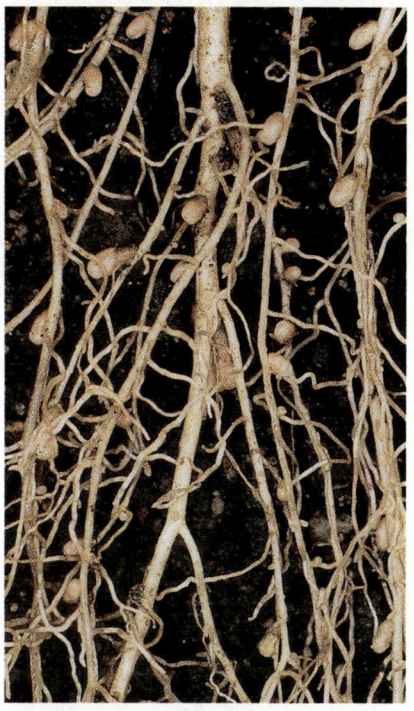

Figura 11 En las raíces de este trébol se ven claramente los nódulos. Las bacterias que hay dentro de los nódulos realizan la fijación del nitrógeno.

Regreso del nitrógeno al medio ambiente Una vez que el nitrógeno se ha fijado en compuestos químicos, los organismos lo pueden aprovechar para elaborar proteínas y otras sustancias complejas. Los descomponedores desintegran estos compuestos complejos en desechos de animales y en el cuerpo de los organismos muertos. Esto hace regresar compuestos simples de nitrógeno al suelo. El nitrógeno puede pasar por ciclos del suelo a los productores y consumidores muchas veces. En algún momento, sin embargo, las bacterias descomponen por completo los compuestos de nitrógeno. Estas bacterias liberan nitrógeno libre al aire. Luego el ciclo se inicia de nuevo.

Repaso de la sección 2

1. Menciona y define los tres principales procesos que ocurren durante el ciclo del agua.
2. Explica el papel de las plantas en el ciclo del carbono.
3. ¿Qué tan necesaria es la fijación del nitrógeno como parte del ciclo del nitrógeno?
4. ¿Dónde viven las bacterias que fijan el nitrógeno?
5. **Razonamiento crítico   Comparar y contrastar** Explica en qué difiere el movimiento de la materia a través de un ecosistema del movimiento de la energía a través del mismo.

Comprueba tu aprendizaje

PROYECTO DEL CAPÍTULO 2

Una vez que tu maestro haya aprobado tu plan, coloca los desechos en tus cámaras de composta. Anota tu hipótesis sobre el efecto de la variable que estás investigando. Observa los dos recipientes diariamente. (*Sugerencia:* Si no hay señales de descomposición después de varios días, quizás desees agitar el contenido de cada cámara. Esto permite que penetre más oxígeno en la mezcla.)

SECCIÓN 3 Biogeografía

DESCUBRE

¿Cómo puedes mover las semillas?

1. Pon granos de maíz en un extremo de una bandeja.
2. Haz una lista de las maneras en que podrías mover los granos al otro extremo de la bandeja. Usa cualquiera de los materiales que te dio tu maestro.
3. Prueba cada método. Anota si el método fue útil o no para mover los granos por la bandeja.

Reflexiona sobre
Predecir ¿Cómo se trasladan las semillas de un lugar a otro sobre la Tierra?

GUÍA DE LECTURA

◆ ¿Cómo ocurre la dispersión de los organismos?
◆ ¿Qué factores pueden limitar la distribución de una especie?

Sugerencia de lectura Al leer, investiga por qué los organismos viven en ciertos lugares del mundo. Enlista estas razones.

◀ Walabi australiano

Imagínate lo que habrán sentido los exploradores europeos cuando vieron el continente australiano por primera vez. En lugar de animales de pastoreo conocidos como caballos y ciervos, encontraron lo que parecían conejos gigantes con largas colas. Al escudriñar en las ramas de los eucaliptos, los exploradores descubrieron koalas semejantes a osos. ¿Y quién podría haberse imaginado un animal ovíparo con cola de castor, pico de pato y un grueso pelaje? ¡Ya puedes entender por qué la gente que escuchó las primeras descripciones del ornitorrinco acusó a los exploradores de mentirosos!

Los ecólogos tenían muchas dudas acerca de las plantas y los animales de Australia. ¿Por qué nadie había visto un canguro, un eucalipto o un koala en Europa? ¿Por qué no había renos, camellos o gorilas en Australia?

Distintas especies viven en distintas partes del mundo. El estudio de dónde viven los organismos se llama **biogeografía**. La palabra *biogeografía* se compone de tres palabras griegas: *bio*, que significa "vida"; *geo*, que quiere decir "Tierra", y *graf*, que significa "descripción". Juntos, estos vocablos indican lo que hacen los biogeógrafos: describen dónde se encuentran los seres vivos de la Tierra.

La deriva de los continentes

INTEGRAR LAS CIENCIAS DE LA TIERRA Además de estudiar dónde viven las especies en la actualidad, los biogeógrafos también investigan cómo estas especies se extienden por distintas partes del mundo. Un factor que ha afectado la manera en que están distribuidas las especies es el movimiento de los continentes terrestres. Los continentes son enormes bloques de roca sólida que flotan sobre una capa de líquido denso, caliente. Este lentísimo movimiento se llama **deriva continental.**

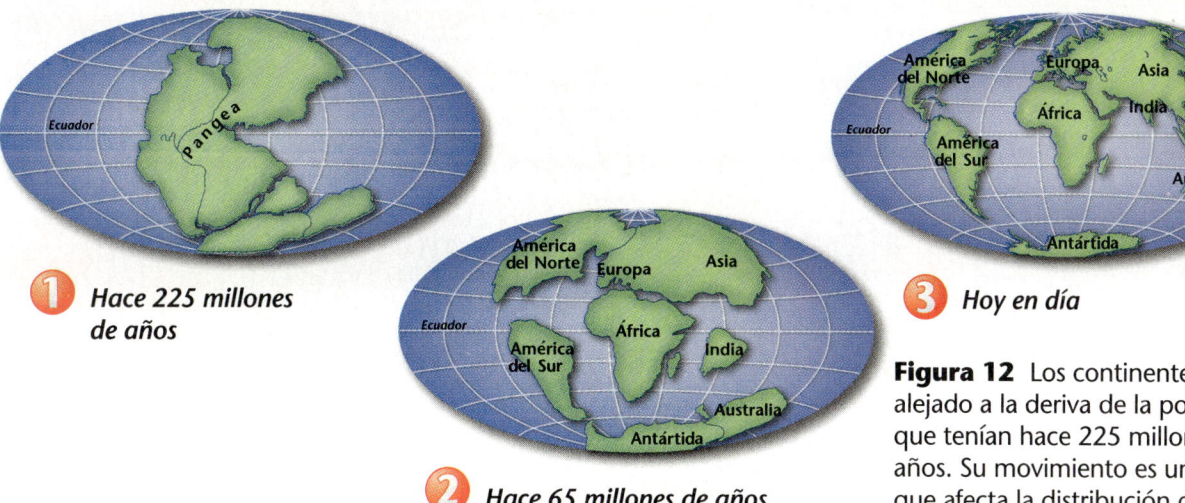

① Hace 225 millones de años

② Hace 65 millones de años

③ Hoy en día

Figura 12 Los continentes se han alejado a la deriva de la posición que tenían hace 225 millones de años. Su movimiento es un factor que afecta la distribución de los organismos.

La Figura 12 muestra cuánto se han desplazado los continentes. Hace alrededor de 225 millones de años, todos los continentes lindaban unos con otros. Pero después de millones de años de ir lentamente a la deriva, se han separado. Si damos un vistazo al globo terráqueo en la actualidad, no resulta difícil creer que en un tiempo India estaba junto a la Antártida, o que Europa y América del Norte estaban unidas.

El movimiento de los continentes ha ejercido un gran impacto sobre la distribución de las especies. Tenemos el caso de Australia, por ejemplo. Hace millones de años Australia se separó de las demás masas continentales. Los organismos de otras regiones del mundo no pudieron llegar a la solitaria isla. Los canguros, los koala y otras especies únicas se desarrollaron aisladamente.

Medios de dispersión

El movimiento de los organismos de un lugar a otro se llama **dispersión**. Los organismos se pueden dispersar de varias y distintas maneras. **La dispersión puede ser causada por el viento, el agua y los seres vivos, entre ellos los humanos.**

El viento y el agua Muchos animales se trasladan a otras regiones caminando, nadando o volando. Pero las plantas y los organismos pequeños necesitan ayuda para desplazarse. El viento se convierte en un medio de dispersión para las semillas, las esporas de los hongos, las arañas diminutas y muchos otros organismos. Y el agua transporta objetos que flotan, como cocos y hojas. Los insectos y los animales pequeños pueden conseguir un viaje gratis sobre estos objetos hacia un nuevo hábitat.

Otros seres vivos También otros seres vivos pueden dispersar a los organismos. Por ejemplo, un jilguero puede comer semillas en una zona y depositarlas en otro lugar como parte de sus desechos. Un pato puede transportar algas o huevos de pez en sus patas de una laguna a otra. Y si alguna vez tu perro o tu gato han llegado a casa con abrojos ya conoces otra manera en que las semillas pueden desplazarse.

Figura 13 Las vainas de color café del vecentósigo contienen semillas ribeteadas con hilos sedosos. *Inferir* ¿Por qué medio de dispersión se esparcen las semillas del vecentósigo?

Capítulo 2 E ◆ 57

Figura 14 Macizos de lisimaquia púrpura bordean las riberas de un río de Massachusetts. La lisimaquia es una especie exótica que ha crecido en su nuevo hábitat, a menudo desplazando a especies nativas.

Los seres humanos desempeñan un papel importante en la dispersión de las demás especies. Conforme la gente se desplaza por el planeta, lleva consigo plantas, animales y otros organismos. A veces esto es intencional, como cuando la gente lleva caballos a un nuevo establecimiento. Otras veces no es intencional, como cuando alguien lleva un parásito a algún país.

Las especies que han evolucionado de manera natural en una región se conocen como **especies nativas**. Cuando se lleva un organismo a otro lugar, dicho organismo se conoce como **especie exótica**. Algunas especies exóticas son tan comunes en su nuevo medio ambiente que se cree que son nativa. Por ejemplo, tal vez conozcas el diente de león, una de las plantas con flores más comunes de América del Norte. Sin embargo, el diente de león no es una especie autóctona. La llevaron los colonos, quienes apreciaban sus hojas como alimento y como té para los enfermos.

☑ *Punto clave* ¿Cómo pueden los seres humanos dispersar una especie?

Límites de la dispersión

Con todos esos medios de dispersión, podría esperarse encontrar los mismos organismos en todas partes del mundo. Por supuesto, no es así. ¿Por qué no? ¿Qué determina los límites de la distribución de una especie? **Tres factores que limitan la dispersión de una especie son las barreras físicas, la competencia y el clima.**

Barreras físicas Barreras como el agua, las montañas y los desiertos son difíciles de cruzar. Estos factores pueden limitar el movimiento de los organismos. Por ejemplo, una vez que Australia se separó de los demás continentes, el océano actuó como una barrera a la dispersión. Los organismos ya no podían desplazarse fácilmente hacia o desde Australia.

Competencia Cuando un organismo entra en una nueva región, debe competir por los recursos con las especies que ya se encuentran allí. Para sobrevivir, el organismo tiene que encontrar un nicho único. Si las especies existentes están desarrollándose, pueden superar a la nueva especie. En este caso la competencia es una barrera a la dispersión. A veces, sin embargo, la nueva especie tiene más éxito que las ya existentes. Las especies autóctonas pueden ser desplazadas.

Estudios sociales CONEXIÓN

Muchos cultivos importantes son en realidad especies exóticas. Cuando los colonizadores de nuevas tierras llevaron cultivos de su madre patria, causaron la dispersión de estas especies. Algunos ejemplos de cultivos que dispersan los humanos son los cacahuates, las papas, el algodón, el maíz y el arroz.

En tu diario

Escoge un cultivo y haz una investigación sobre él. Estúdialo para saber dónde es una especie nativa y cómo se extendió a distintas partes del mundo. ¿En qué condiciones se desarrolla bien? (*Sugerencia:* Los anuarios y las enciclopedias son buenas fuentes de información.)

Clima El patrón atmosférico característico

INTEGRAR LAS CIENCIAS DE LA TIERRA de una región en un periodo largo constituye el **clima** de esa zona. El clima es distinto del tiempo atmosférico (las condiciones atmosféricas diarias en una región). La temperatura y la precipitación determinan el clima.

Las diferencias de clima pueden ser un obstáculo para la dispersión. Por ejemplo, las condiciones en la cima de la montaña que se muestra en la Figura 15 son muy distintas de las que existen al pie. Al pie de la montaña el clima es caluroso y seco. Allí crecen arbustos y cactos. Un poco más arriba, crece principalmente hierba. Al ascender por la montaña, el clima se vuelve más frío y más húmedo. Allí crecen árboles más grandes como pinos, robles y abetos. La ardilla que aparece en primer plano vive en esta región. Las diferencias de clima son una barrera que impide que la ardilla, como especie, se disperse montaña abajo o arriba. Cerca de la cumbre, hace mucho frío y queda expuesto al viento. Lo que más crece son pequeñas flores silvestres alpinas y musgos.

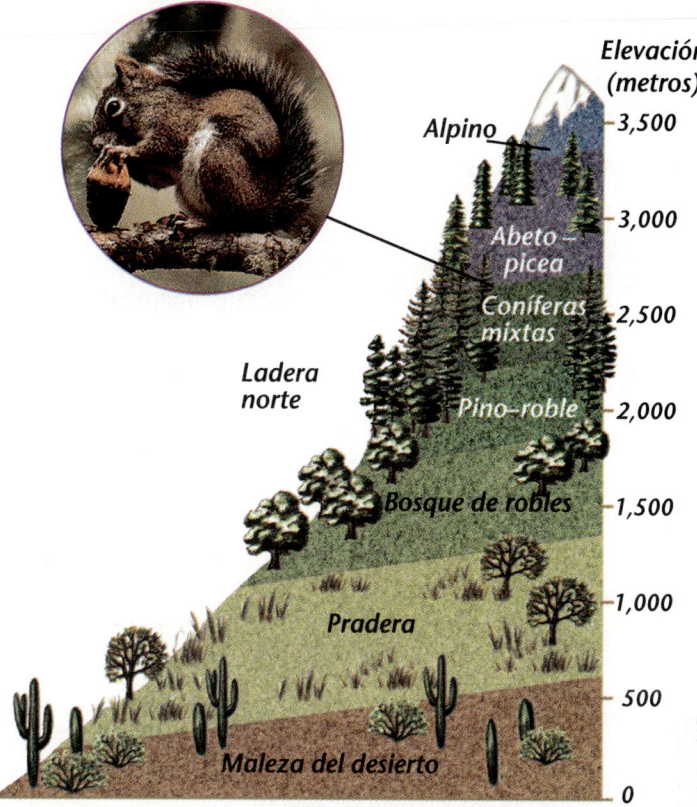

Figura 15 Las condiciones climatológicas cambian a diferentes alturas de esta ladera. Dichas condiciones determinan la distribución de las especies en la montaña. Cada zona se inicia en una altura menor en la ladera norte de la montaña, donde hace más frío que en la ladera sur.

Los lugares con climas similares suelen tener nichos similares para que los ocupen las especies. Por ejemplo, en la mayor parte de los continentes existe una zona amplia de llanuras cubiertas de hierba. Los organismos que ocupan el nicho de "mamífero grande de pastoreo" en cada continente presentan algunas similitudes. En América del Norte los mamíferos grandes de pastoreo son los bisontes; en África, los ñus y antílopes; en Australia, los canguros.

Repaso de la sección 3

1. Indica tres maneras en que las especies pueden dispersarse.
2. Explica cómo las cordilleras y el clima pueden limitar la distribución de las especies.
3. ¿Qué es la biogeografía?
4. Da un ejemplo de barrera física. ¿Cómo afectaría esto el lugar donde se encuentran las especies?
5. **Razonamiento crítico Predecir** Si una especie exótica de insectos se introdujera en la región donde vives, ¿crees que sería fácil o difícil eliminar dicha especie? Explica.

Las ciencias en casa

Lleva a un familiar adulto a buscar semillas. Cuando descubras una nueva semilla, ponte una bolsa de plástico sobre la mano. Recoge la semilla con la bolsa y luego vuélvela al revés para guardar la semilla. Cuando regreses a casa, observa las semillas y compáralas unas con otras. Con base en tus observaciones, clasifícalas según su método de dispersión. Engrapa las bolsas a una hoja de papel grueso dentro de los grupos en que las hayas clasificado.

Laboratorio real

Cómo funciona

BIOMAS EN MINIATURA

El clima es un factor que afecta la distribución de los organismos. Se llama bioma a un grupo de ecosistemas con climas y organismos similares. En este experimento, investigarás algunos factores clave que distinguen a los biomas unos de otros.

Problema
¿Qué factores bióticos y abióticos crean distintos biomas alrededor del mundo?

Enfoque en las destrezas
construir modelos, observar, sacar conclusiones

Materiales
tijeras
tarjeta
10 semillas de *impatiens*
5 semillas de frijol
unas 30 semillas de ballico
envase de cartón de leche, vacío y limpio
tierra arenosa o tierra para macetas
envoltura de plástico
lámpara
cinta adhesiva
engrapadora

Procedimiento

1. Tu maestro le asignará un bioma a tu grupo. También observarás los biomas de otros equipos. Con base en el cuadro de abajo, predice cómo crees que cada una de las tres clases de semillas crecerá en cada conjunto de condiciones. Anota estas predicciones en tu cuaderno. Luego copia la tabla de datos en la página opuesta cuatro veces, una para cada bioma.

2. Cierra con grapas el pico del envase de leche. Recorta por completo uno de los cuatro lados del envase. Haz algunos agujeros en el lado opuesto para facilitar el desagüe, luego coloca ese lado hacia abajo.

3. Llena el envase hasta 3 centímetros de la parte superior con el tipo de tierra proporcionado en la tabla. Divide la superficie de la tierra en tres secciones trazando dos líneas en ella con un lápiz.

4. En la sección cercana al pico, siembra las semillas de *impatiens*. En la parte central, siembre las semillas de frijol. En la tercera sección, esparce las semillas de ballico sobre la superficie.

CONDICIONES DE CRECIMIENTO			
Bioma	**Tipo de tierra**	**Horas de luz por día**	**Instrucciones de riego**
Bosque	Tierra para macetas	1–2 horas de luz directa	Dejar secar la superficie, luego añadir agua.
Desierto	Tierra arenosa	5–6 horas de luz directa	Dejar la tierra secarse hasta una profundidad de 2.5 cm por debajo de la superficie.
Pradera	Tierra para macetas	5–6 horas de luz directa	Dejar secar la superficie, luego añadir agua.
Selva tropical	Tierra para macetas	Sin luz directa; luz indirecta por 5–6 horas	Mantener húmeda la superficie de la tierra.

TABLA DE DATOS

Nombre del bioma: _____

Día	Impatiens	Frijoles	Ballico
1			
2			
3			

5. Riega bien todas las semillas. Luego cubre la parte abierta del envase con plástico.
6. En una tarjeta, escribe el nombre de tu bioma, los nombres de los tres tipos de semillas en el orden en que las sembraste y los nombres de los miembros de tu grupo. Pega con cinta adhesiva la tarjeta al envase y colócalo en un lugar tibio donde nadie lo toque.
7. Una vez que las semillas germinen, provee a tu bioma de luz y agua como se especifica en la tabla. Mantén el envase cubierto con plástico, excepto cuando añadas agua.
8. Observa diariamente los biomas durante una semana. Anota tus observaciones.

Analizar y concluir

1. ¿En qué bioma creció mejor cada tipo de semilla? ¿En qué bioma creció peor?
2. ¿Cómo resultó afectado cada tipo de semilla por el tipo de tierra, la cantidad de luz y la disponibilidad de agua? ¿Cómo se relacionan tus resultados con los biomas en la naturaleza?
3. Los ecólogos que estudian los biomas terrestres a menudo empiezan una descripción del bioma explicando los factores abióticos clave y las plantas típicas. ¿Por qué crees que hacen eso?
4. **Aplicar** Describe el patrón de precipitación y otros factores abióticos del clima donde vives. ¿Cómo afectan esos factores las clases de plantas y animales que viven allí?

Crear un experimento

Después de leer la sección 4, escribe un plan para construir la maqueta de una selva tropical o un terrario de desierto. Incluye plantas típicas de ese bioma. Obtén la aprobación de tu maestro antes de realizar esta actividad.

SECCIÓN 4 Biomas terrestres

DESCUBRE

¿Cuánta lluvia es?

La tabla muestra la precipitación promedio anual en cuatro regiones distintas. Con tus compañeros de clase, hagan una gráfica de barras de tamaño natural sobre una pared para imaginar estas cantidades de lluvia.

Bioma	Precipitación (cm)
Desierto de Mojave	15
Pradera de Illinois	70
Montañas Smoky	180
Selva tropical de Costa Rica	350

1. Con una regla métrica, mide una tira de papel de máquina sumadora de 15 cm de largo. Rotúlala como "Desierto de Mojave".

2. Repite el Paso 1 para los otros tres lugares. Si es necesario, pega tiras de papel para tener la longitud correcta. Rotula cada tira.

3. Ahora busca un lugar donde puedas mostrar verticalmente las cuatro tiras. Si la pared de tu salón de clases no es lo suficientemente alta, tal vez necesites utilizar otra pared de tu edificio escolar. Sigue las instrucciones de tu maestro para colgar las tiras de precipitación.

Reflexiona sobre

Desarrollar hipótesis ¿Cuál ecosistema recibe la mayor precipitación? ¿Cuál recibe la menor? ¿Qué efecto crees que podría tener la cantidad de precipitación sobre los tipos de especies que viven en esos ecosistemas?

GUÍA DE LECTURA

◆ ¿Qué determina el tipo de bioma en una región?

◆ ¿Dónde ocurre la fotosíntesis en los biomas acuáticos?

Sugerencia de lectura A medida que leas, haz una lista de los biomas descritos en esta sección. Bajo el nombre de cada sección, anota las características de ese bioma.

¡Felicidades! Tus compañeros de clase y tú han sido seleccionados como los miembros estudiantiles de una expedición científica alrededor del mundo. Su misión consiste en estudiar los principales tipos de ecosistemas de la Tierra. Reunirán información sobre las condiciones climatológicas y los organismos típicos que se encuentran en cada uno de esos ecosistemas. El resultado de esta expedición será una base de datos de información sobre los biomas que visiten. Un **bioma** es un grupo de ecosistemas con climas y organismos similares.

Clasificar los ecosistemas en biomas ayuda a los ecólogos a describir el mundo. Como era de esperar, no todos los ecólogos están de acuerdo en el número exacto y las clases de biomas. Los científicos que guían tu expedición han elegido concentrarse en seis biomas terrestres principales y dos biomas acuáticos importantes.

Asegúrate de empacar varias prendas de vestir para el viaje. Visitarán lugares que van de las llanuras heladas del Ártico hasta las húmedas junglas tropicales. **De hecho, son principalmente las condiciones climatológicas, temperatura y precipitación, de una región las que determinan su bioma.** Esto sucede porque el clima limita la distribución de las plantas en la zona y los tipos de plantas determinan las clases de animales que viven allí.

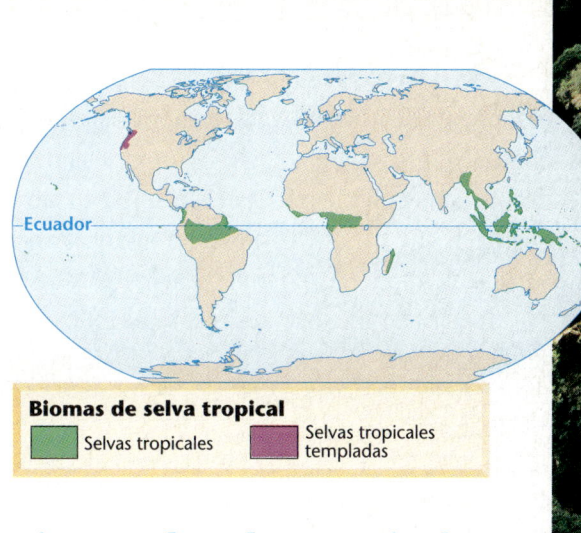

Biomas de selva tropical
- Selvas tropicales
- Selvas tropicales templadas

Biomas de selva tropical

La primera parada de la expedición es en una selva tropical cerca del ecuador. El lugar es caluroso y húmedo... ¡en realidad llueve a cántaros! Por fortuna, tuviste presente llevar un poncho. Después de un breve aguacero, el sol vuelve a salir. Pero aun cuando el sol brilla, muy poca luz penetra en la espesa vegetación.

Las plantas abundan en la selva. Algunas, como los helechos, las orquídeas y las enredaderas que observas colgadas de los árboles, incluso crecen sobre otras plantas. Entre ellas hay muchas especies de aves tan brillantes como las numerosas flores que te rodean.

Selvas tropicales Las selvas tropicales se encuentran en regiones cálidas próximas al ecuador. Por lo general las selvas tropicales reciben abundante lluvia. Las temperaturas altas no varían mucho a lo largo de todo el año y la luz solar se mantiene constante.

Las selvas tropicales contienen una sorprendente variedad de especies. Por ejemplo, los científicos que estudiaban una zona de 100 metros cuadrados de selva tropical identificaron ¡300 clases distintas de árboles! Estos árboles forman varias capas bien determinadas. Los árboles altos integran un techo frondoso llamado **dosel**. Unos cuantos árboles gigantescos asoman por encima del dosel. Debajo de ésta, una segunda capa de árboles más cortos y enredaderas forman un **sotobosque**. Allí las plantas se desarrollan bien en la sombra formada por el dosel. Finalmente, algunas plantas crecen en la penumbra del suelo de la selva.

Figura 16 Las selvas tropicales contienen una sorprendente variedad de plantas y otros organismos. En la foto grande, un río serpentea por la exuberante selva indonesia. El primer plano de arriba muestra a un joven orangután balanceándose de las ramas de los árboles. En el primer plano de abajo, una tarántula trepa por un hongo de brillantes colores en el suelo de la selva.

La abundante vida vegetal provee de muchos hábitats a los animales. El número de especies de insectos que viven en las selvas tropicales no se conoce, pero se ha calculado que son millones. Estas especies, a su vez, sirven de alimento a muchas especies de aves, las cuales alimentan a otros animales. Aunque las selvas tropicales cubren sólo una pequeña parte del planeta, quizás contengan más especies de plantas y animales que todos los demás biomas terrestres combinados.

Selvas tropicales templadas La zona a lo largo de la costa noroccidental de Estados Unidos se parece a una selva tropical en algunos aspectos. Esta región recibe más de 300 centímetros de lluvia al año. Allí crecen árboles enormes, como cedros, secoyas y pinos Oregón. Sin embargo, es difícil clasificar esta región. Está demasiado al norte y es demasiado fría para ser selva tropical. En lugar de ello, muchos ecólogos se refieren a este ecosistema como selva tropical templada. El término *templado* significa tener temperaturas moderadas.

Biomas desérticos

La siguiente parada de tu expedición es un desierto. No podría ser más distinto de la selva tropical que acaban de dejar. Bajan del autobús y se encuentran con el abrasador calor del verano. Al mediodía, ni siquiera puedes caminar en el desierto: la arena está tan caliente como el agua que sale de la llave de tu baño, en casa.

Un **desierto** es una región donde cae menos de 25 centímetros de lluvia por año. La cantidad de evaporación en un desierto es mayor que la cantidad de precipitación. ¡Algunos de los desiertos más secos tal vez no reciban nada de lluvia durante todo el año! Con frecuencia los desiertos experimentan grandes cambios de temperatura durante el curso de un día. Un desierto candente como el

Figura 17 Los organismos del desierto realizan adaptaciones que les permiten vivir en las rigurosas condiciones de su bioma. Por ejemplo, esta lagartija de hocico de pala "baila" para evitar que se le quemen las patas en las dunas de arena caliente del desierto de Namibia, en África.
Hacer generalizaciones Describe las condiciones climatológicas de un desierto típico.

Biomas de desierto y pradera
Desierto   Pradera

desierto de Namibia se enfría rápidamente cada noche cuando el sol se pone. Otros desiertos, como el de Gobi en Asia central, son más frescos, incluso experimentan temperaturas bajo cero en el invierno.

Los organismos que viven en el desierto se adaptan a la carencia de lluvia y a las temperaturas extremas. Por ejemplo, el tronco del cacto saguaro tiene pliegues que actúan como los pliegues del fuelle de un acordeón. El tronco del cacto se expande para absorber más agua cuando llueve. Muchos animales del desierto son más activos de noche, cuando baja la temperatura. El monstruo de Gila, por ejemplo, pasa buena parte de su tiempo metido en una fresca madriguera subterránea. Puede tardar semanas sin salir a la superficie del desierto.

☑ *Punto clave* ¿Cuáles son algunas adaptaciones que ayudan a un organismo a vivir en el desierto?

Biomas de pradera

El siguiente punto donde se detiene la expedición es una pradera. Aquí la temperatura es mucho más agradable que la del desierto. La brisa transporta el olor de la tierra calentada por el sol. En este suelo fértil crece hierba tan alta como tú y tus compañeros de clase. Los gorriones revolotean en busca de su siguiente alimento. Asustado por tu llegada, un conejo se aleja rápidamente dando saltos.

Al igual que otras praderas localizadas en las latitudes medias, ésta recibe más lluvia que los desiertos, pero no la suficiente para que crezcan muchos árboles. Una **pradera** recibe entre 25 y 75 centímetros de lluvia cada año, y por lo general en ella crecen la hierba y otras plantas no leñosas. Las praderas que se encuentran más próximas al ecuador se llaman **sabanas** y reciben hasta 120 centímetros de lluvia cada año. En las sabanas crecen aquí y allá arbustos y árboles pequeños, además de hierba.

INTÉNTALO

Supervivencia en el desierto ACTIVIDAD

Con una lupa, observa con cuidado un pequeño cacto en maceta. ¡Ten cuidado con las espinas! Con unas tijeras, corta cuidadosamente un pedazo diminuto de la punta del cacto. Observa el interior de la planta. Fíjate en cualquier característica que parezca distinta a las de otras plantas.

Observar ¿En qué difiere el interior del cacto de su exterior? Explica cómo las características que observas podrían estar relacionadas con su hábitat desértico.

Figura 18 Estos ñus que emigran atraviesan una extensa sabana de Kenia.

Capítulo 2 E ◆ 65

Figura 19 Este bosque de Michigan en otoño es un hermoso ejemplo de un bosque de árboles caducifolios. En primer plano aparece un zorro rojo, un residente común en este tipo de bosques de América del Norte. *Comparar y contrastar* ¿En qué difieren los bosques de árboles caducifolios de las selvas tropicales?

Biomas de bosque de árboles caducifolios
- Bosques de árboles caducifolios
- Bosque boreal

Las praderas constituyen el hábitat de muchos de los animales más grandes de la Tierra: herbívoros como los bisontes, los antílopes, las cebras, los rinocerontes, las jirafas y los canguros. Estos animales, al parecer, ayudan a mantener las praderas. Impiden que los árboles jóvenes y los arbustos retoñen y compitan con la hierba por el agua y la luz solar.

Biomas de bosque de árboles caducifolios

Tu viaje al siguiente bioma te lleva a otro bosque. Es el final del verano. Aquí las mañanas frías ceden el paso a los días calurosos. Varios miembros de la expedición están ocupados anotando las numerosas especies de plantas. Otros están buscando por medio de sus prismáticos, tratando de identificar a las aves cantoras que se encuentran en los árboles. Caminas con cuidado para no pisar a una pequeña salamandra que se desliza por el suelo del bosque. Las ardillas listadas no dejan de castañetear los dientes.

Visitas ahora el bioma de bosque de árboles caducifolios. Los árboles que se encuentran aquí, llamados **árboles caducifolios**, dejan caer sus hojas y echan nuevas cada año. Los robles y los arces son ejemplos de árboles de hojas caducas. Estos bosques reciben lluvia suficiente para sostener el crecimiento de árboles y otras plantas, al menos 50 centímetros por día. Las temperaturas varían durante el año. La época de crecimiento dura por lo general de cinco a seis meses. Como en la selva tropical, las distintas plantas crecen a distintas alturas, que van desde una bóveda de árboles altos hasta pequeños helechos y musgos en el suelo del bosque.

La variedad de plantas en el bosque crea muchos y distintos hábitats. Tus compañeros de clase y tú advierten que especies diferentes de aves viven en cada nivel, alimentándose de los insectos y frutas que viven y crecen allí. Observas zarigüeyas, ratones y un zorrillo que buscan comida en la capa gruesa que forman las hojas húmedas sobre el suelo. Entre otras especies que viven en los bosques caducifolios de América del Norte, están los tordos, los ciervos de Virginia y los osos negros.

Si regresaras a este bioma en el invierno, no verías buena parte de la vida silvestre que ahora observas. Una razón es que muchas de las especies emigran a regiones más cálidas. Algunos de los mamíferos entran en un estado de baja energía similar al del sueño llamado hibernación. Durante la **hibernación**, el animal depende de la grasa que ha almacenado en su cuerpo.

☑ *Punto clave* ¿Qué son los árboles caducifolios?

Biomas de bosque boreal

Ahora la expedición se dirige hacia el norte, hacia un clima más frío. Los jefes de la excursión afirman que pueden identificar el bioma siguiente por su olor: un bosque boreal. Al llegar, percibes el olor de la picea y los abetos que cubren las laderas. Sientes el frío aire de otoño y entonces sacas una chaqueta y una gorra de tu mochila.

Este bosque contiene **coníferas,** árboles que producen sus semillas en conos o piñas y echan hojas que tienen forma de aguja. A veces se llama al bosque boreal con su nombre ruso: *taiga*. En estos bosques el invierno es muy frío. Anualmente, las nevadas pueden alcanzar una altura más

Mejora tus destrezas

Inferir ACTIVIDAD

Observa el mapa de la página opuesta donde se muestra la ubicación de los bosques boreales y de árboles caducifolios. ¿En qué difieren? ¿Puedes indicar por qué no aparecen bosques boreales en el hemisferio sur?

Figura 20 Los organismos comunes del bosque boreal incluyen al alce, como éste que se encuentra en el Parque Nacional de Denali, en Alaska, y el puercoespín.

arriba de tu cabeza… ¡o incluso dos o tres veces tu estatura! Aun así, los veranos son lluviosos y lo suficientemente calurosos para derretir toda la nieve.

Un reducido número de árboles se han adaptado al clima frío de los bosques boreales. El abeto, la picea y la cicuta son las especies más comunes debido a que sus gruesas y cerosas agujas impiden que el agua se evapore. Como en esas regiones el agua se congela durante buena parte del año, los árboles han tenido la necesidad de adaptarse para evitar su pérdida.

Muchos animales del bosque boreal se alimentan de las semillas que producen las coníferas. Estos animales incluyen a las ardillas rojas, los insectos y aves como los pinzones y los paros carboneros. Algunos de los herbívoros más grandes, como puerco espines, ciervos, alces, antes y castores, comen corteza de árbol y retoños. Esta variedad de herbívoros en el bosque tropical mantiene a una diversidad de grandes depredadores, como lobos, osos, glotones y linces.

Biomas de tundra

Al llegar a la siguiente parada, el azotador viento hace llorar a los miembros de la expedición. Ahora es otoño. El viento transmite de inmediato a todos el ambiente de este bioma: la tundra. La **tundra** es un bioma terrestre seco, extremadamente frío. Muchos esperaban una nevada, pero se sorprenden al saber que quizás la tundra no reciba mayor precipitación que un desierto. La mayor parte del suelo permanece congelado todo el año. Este suelo congelado se llama **permafrost**. Durante el breve verano, la capa

Figura 21 Lejos de ser un terreno árido, la tundra estalla en colores en el verano. Los musgos, las flores silvestres y los arbustos se desarrollan a pesar de la brevedad de la época de crecimiento.
Relacionar causa y efecto ¿Por qué no hay árboles altos en la tundra?

Biomas de tundra, montañas y hielo
Tundra   Montañas   Hielo

superior de tierra de la tundra se derrite, pero el suelo subyacente continúa congelado.

Entre las plantas de la tundra están el musgo, la hierba, los arbustos y las formas enanas de algunos árboles, como el sauce. Al echar un vistazo a la tundra, observas que el paisaje tiene colores café y dorado. Ha terminado la breve época de crecimiento. La mayor parte del desarrollo vegetal tiene lugar durante los largos días de verano, cuando muchas horas de luz y calor del sol se combinan con las temperaturas más cálidas del año. Al norte del Casquete Polar Ártico, el sol no se pone durante el solsticio de verano.

Figura 22 Muchas aves acuáticas pasan el verano en la tundra. Esta oca negra silvestre atiende su nido.

Si visitaras la tundra durante el verano, los animales que más recordarías serían los insectos. Enjambres de jejenes y mosquitos proveen de alimento a muchos pájaros. Éstos aprovechan la abundancia de comida y los largos días para alimentarse tanto como pueden. Luego, cuando el invierno se aproxima de nuevo, muchas aves emigran hacia el sur en busca de climas más cálidos.

Los mamíferos de la tundra incluyen el caribú, el zorro, el lobo y la liebre. Los animales que permanecen en la tundra durante el invierno se cubren de gruesos pelajes. ¿Qué pueden encontrar para comer estos animales en la tundra durante el invierno? El caribú quita la nieve raspando el suelo para descubrir los líquenes, que son hongos y algas que crecen juntos sobre las rocas. El lobo sigue al caribú en busca de miembros débiles de la manada para atacarlos y alimentarse de ellos.

✓ *Punto clave* ¿Cuál es el clima de la tundra?

Montañas y hielo

Algunas partes de la superficie terrestre no entran en la categoría de los principales biomas terrestres. Entre estas regiones tenemos las cordilleras y la tierra que cubren gruesas capas de hielo.

En la Sección 3 leíste que las condiciones climatológicas de una montaña cambian del pie a la cima. Como resultado, distintas especies de plantas y otros organismos habitan distintas partes de la montaña. Si subieras hasta la cumbre de una montaña alta, pasarías por una serie de biomas. Al pie de la montaña podrías encontrar una pradera. A medida que ascendieras, podrías pasar por un bosque de árboles caducifolios y luego por un bosque boreal. Finalmente, al acercarte a la cima, los árboles desaparecerían. El entorno sería semejante al de la accidentada tundra.

Gruesas capas de hielo cubren parte de la superficie terrestre todo el año. Esto ocurre con un gran porcentaje de la isla de Groenlandia y el continente antártico. Algunos organismos se adaptan para vivir en el hielo, entre ellos los pingüinos, los osos polares y las focas.

Interpretar datos

Un ecólogo ha reunido información sobre el clima de dos lugares. La precipitación anual total es de 250 cm en el lugar A y de 14 cm en el lugar B. La gráfica de abajo muestra la temperatura mensual promedio en los dos sitios. Con base en esta información, ¿de qué bioma forma parte cada lugar? Explícalo.

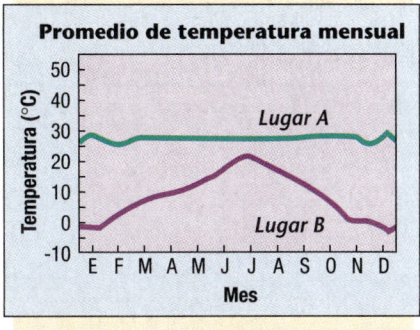

Figura 23 Las lagunas y ríos son dos tipos de hábitats de agua dulce. **A.** En la orilla de una laguna, dos tortugas toman el sol sobre un tronco. **B.** Un oso pardo pesca salmones en las impetuosas aguas de un río.
Comparar y contrastar ¿En qué se parecen estos hábitats? ¿En qué son distintos?

Biomas de agua dulce

Las siguientes paradas de la expedición se localizan en biomas acuáticos. Puesto que casi tres cuartas partes de la superficie terrestre están cubiertas de agua, no es sorprendente que sea el hábitat de muchos seres vivos. Los biomas acuáticos pueden ser de agua dulce y de agua salada (llamados también marinos). Todos estos se ven afectados por los mismos factores abióticos: temperatura, luz solar, oxígeno y salobridad.

Un factor especialmente importante en los biomas acuáticos es la luz del sol. Ésta es necesaria para la fotosíntesis en el agua como ocurre en tierra. **Sin embargo, como el agua absorbe la luz solar, sólo hay suficiente luz para la fotosíntesis cerca de la superficie o en aguas poco profundas.** Los productores más comunes en la mayoría de los biomas acuáticos son las algas y no las plantas.

Lagunas y lagos La primera parada entre los biomas acuáticos es una tranquila laguna. Las lagunas y los lagos son masas de agua dulce estancada. Por lo general los lagos son más extensos y profundos que las lagunas. A menudo las lagunas tienen tan poca profundidad que la luz del sol puede llegar hasta el fondo, incluso en el centro de la laguna, permitiendo que las plantas crezcan allí. Las plantas que se desarrollan a lo largo de la orilla tienen sus raíces en el suelo, mientras que sus hojas se extienden hacia el agua de la superficie iluminada por el sol. En el centro de un lago, las algas que flotan en la superficie son los principales productores.

Muchos animales están adaptados para vivir en agua estancada. A lo largo de la orilla de la laguna observas insectos, caracoles, ranas y salamandras. El pez luna vive lejos de la orilla y se alimenta de insectos y algas de la superficie. Carroñeros como los siluros habitan cerca del fondo de la laguna. Las bacterias y otros descomponedores también se alimentan de restos de otros organismos.

Arroyos y ríos Cuando llegamos a un arroyo de montaña, de inmediato nos damos cuenta de lo diferente que es de las aguas estancadas de un lago. Donde se inicia el río, es decir, la cabecera, el agua fría y clara fluye rápidamente. Los animales que viven en esta parte deben adaptarse a la fuerte corriente. Las truchas, por ejemplo, tienen un cuerpo adaptado a la corriente que les permite nadar a pesar del tirón del agua impetuosa. Los insectos y otros animales pequeños tal vez tengan ganchos o ventosas para agarrarse a las rocas. Pocas plantas o algas pueden crecer en esta agua de movimiento rápido. En lugar de ello, los consumidores primarios dependen de hojas y semillas que caen en la corriente.

A medida que el río avanza, se unen a él otras corrientes. El río corre más despacio. El agua se vuelve turbia. Ya con menos rápidos en su camino, el agua, más tibia y de movimiento más lento, contiene menos oxígeno. Distintos organismos están adaptados para vivir en esta parte más baja del río. Más plantas echan raíces entre los guijarros del fondo y sirven de hogar para insectos y ranas. Como ocurre con todos los biomas, los organismos están adaptados para vivir en este hábitat en particular.

Punto clave ¿Cuáles son dos factores abióticos que afectan a los organismos en un río?

Biomas marinos

En seguida los miembros de la expedición avanzan hacia la costa a fin de explorar algunos biomas marinos. Los océanos contienen muchos y distintos hábitats. Éstos difieren en cuanto a cantidad de luz solar, temperatura del agua, acción de las olas y la presión del agua. Distintos organismos se adaptan para vivir en cada tipo de hábitat. El primer hábitat, llamado **estuario**, se encuentra donde el agua dulce de un río coincide con el agua salada del mar.

Estuarios El agua poco profunda, iluminada por el sol, además de un importante suministro de nutrientes transportados por el río, convierte a un estuario en un hábitat muy rico para los seres vivos. Los principales productores de los estuarios son las

Figura 24 El agua dulce de un río y el agua salada del mar se unen en un estuario. Los estuarios, como esta salina en Georgia, proporcionan un rico hábitat a muchos organismos, entre ellos la garza zancuda tricolor.

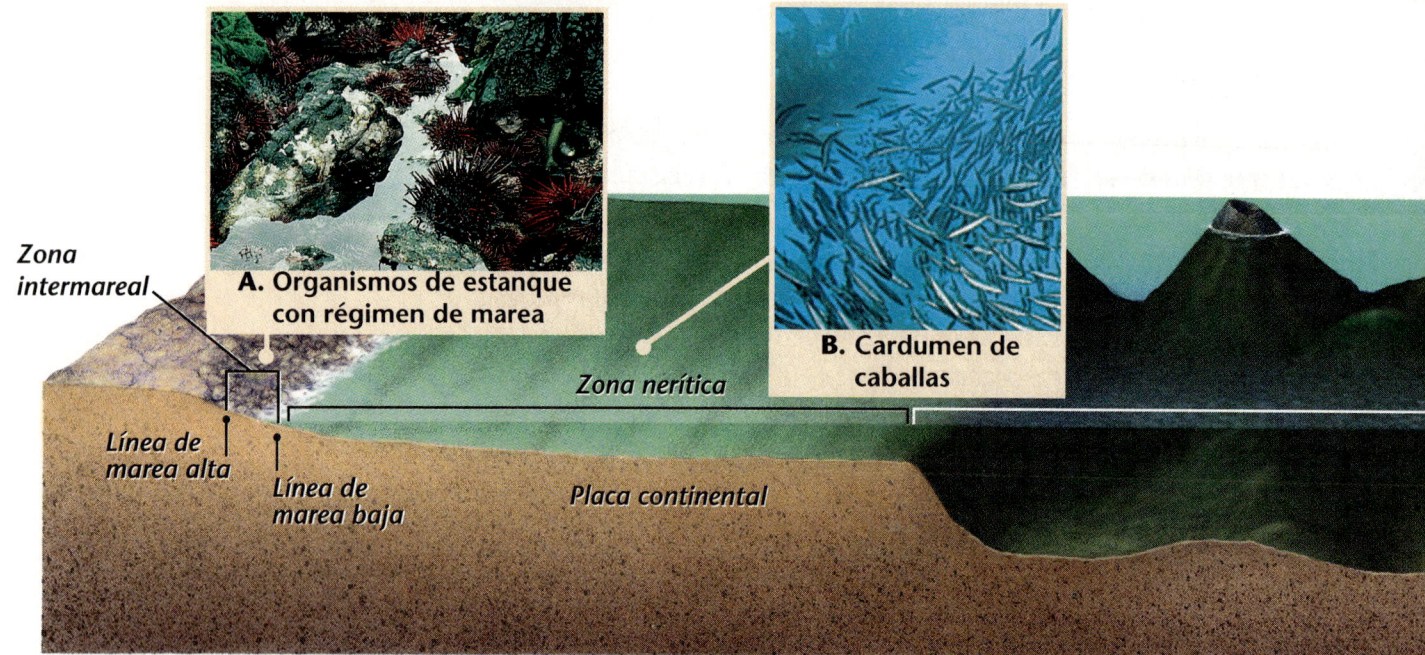

Figura 25 El bioma marino se divide en varias zonas.
A. Los estanques con régimen de marea son comunes en la zona intermareal. Esta parte se encuentra entre la línea de mayor marea alta y la de menor marea baja.
B. Muchos peces, como estas caballas plateadas, habitan las aguas poco profundas sobre la plataforma continental, llamada la zona nerítica. **C.** Una ballena jorobada se alimenta de algas en la superficie de la zona de mar abierto. **D.** Este extraño glotón es un depredador que vive en la parte más profunda del océano.

plantas, como la hierba de los pantanos y las algas. Estos organismos proveen de alimento y refugio a diversos animales, entre ellos cangrejos, gusanos, almejas, ostras y peces. Muchos de estos organismos utilizan las aguas tranquilas de los estuarios como lugares de cría.

Zona intermareal En seguida, paseas por la costa rocosa. La parte de la costa entre la línea de mayor marea alta y la línea de menor marea baja se llama **zona intermareal**. En este sitio los organismos deben resistir el embate de las olas, los cambios repentinos de temperatura y el hecho de ser cubiertos por el agua y luego expuestos al aire. ¡Es un lugar difícil para vivir! Hay animales, como los percebes y las estrellas de mar, aferrados a las rocas. Otros, como las almejas y los cangrejos, se ocultan en la arena.

Zona nerítica Ahora es el momento de explorar las aguas cerca de la costa. Desde su nave de investigación, tu grupo explorará el siguiente tipo de hábitat marino. La orilla de los continentes se extiende y penetra en el mar a lo largo de una distancia corta, como una plataforma. Debajo de la línea de marea baja hay una zona de agua poco profunda llamada **zona nerítica**, que se extiende sobre la plataforma continental. Al igual que en los biomas de agua dulce, el agua poco profunda de esta zona permite que ocurra la fotosíntesis, por lo que es abundante en seres vivos. Muchos y extensos bancos de peces, como las sardinas y las anchoas, se alimentan de las algas que habitan la zona nerítica. En las cálidas aguas marinas de los trópicos, los arrecifes de coral pueden formarse en la zona nerítica. Si bien estos arrecifes parecen piedras, en realidad constituyen un hábitat vivo para una amplia diversidad de otros organismos.

Zona superficial En alta mar, la luz penetra a través del agua sólo hasta una profundidad de una cientos de metros. Las algas que flotan en esas aguas superficiales realizan la fotosíntesis. Dichas algas son las

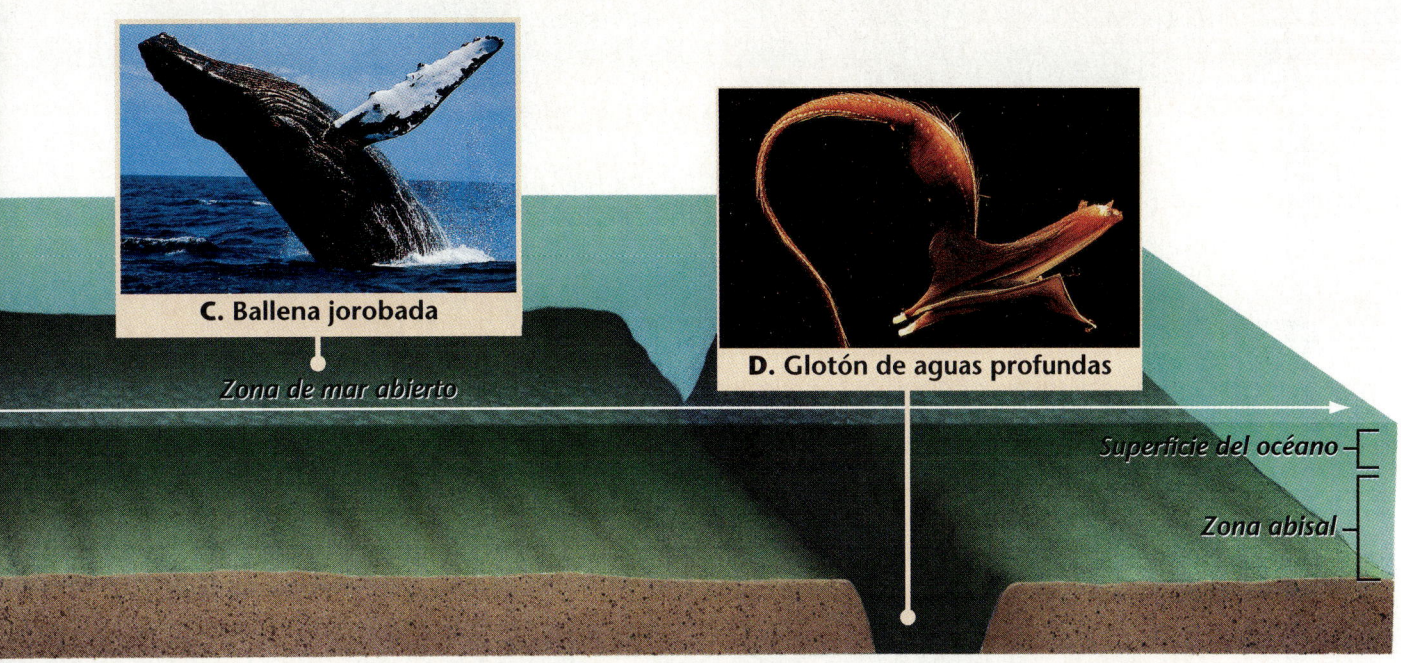

C. Ballena jorobada

D. Glotón de aguas profundas

Zona de mar abierto

Superficie del océano

Zona abisal

productoras que forman la base de casi todas las redes alimenticias de mar abierto. Otros animales marinos, como el atún, el pez espada y la ballena, dependen directa o indirectamente de las algas para alimentarse.

Zona abisal La zona abisal se localiza en alta mar debajo de la zona superficial. En la mayor parte de la profundidad del océano la oscuridad del agua es absoluta. Tu expedición necesitará emplear un submarino con faros brillantes para explorar esta región. ¿Cómo se puede vivir en un lugar donde no hay luz solar? La mayoría de los animales de esta zona se alimentan de los restos de organismos que caen de la zona superficial. Las partes más insondables de la zona abisal constituyen el hábitat de animales de aspecto extraño, como el calamar gigante que brilla en la oscuridad y los peces con hileras e hileras de afilados dientes.

Después de que hayas anotado tus observaciones sobre la zona abisal, concluirá al fin la larga expedición. Ya puedes regresar a casa.

Repaso de la sección 4

1. Cómo el clima ¿determina las características de los biomas?
2. ¿En los biomas acuáticos, dónde ocurre la fotosíntesis?
3. ¿Qué bioma terrestre recibe la mayor precipitación? ¿Cuáles dos biomas reciben la menor precipitación?
4. ¿En cuál bioma podrías encontrar grandes herbívoros como el antílope y el elefante? Explica tu respuesta.
5. **Razonamiento crítico Comparar y contrastar** ¿En qué se parecen los tres biomas forestales (selva tropical, bosques de árboles caducifolios y bosques boreales)? ¿En qué difieren?

Comprueba tu aprendizaje

PROYECTO DEL CAPÍTULO 2

Ya debes estar listo para empezar a analizar la información que has reunido sobre las cámaras de composta. ¿Respaldan tu hipótesis tus observaciones sobre las dos cámaras? Comienza a preparar tu informe.

Laboratorio de destrezas

Observar

CAMBIOS EN UNA PEQUEÑA COMUNIDAD

En un ecosistema, los tipos de organismos pueden cambiar poco a poco con el tiempo. Aprenderás más sobre este proceso, llamado sucesión, en la sección siguiente. En este experimento observarás la sucesión en la comunidad de una laguna.

Problema

¿Cómo cambia con el tiempo la comunidad de una laguna?

Materiales

solución de heno
frasco pequeño
gotero de plástico
cubreobjetos
agua de laguna
lápiz graso
portaobjetos
microscopio

Procedimiento

1. Con un lápiz graso ponle tu nombre a un frasco pequeño.
2. Vierte tres cuartas partes de solución de heno en el frasco. Añade agua de laguna hasta que el frasco esté casi lleno. Examina la mezcla y anota tus observaciones.
3. Coloca el frasco en un lugar seguro donde no le dé directamente la luz del sol y donde nadie lo toque. Lávate las manos con jabón después de haber manipulado el frasco o su contenido.
4. Después de dos días, examina el contenido del frasco y anota tus observaciones.
5. Con un gotero de plástico recoge unas gotas de la superficie de la solución en el frasco. Prepara un portaobjetos con los pasos del recuadro a la derecha. **PRECAUCIÓN:** *Los portaobjetos y los cubreobjetos son frágiles y afilados. Ten cuidado.*
6. Examina el portaobjetos bajo el microscopio con potencia baja y alta, y sigue los pasos del recuadro de la derecha. Dibuja cada tipo de organismo que observes. Calcula el número de cada tipo. La ilustración de abajo muestra algunos de los organismos que podrías ver.
7. Repite los Pasos 5 y 6 con una gota de solución tomada junto a la superficie.
8. Repite los Pasos 5 y 6 con una gota de solución tomada del fondo del frasco. Cuando hayas terminado, sigue las instrucciones de tu maestro para hacer la limpieza.
9. Después de tres días, repite los Pasos del 5–8.
10. Después de tres días más, vuelve a repetir los Pasos del 5 al 8. Luego sigue la instrucciones de tu maestro para devolver la solución.

Pulgas del género Daphnia

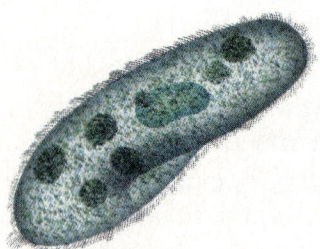
Protozoarios del género Paramecium

Algas del género Spirogyra

Cómo preparar y examinar un portaobjetos

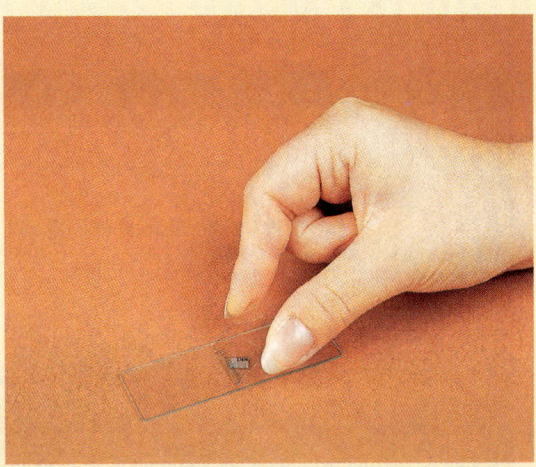

A. Coloca una gota de la solución que ha de examinarse en el centro del portaobjetos. Pon una orilla de un cubreobjetos en la orilla de la gota, como se muestra arriba. Suavemente baja el cubreobjetos sobre la gota. Trata de no atrapar burbujas de aire.

B. Coloca el portaobjetos sobre la platina de un microscopio de modo que la gota quede sobre la abertura de la platina. Ajusta los sujetadores para fijar el portaobjetos.

C. Mira de costado el microscopio y con el tornillo macrométrico acerca el objetivo de baja potencia al cubreobjetos, pero sin tocarlo.

D. Mira por el ocular; con el tornillo macrométrico eleva el tubo binocular y ve el portaobjetos. Con el tornillo micrométrico enfoca el portaobjetos.

E. Para ver el portaobjetos bajo alta potencia, mira de costado el microscopio y haz girar el revólver portaobjetivos hasta que el objetivo de alta potencia encaje en su lugar por encima del portaobjetos, pero sin tocarlo.

F. Mientras miras por el ocular, utiliza el tornillo micrométrico para enfocar el portaobjetos.

Analizar y concluir

1. Identifica tantos organismos que observes como sea posible. Emplea los diagramas de la página opuesta y cualquier otro recurso que tu maestro te proporcione.
2. ¿Cómo cambió la comunidad durante el tiempo que hiciste las observaciones?
3. ¿Qué factores pueden haber influido en los cambios en esta comunidad?
4. ¿De dónde surgieron los organismos que observaste en el frasco?
5. **Piensa en esto** ¿Crees que tus observaciones te dieron una imagen completa de los cambios en esta comunidad? Explica tu respuesta.

Crear un experimento

Escribe una hipótesis sobre lo que sucedería si cambiaras un factor biótico o abiótico en esta actividad. Haz un plan para probar tu hipótesis. Obtén el permiso de tu maestro antes de realizar el experimento.

SECCIÓN 5 Sucesión

DESCUBRE

¿Qué pasó aquí?

1. Las dos fotografías de la derecha muestran la misma zona del parque nacional de Yellowstone, en Wyoming. La fotografía A se tomó poco después de que ocurrió un incendio importante. La fotografía B se tomó algunos años después. Observa con cuidado las fotografías.

2. Haz una lista de todas las diferencias que descubras entre las dos escenas.

Reflexiona sobre
Plantear preguntas ¿Cómo describirías lo que sucedió durante el tiempo que transcurrió entre las dos fotografías? ¿Qué dudas tienes acerca de este proceso?

GUÍA DE LECTURA

◆ ¿Qué diferencia hay entre la sucesión primaria y la sucesión secundaria?

Sugerencia de lectura Antes de leer, escribe una definición de lo que crees que significa el término *sucesión*. A medida que leas, revisa tu definición.

En 1988, un enorme incendio causó estragos en el parque nacional de Yellowstone. El fuego era tan intenso que saltó de árbol en árbol sin quemar el suelo entre ellos. En un instante, árboles gigantescos se incendiaron debido al fuerte calor. El incendio tardó semanas en extinguirse. Todo lo que quedó de esa parte del bosque fueron miles de troncos ennegrecidos que sobresalían del suelo como palillos carbonizados.

Quizás pienses que era poco probable que Yellowstone pudiera recuperarse de un incendio tan desastroso. Sin embargo, en unos cuantos meses, de nuevo había señales de vida. Primero aparecieron minúsculos brotes verdes de hierba en el suelo negro. Luego, pequeños plantones comenzaron a crecer otra vez. ¡El bosque se recuperaba!

Incendios, inundaciones, erupciones volcánicas, huracanes y otros desastres naturales pueden alterar comunidades en un tiempo muy breve. Pero incluso sin desastres, las comunidades cambian. La serie de transformaciones previsibles que ocurren en una comunidad a través del tiempo se llama **sucesión**. En esta sección se describen dos tipos de sucesión: la primaria y la secundaria.

Sucesión primaria

La **sucesión primaria** es la serie de cambios que ocurren en un área donde no existía ningún ecosistema. Una región así podría ser una nueva isla formada por la erupción de un volcán submarino o una zona de roca descubierta al derretirse una capa de hielo.

En la Figura 26, abajo, puedes seguir la serie de cambios que una región podría sufrir. Estas escenas muestran una zona después de una erupción volcánica violenta. Al principio no hay tierra, sólo cenizas y roca. Las primeras especies que poblaron la región se llaman **especies pioneras**. Con frecuencia, las especies pioneras son líquenes y musgo, que el viento y el agua llevaron allí. Pueden crecer sobre rocas desnudas con poca o nada de tierra. A medida que los organismos crecen, ayudan a desmenuzar las rocas. Cuando mueren, proporcionan nutrientes que enriquecen la delgada capa de tierra que se forma sobre las rocas.

Con el tiempo, las semillas de la planta caen en el suelo nuevo y empiezan a desarrollarse. Las plantas específicas que crecen dependen del bioma que existe en la región. En una zona septentrional, fría, entre las primeras plántulas podrían estar el aliso y el álamo de Virginia. A medida que el suelo envejece y se enriquece estos árboles podrían sustituirse por la picea y la cicuta. Finalmente, la sucesión puede llevar a una comunidad de organismos que no cambie a menos que el ecosistema sea alterado. Alcanzar una comunidad tan estable puede tardar siglos.

Punto clave ¿Cuáles son algunas especies pioneras?

Figura 26 La sucesión primaria ocurre en una zona donde no existía ningún ecosistema.
A. Después de una erupción volcánica, la superficie del suelo se compone de cenizas y rocas.
B. Los primeros organismos que aparecen son los líquenes y los musgos. **C.** Hierbas y malezas echan raíces en la delgada capa de tierra. **D.** Finalmente, algunas plántulas y arbustos retoñan.
Aplicar los conceptos ¿Qué determina las especies particulares que aparecen durante la sucesión?

Figura 27 La sucesión secundaria ocurre después de que un ecosistema sufre una alteración, como cuando se tala un bosque para tener terreno para cultivo. Cuando se deja de cultivar la tierra, el bosque regresa poco a poco. **A.** Después de dos años, las malezas y las flores silvestres cubren el campo. **B.** Después de cinco años, plantones de pino y juncias han sustituido a las flores. **C.** Después de 15 años, ya se ha desarrollado un bosque de pinos. **D.** Después de 50 años, existe en el campo un bosque mixto de pinos, robles y nogales americanos.

Sucesión secundaria

Los cambios posteriores al incendio del parque Yellowstone fueron un ejemplo de sucesión secundaria. La **sucesión secundaria** consiste en la serie de cambios que ocurren después de que un ecosistema existente sufre una alteración. Entre las alteraciones naturales que tienen este efecto se encuentran los incendios, los huracanes y los tornados. Las actividades humanas, como la agricultura, la explotación forestal y la minería, también pueden trastornar a un ecosistema. **A diferencia de la sucesión primaria, la sucesión secundaria ocurre en un lugar donde ya existía un ecosistema.**

La sucesión secundaria se produce más rápidamente que la primaria. Considera, por ejemplo, un campo abandonado en el sureste de Estados Unidos. Sigue el proceso de sucesión en dicho campo en la Figura 27. Después de 50 años, se ha desarrollado un bosque de árboles de madera dura. Este bosque es muy estable, de modo que durará mucho tiempo. Por supuesto, las especies particulares que aparezcan y desaparezcan durante el proceso de sucesión dependen del bioma.

Repaso de la sección 5

1. ¿En qué difieren la sucesión primaria y la secundaria?
2. ¿Qué es una especie pionera?
3. Da dos ejemplos de alteraciones naturales y dos ejemplos de alteraciones humanas que puedan tener como resultado la sucesión secundaria.
4. **Razonamiento crítico Clasificar** La hierba que asoma por entre las grietas de una acera es un ejemplo de sucesión. ¿Se trata de sucesión primaria o secundaria? Explícalo.

Las ciencias en casa

Entrevista a un miembro de tu familia o un vecino de mayor edad que haya vivido en tu vecindario durante mucho tiempo. Pídele que describa cómo ha cambiado el vecindario con el tiempo. ¿Se han urbanizado los espacios que antes cubría la hierba? ¿Alguna granja, parque o terreno ha vuelto a su condición primitiva? Escribe un resumen de tu entrevista. ¿Puedes clasificar cualquiera de los cambios como ejemplos de sucesión?

GUÍA DE ESTUDIO

SECCIÓN 1 — El flujo de energía en los ecosistemas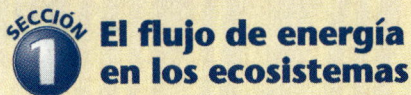

Ideas clave
- El papel energético de un organismo es el de productor, consumidor o descomponedor.
- Los productores son la fuente de alimento en un ecosistema. Los productores usan la luz solar para elaborar moléculas mediante la fotosíntesis.
- Los consumidores incluyen los herbívoros, los carnívoros, los omnívoros y los carroñeros.
- Los descomponedores devuelven nutrientes al medio ambiente, donde pueden volverse a utilizar.
- Una red alimenticia muestra las relaciones de alimentación que existen en un ecosistema.
- En cada nivel de una pirámide de la energía hay menos energía que en el nivel de abajo.

Términos clave
productor omnívoro cadena alimenticia
consumidor carroñero red alimenticia
herbívoro descomponedor pirámide de la
carnívoro   energía

SECCIÓN 2 — Ciclos de la materia
INTEGRAR LA QUÍMICA

Ideas clave
- La materia, agua, dióxido de carbono, oxígeno y nitrógeno, pasan por ciclos en un ecosistema. La energía debe suministrarse constantemente.
- Los procesos de evaporación, condensación y precipitación forman el ciclo del agua.
- Los productores utilizan el dióxido de carbono para producir moléculas con carbono.
- La mayoría de los seres vivos no puede consumir el nitrógeno libre de la atmósfera. Es necesario que ciertos tipos de bacteria lo fijen.

Términos clave
ciclo del agua condensación fijación del nitrógeno
evaporación precipitación nódulos

SECCIÓN 3 — Biogeografía

Ideas clave
- Los medios de dispersión de los organismos son la deriva continental, el viento, el agua y los seres vivos.
- Tres factores que limitan la dispersión son las barreras físicas, la competencia y el clima.

Términos clave
biogeografía especies nativas
deriva continental especies exóticas
dispersión clima

SECCIÓN 4 — Biomas terrestres

Ideas clave
- La temperatura y la precipitación determinan el tipo de ecosistema de una región.
- Los biomas terrestres incluyen las selvas tropicales, los desiertos, las praderas, los bosques de árboles caducifolios, los bosques boreales y las tundras.
- Sólo hay suficiente luz solar para que ocurra la fotosíntesis cerca de la superficie o en zonas poco profundas de los biomas acuáticos.

Términos clave
bioma sabana permafrost
dosel árboles caducifolios estuario
sotobosque hibernación zona intermareal
desierto coníferas zona nerítica
pradera tundra

SECCIÓN 5 — Sucesión

Idea clave
- La sucesión primaria ocurre donde no existe ningún ecosistema. La sucesión secundaria ocurre después de una alteración.

Términos clave
sucesión especie pionera
sucesión primaria sucesión secundaria

ACTIVIDAD — USAR LA INTERNET
www.science-explorer.phschool.com

CAPÍTULO 2 REPASO

CAPÍTULO 2 REPASO

Repaso del contenido

Para repasar los conceptos clave, consulta el Interactive Student Tutorial CD-ROM.

Opción múltiple
Elige la letra que complete mejor cada enunciado.

1. Un diagrama que muestra de cuánta energía se dispone en cada nivel de alimentación dentro de un ecosistema es un(a)
   a. cadena alimenticia.   b. red alimenticia.
   c. sucesión.   d. pirámide de la energía.
2. ¿Cuáles de los siguientes organismos son descomponedores típicos?
   a. hierbas y helechos
   b. bacterias y hongos
   c. ratones y ciervos
   d. leones y serpientes
3. ¿Cuál de las siguientes cosas no se recicla en un ecosistema?
   a. carbono   b. nitrógeno
   c. agua   d. energía
4. Todos los medios siguientes pueden dispersar a los organismos *excepto*
   a. el viento.   b. el agua.
   c. la temperatura.   d. otros organismos.
5. Bosques de pinos y piceas cubren gran parte de Canadá. El invierno es largo. ¿Qué bioma es?
   a. tundra   b. bosque boreal
   c. bosque de árboles caducifolios   d. pradera

Falso o verdadero
Si el enunciado es verdadero, escribe verdadero. Si es falso, cambia la palabra o palabras subrayadas para hacer verdadero el enunciado.

6. Un organismo que se alimenta de los restos de organismos muertos se llama <u>herbívoro</u>.
7. La etapa del ciclo del agua en la que el agua líquida se transforma en vapor de agua es la <u>evaporación</u>.
8. El estudio de la distribución pasada y presente de las especies sobre la Tierra se llama <u>sucesión</u>.
9. La <u>precipitación</u> y la temperatura son los dos principales factores abióticos que determinan el tipo de plantas que crecen en una región.
10. El bioma terrestre que recibe la mayor cantidad promedio de precipitación es el bioma de <u>pradera</u> tropical

Revisar los conceptos

11. Menciona y define brevemente cada uno de los tres papeles energéticos que los organismos pueden desempeñar.
12. ¿Qué diferencia existe entre cadena alimenticia y red alimenticia?
13. ¿Cuál es la fuente de energía para la mayoría de los ecosistemas?
14. Describe el papel de las bacterias que fijan el nitrógeno en el ciclo de éste.
15. Explica la diferencia entre especie nativa y especie exótica.
16. ¿Cómo ha afectado la deriva continental la distribución de las especies sobre la Tierra?
17. ¿Qué organismos son los productores en muchos ecosistemas marinos?
18. **Escribir para aprender** Escoge cualquiera de los biomas descritos en este capítulo. Imagina que eres un animal típico que habita ese bioma. Escribe un párrafo en el que describas las condiciones y otros organismos que existen en el bioma de ese animal.

Razonamiento gráfico

19. **Diagrama circular** Copia en una hoja de papel aparte el diagrama circular que aparece abajo. Llénalo a fin de mostrar los ciclos por los que pasa el carbono a través de un ecosistema. (Para mayor información sobre los diagramas circulares, consulta el Manual de destrezas.)

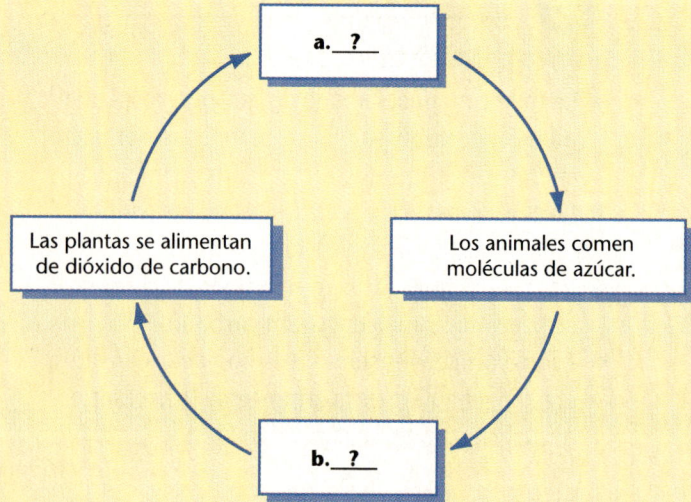

Aplicar las destrezas

Usa el siguiente diagrama de una red alimenticia para contestar las Preguntas 20–22.

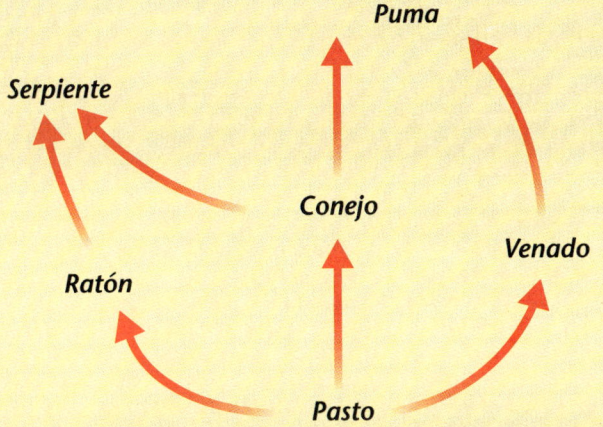

20. Clasificar Identifica el papel energético de cada organismo en esta red alimenticia. En cuanto a los consumidores, especifica si son primarios, secundarios o terciarios.

21. Inferir ¿Cuál nivel de la red alimenticia contiene la mayor cantidad de energía disponible?

22. Predecir Si una enfermedad acabara con la mayoría de los conejos de esta región, predice cómo resultarían afectados serpientes, ciervos y pumas.

Razonamiento crítico

23. Relacionar causa y efecto Cada pocos años, un agricultor siembra trébol en un campo de trigo. Explica esta práctica.

24. Comparar y contrastar ¿En qué se parecen el bioma de desierto y el bioma de tundra? ¿En qué difieren?

25. Inferir Los osos polares se adaptan muy bien a vivir en el océano Ártico. Su piel blanca les permite pasar inadvertidos en la nieve. Pueden nadar y cazar en agua muy fría. ¿Las barreras físicas, la competencia o el clima limitan la distribución de los osos polares? Explica tu respuesta.

26. Predecir Un volcán ha hecho erupción en el océano cerca de Hawai, formando una nueva isla. ¿Cómo la sucesión cambiaría esta isla con el tiempo?

Evaluación del rendimiento

Para terminar

Presenta tu proyecto Revisa tu informe, cartel u otro trabajo que hayas realizado. Debe presentar con claridad tu información y conclusiones acerca del efecto de tu variable sobre el proceso de descomposición.

Reflexiona y anota En tu cuaderno de notas, compara los resultados de tus predicciones sobre los distintos materiales de desecho en la composta. ¿Te sorprendieron algunos resultados? Con base en lo que aprendiste, haz una lista de las condiciones ideales para que ocurra la descomposición.

Participa

En tu escuela Con tus compañeros de clase, lleven a un grupo de estudiantes más jóvenes a dar un "paseo de calcetines" para aprender sobre la dispersión de las semillas. Proporciónenles calcetines blancos gruesos para que se los pongan sobre los zapatos. Condúzcanlos a través de un bosque o un parque cerca de tu escuela. De regreso, pueden quitarse los calcetines para observar cuántas semillas recogieron. Pongan los calcetines en bandejas con tierra, colóquenlas en un lugar soleado y riéguenlas. ¿Cuántas especies dispersaron los estudiantes?

CAPÍTULO 3
Recursos vivientes

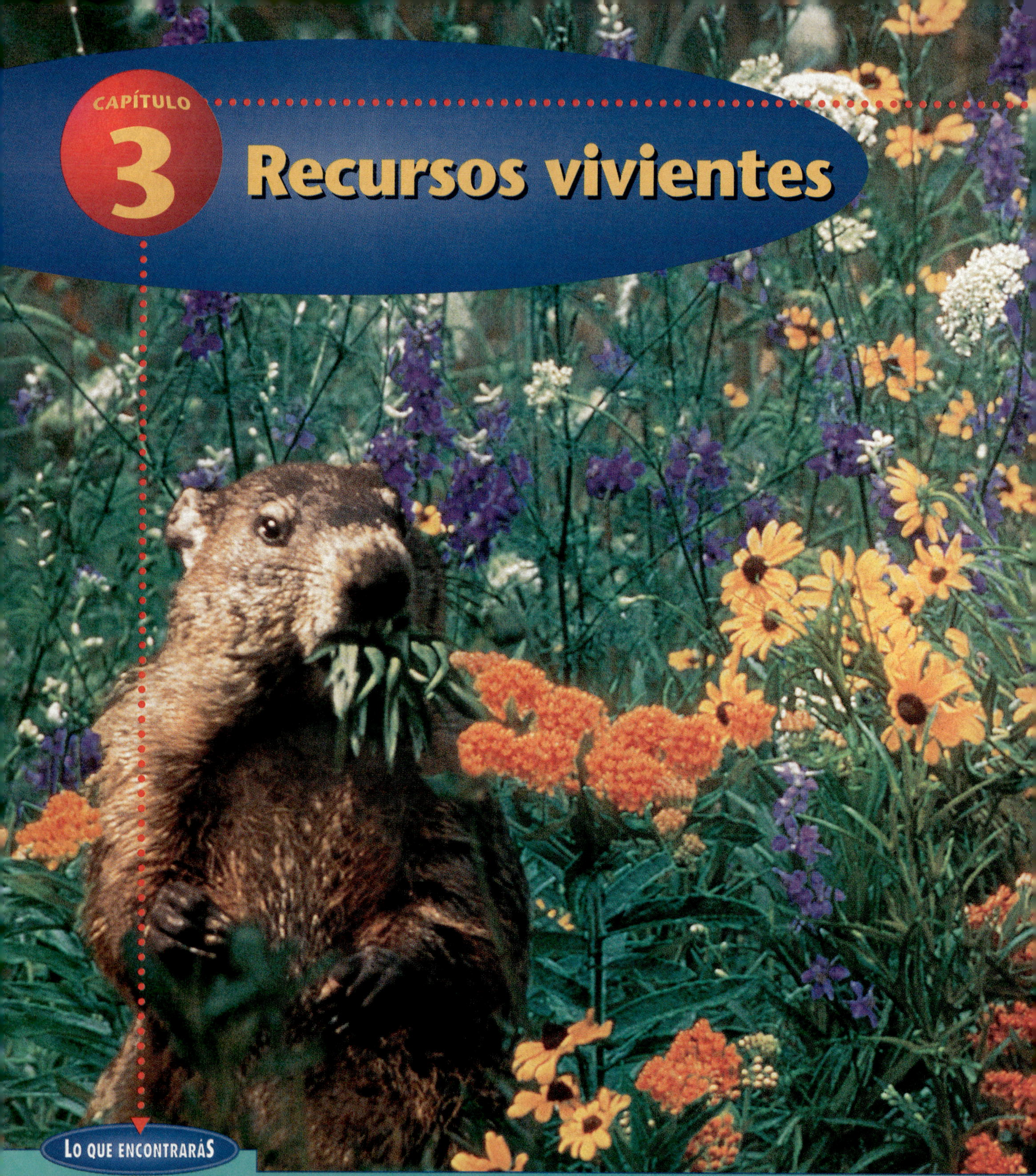

Lo que encontrarás

 Problemas ambientales
Descubre ¿Cómo tomar una decisión?
Mejora tus destrezas Comunicar
Laboratorio real ¿Es el papel un recurso renovable?

 Bosques y pesquerías
Descubre ¿Qué pasó con el atún?
Mejora tus destrezas Calcular
Laboratorio de destrezas Los anillos del árbol

 Biodiversidad
Descubre ¿Cuánta variedad existe?

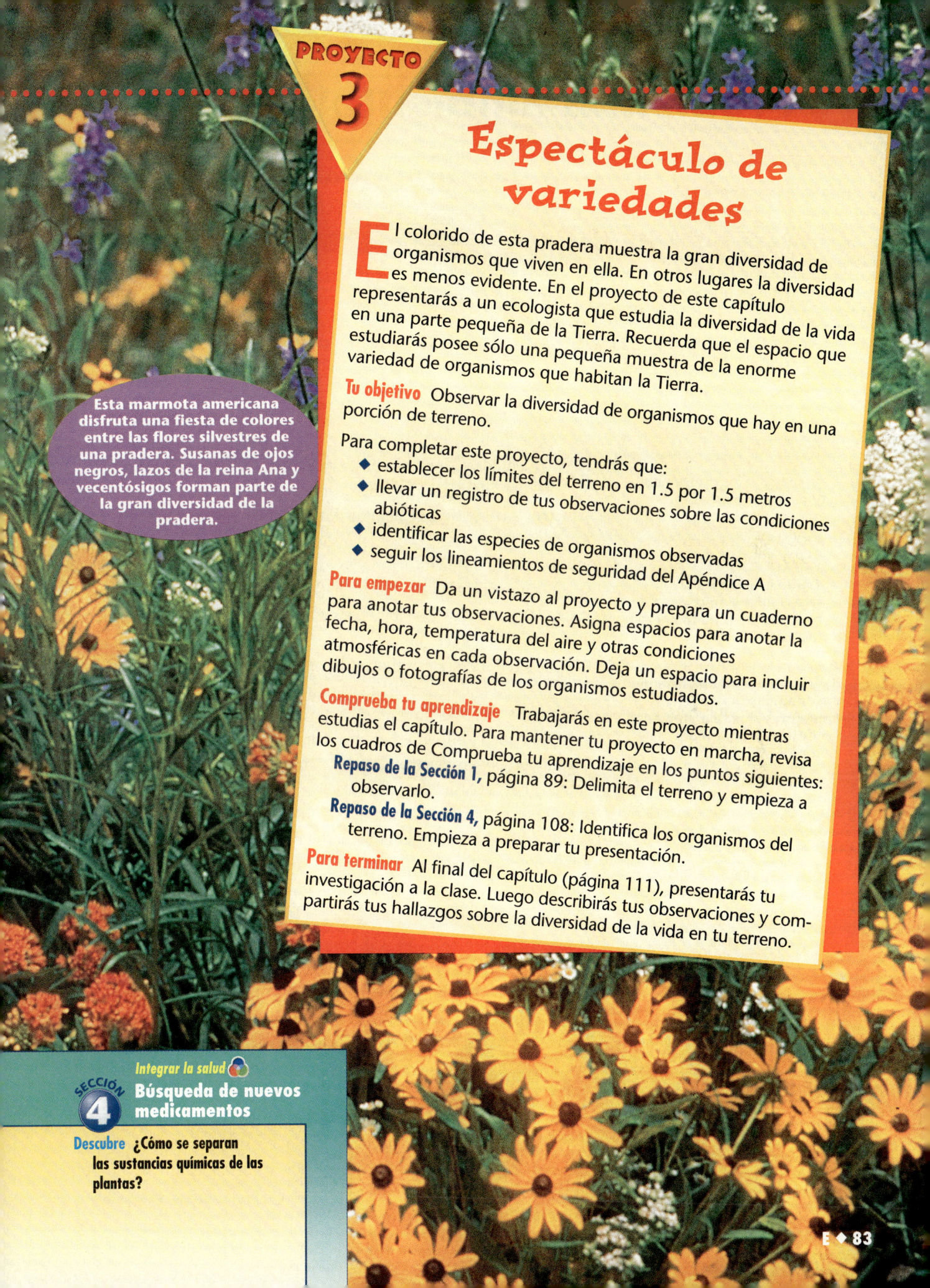

PROYECTO 3

Espectáculo de variedades

El colorido de esta pradera muestra la gran diversidad de organismos que viven en ella. En otros lugares la diversidad es menos evidente. En el proyecto de este capítulo representarás a un ecologista que estudia la diversidad de la vida en una parte pequeña de la Tierra. Recuerda que el espacio que estudiarás posee sólo una pequeña muestra de la enorme variedad de organismos que habitan la Tierra.

Tu objetivo Observar la diversidad de organismos que hay en una porción de terreno.

Para completar este proyecto, tendrás que:
- establecer los límites del terreno en 1.5 por 1.5 metros
- llevar un registro de tus observaciones sobre las condiciones abióticas
- identificar las especies de organismos observadas
- seguir los lineamientos de seguridad del Apéndice A

Para empezar Da un vistazo al proyecto y prepara un cuaderno para anotar tus observaciones. Asigna espacios para anotar la fecha, hora, temperatura del aire y otras condiciones atmosféricas en cada observación. Deja un espacio para incluir dibujos o fotografías de los organismos estudiados.

Comprueba tu aprendizaje Trabajarás en este proyecto mientras estudias el capítulo. Para mantener tu proyecto en marcha, revisa los cuadros de Comprueba tu aprendizaje en los puntos siguientes:

Repaso de la Sección 1, página 89: Delimita el terreno y empieza a observarlo.

Repaso de la Sección 4, página 108: Identifica los organismos del terreno. Empieza a preparar tu presentación.

Para terminar Al final del capítulo (página 111), presentarás tu investigación a la clase. Luego describirás tus observaciones y compartirás tus hallazgos sobre la diversidad de la vida en tu terreno.

Esta marmota americana disfruta una fiesta de colores entre las flores silvestres de una pradera. Susanas de ojos negros, lazos de la reina Ana y vecentósigos forman parte de la gran diversidad de la pradera.

SECCIÓN 4
Integrar la salud
Búsqueda de nuevos medicamentos

Descubre ¿Cómo se separan las sustancias químicas de las plantas?

SECCIÓN 1 Problemas ambientales

¿Cómo tomar una decisión?

1. En una hoja haz una lista de los tres problemas ambientales que consideras los más importantes.
2. Forma un equipo con otros tres compañeros. Compartan sus listas. Decidan cuál es el problema más importante.

Reflexiona sobre
Formular definiciones operativas
Con base en el análisis de tu equipo, ¿cómo definirías un *problema ambiental*?

GUÍA DE LECTURA

- ¿Cuáles son los principales tipos de problemas ambientales?
- ¿Qué son las ciencias del medio ambiente?
- ¿Cómo evalúan las necesidades y afecciones los encargados de tomar decisiones?

Sugerencia de lectura Antes de leer, anota en una lista de qué maneras dependen los humanos del medio ambiente. Conforme leas, agrega ejemplos del texto.

He aquí un acertijo para ti: ¿Qué es más grande que Estados Unidos y México juntos, está cubierto por una capa de hielo de dos kilómetros de grueso, tiene yacimientos de petróleo, carbón y hierro, y constituye el hábitat de muchos animales? Respuesta: La Antártida. Anteriormente, se pensaba que la Antártida era una zona inútil cubierta de hielo. Cuando los exploradores empezaron a hablar de su enorme población de focas y ballenas, los cazadores empezaron a viajar a la Antártida. Más tarde, los científicos establecieron estaciones experimentales con el fin de estudiar las condiciones del lugar. Pronto descubrieron minerales valiosos debajo de la gruesa capa de hielo.

En la actualidad el acertijo es qué hacer con la Antártida. Muchos desean sus ricos yacimientos de minerales y petróleo. A otros les preocupa que la minería dañe los delicados ecosistemas de la región. Algunos proponen construir hoteles, parques y estaciones de esquí. Otros opinan que los ecosistemas de la Antártida no deben alterarse. Pero nadie sabe quién decidirá el destino de este lugar.

En 1998, 26 naciones demandaron que se prohíba la extracción de minerales y petróleo en la Antártida, al menos durante 50 años. Pero, conforme disminuyan los recursos en otras partes del mundo, el debate continuará. ¿Cómo aprovechar mejor el territorio de la Antártida?

Tipos de problemas ambientales

La humanidad siempre ha utilizado los recursos de la Tierra. Pero a medida que la población crece, afecta cada vez más el medio ambiente. Los humanos y otros seres vivos compiten por obtener los limitados recursos del planeta. La eliminación de los desechos producidos por los humanos puede alterar los ecosistemas. Y por otro lado, muchos de los recursos naturales no son renovables y se agotarán tarde o temprano.

Figura 1 El hábitat de esta foca leopardo se vería afectado si las autoridades permitieran la perforación de pozos petroleros en la Antártida. Este es un ejemplo de problema ambiental.

Figura 2 Las cerezas son un recurso renovable. Después de ser cosechadas, en los arbustos crecen nuevas cerezas. En contraste, el aluminio y el hierro utilizados para fabricar estos utensilios de cocina son recursos no renovables.

Los tres problemas ambientales más importantes son: el **aprovechamiento de los recursos, el crecimiento demográfico y la contaminación.** Por su interrelación, son muy difíciles de resolver.

Aprovechamiento de los recursos Cualquier cosa que usamos de la naturaleza es un recurso natural. Algunos de ellos, los llamados **recursos renovables**, se reemplazan de manera natural en un tiempo determinado. Entre los recursos renovables se encuentran la luz solar, el viento y los árboles. Sin embargo, algunos recursos renovables pueden agotarse. Por ejemplo, si se talan más árboles de los que se siembran, la renovación de este recurso disminuye.

Los recursos naturales que no se pueden reemplazar después de ser utilizados se llaman **recursos no renovables**. Existe un abastecimiento limitado de estos recursos, como el carbón y el petróleo. Conforme se utilizan los recursos no renovables, el suministro se agota de manera gradual.

Crecimiento demográfico La Figura 3 muestra cómo ha crecido la población humana en los últimos 3,000 años. Puedes ver que la población creció lentamente hasta alrededor del año 1650 d.C. A partir de entonces, los avances en medicina, agricultura e higiene permitieron aumentar el promedio de vida y reducir el índice de mortalidad. Pero conforme crece la población, también aumenta la demanda de recursos.

Contaminación Cualquier cambio que genere un efecto negativo sobre el medio ambiente y los seres vivos se llama **contaminación**. La contaminación es un problema porque suele ser el resultado de una actividad de beneficio humano. Por ejemplo, generar electricidad por combustión de carbón, contamina el aire. Algunos pesticidas usados para eliminar insectos que destruyen las cosechas también son nocivos para otros animales.

✓ *Punto clave* ¿Qué es un recurso natural?

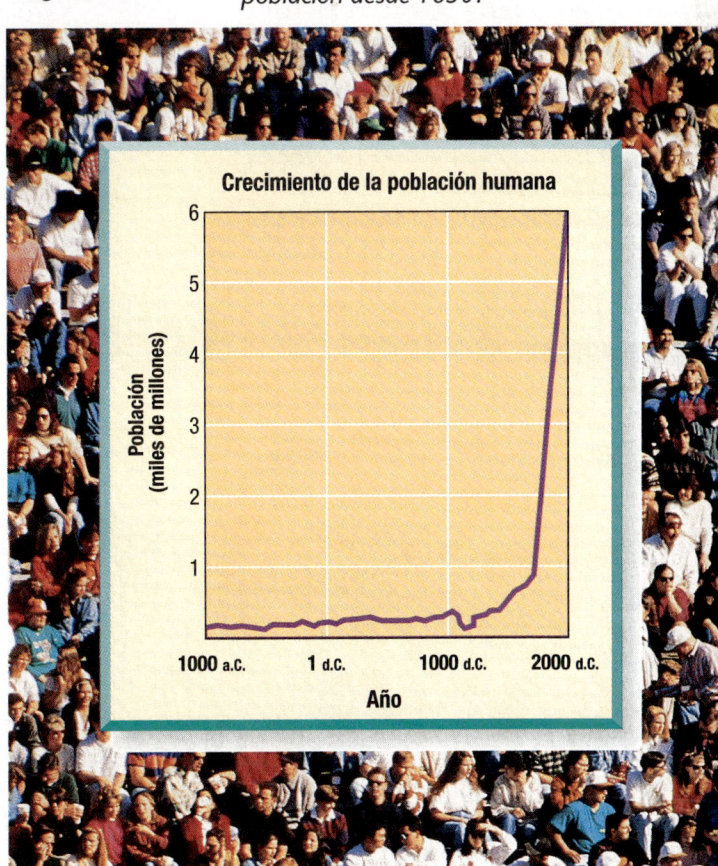

Figura 3 ¡Dos es compañía, pero seis mil millones es demasiado! La población humana ha crecido con gran rapidez en los últimos siglos. *Calcular* ¿Cuánto ha aumentado la población desde 1650?

El enfoque de los problemas ambientales

Comprometerse con la resolución de los problemas ambientales significa tomar decisiones. Estas decisiones pueden ser de nivel personal, local, nacional o mundial. Elegir entre usar el automóvil, tomar el autobús o usar la bicicleta para ir a un centro comercial es una decisión personal. Escoger entre construir en una ciudad un tiradero de desechos o un incinerador, es una decisión local. Determinar si un país debe permitir la perforación de pozos petroleros en una reserva de vida silvestre es una decisión nacional. Hallar cómo proteger la atmósfera terrestre es una decisión mundial.

A menudo, las decisiones que parecen personales forman parte de problemas mucho más grandes. Decidir qué comes, qué ropa te pones o qué medio de transporte utilizas, no afectan tanto el medio ambiente. Pero cuando se suman las decisiones de millones de personas, la decisión de cada una puede ser importante.

CIENCIAS e Historia

Cómo hacer la diferencia

¿Un individuo puede hacer que otras personas cambien su manera de pensar? Los líderes anotados en esta línea cronológica han influido en el pensamiento de muchas personas con relación a los problemas ambientales.

1892
El escritor californiano John Muir funda el Club Sierra, que promueve la creación de parques nacionales para preservar la vida silvestre. Gracias a Muir se creó el Parque Nacional Yosemite.

1905
El científico forestal Gifford Pinchot es nombrado director del Servicio Forestal de Estados Unidos. Su objeto era administrar los bosques a fin de satisfacer las necesidades de madera.

1875 — **1900** — **1925**

1903
El presidente Theodore Roosevelt crea la primera Reserva Nacional de Vida Silvestre en la isla Pelícano, en Florida, para proteger al pelícano pardo.

Theodore Roosevelt (izquierda) y John Muir (derecha)

El primer paso para la toma de decisiones en materia ambiental consiste en entender cómo interactúan los seres humanos con el medio ambiente. **Las ciencias del medio ambiente estudian los procesos naturales del medio ambiente y cómo influyen en ellos los seres humanos.**

Cuando se toman decisiones relacionadas con los problemas ambientales, la información proporcionada por los científicos ambientales es el punto de partida. El siguiente paso es decidir cómo manejar la información. Pero este tipo de decisiones también implica el análisis de valores, y no sólo datos o cifras. Es necesario considerar distintos puntos de vista. La mayoría de estos puntos de vista caen dentro de tres categorías: desarrollo, preservación o conservación.

☑ *Punto clave* ¿Cual sería un ejemplo de decisión local sobre un problema ambiental?

En tu diario

Busca más información acerca de alguno de los personajes de la línea cronológica. Escribe una biografía breve, explicando su participación en la solución de los problemas ambientales. ¿Qué obstáculos superó para lograr su objetivo?

1949
El naturista Aldo Leopold publica *A Sand County Almanac*, que muestra la relación de la vida silvestre con la ecología.

1969
A la edad de 79 años, la periodista Marjory Stoneman Douglas funda Amigos de los Everglades. Esta organización popular se dedica a la preservación de ese singular ecosistema de Florida. Marjory Stoneman continúa esa labor hasta su muerte, en 1998.

1950 — **1975** — **2000**

1962
La bióloga Rachel Carson escribe *Silent Spring*, donde explica los efectos nocivos de los pesticidas sobre el medio ambiente. El libro despierta la conciencia sobre cómo pueden afectar las actividades humanas al medio ambiente.

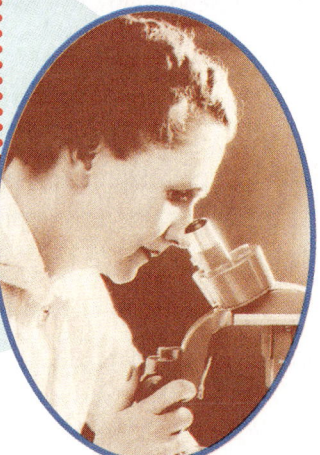

1977
La bióloga Wangari Maathai funda el Movimiento Región Verde, para preservar los bosques de Kenia y otras naciones africanas.

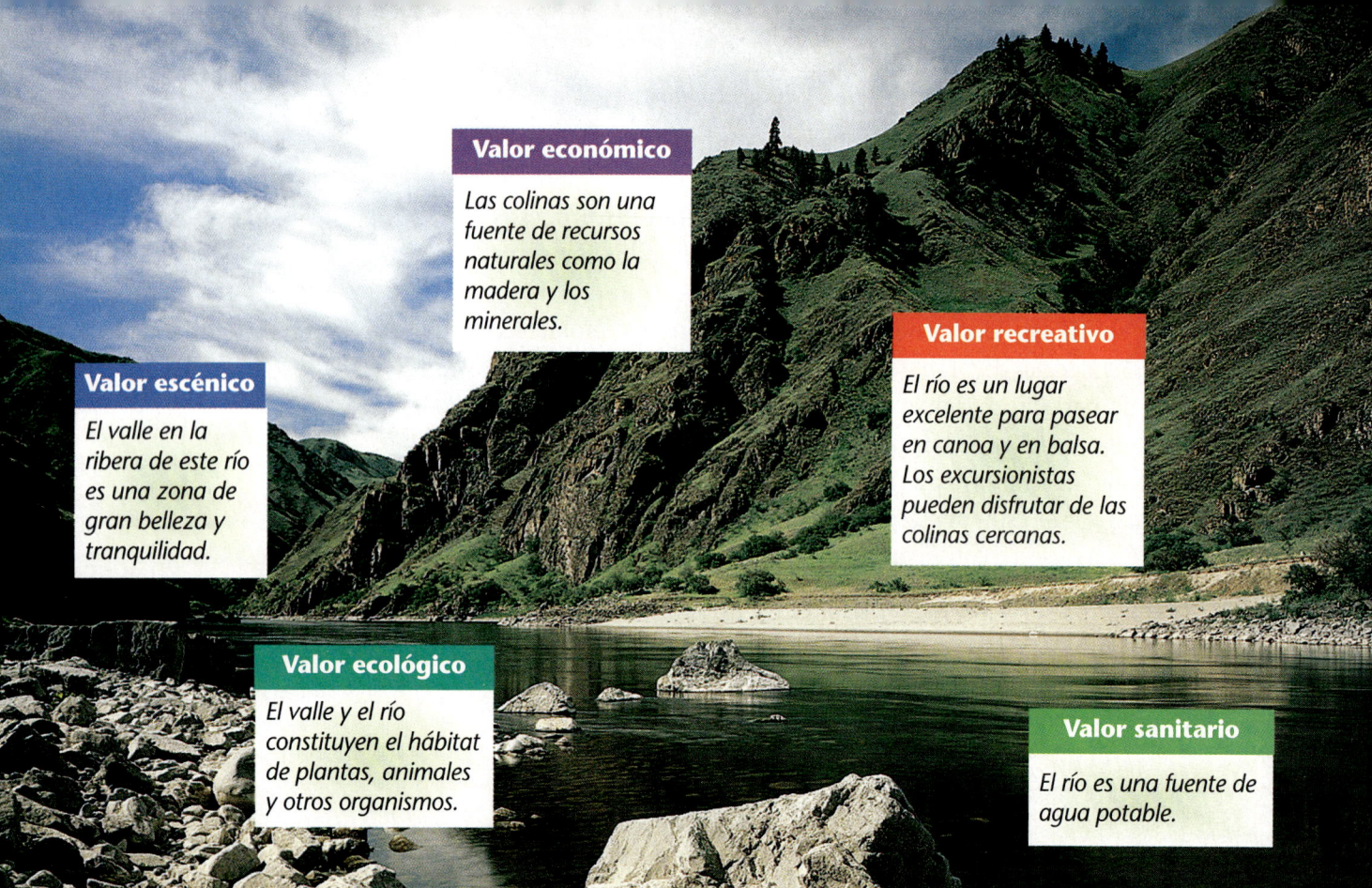

Valor económico
Las colinas son una fuente de recursos naturales como la madera y los minerales.

Valor recreativo
El río es un lugar excelente para pasear en canoa y en balsa. Los excursionistas pueden disfrutar de las colinas cercanas.

Valor escénico
El valle en la ribera de este río es una zona de gran belleza y tranquilidad.

Valor ecológico
El valle y el río constituyen el hábitat de plantas, animales y otros organismos.

Valor sanitario
El río es una fuente de agua potable.

Figura 4 El medio ambiente resulta valioso por muchas razones distintas. *Aplicar los conceptos* ¿En qué otros aspectos se puede valorar esta zona?

Desarrollo La creencia de que los humanos son libres de aprovechar en su beneficio todos los recursos de la Tierra se conoce como **punto de vista del desarrollo.** Este enfoque sólo considera al medio ambiente en términos económicos. La economía incluye los negocios, el dinero y el empleo. Según el punto de vista del desarrollo, la parte más valiosa del medio ambiente son los recursos de mayor utilidad para los seres humanos.

Preservación La creencia de que todas las partes que componen el medio ambiente tienen la misma importancia, cualquiera que sea su utilidad para los humanos, constituye el **punto de vista de la preservación.** Según esta teoría, los seres humanos deben cuidar la naturaleza. Los preservacionistas piensan que la Tierra y sus recursos deben ser fuente de belleza, comodidad y recreación. Desde el punto de vista de la preservación, no deben alterarse los seres vivos ni los ecosistemas, en beneficio de la humanidad.

Conservación El **punto de vista de la conservación** indica que deben utilizarse los recursos del medio ambiente pero sin destruirlos. Los conservacionistas opinan que es necesario lograr un equilibrio entre el desarrollo y la preservación. En su opinión, los recursos de la Tierra deben administrarse pensando en el futuro y no sólo en el presente.

Punto clave ¿Cuáles son los tres puntos de vista sobre la interacción de los seres humanos con el medio ambiente?

Análisis de costos y beneficios

Los legisladores trabajan con diversos organismos gubernamentales para tomar decisiones sobre el ambiente. Juntos, consideran las necesidades y preocupaciones de grupos con diferentes puntos de vista. **Para equilibrar las distintas opiniones, quienes toman las decisiones deben analizar los costos y beneficios de una propuesta.**

Con frecuencia, los análisis de costos y beneficios son económicos. ¿Creará la propuesta fuentes de trabajo? ¿Tendrá un costo demasiado alto? Pero los costos y beneficios no sólo se miden en términos económicos. Por ejemplo, la construcción de un incinerador puede afectar la belleza de un paisaje natural (un aspecto escénico), pero también puede resultar más eficaz que un tiradero a cielo abierto (un aspecto sanitario). Otro factor importante son los efectos a corto y a largo plazo. En algunas propuestas los beneficios a largo plazo pueden superar las desventajas a corto plazo.

Considera los costos y beneficios de perforar un pozo petrolero en la Antártida. Perforar un pozo petrolero suele tener un costo elevado. Para empezar, resultaría muy costoso trabajar en un lugar tan lejano y frío. Transportar el petróleo sería difícil y costoso. Cualquier derrame de petróleo en el mar que rodea la Antártida causaría daños a los peces, pingüinos y focas que viven allí.

Por otra parte, un pozo petrolero sería benéfico para la Antártida. El abastecimiento de petróleo proporcionaría combustible para generar calefacción, electricidad y transporte. Se crearían nuevas fuentes de trabajo. Habría mejores oportunidades para estudiar los ecosistemas de la región. ¿Los beneficios superarían a los costos? Este es el tipo de preguntas que se hacen los legisladores antes de tomar decisiones en materia ambiental.

Mejora tus destrezas

Comunicar ACTIVIDAD

Forma un equipo con otros dos estudiantes. Cada quien deberá analizar un punto de vista acerca del medio ambiente. Organicen un panel de debate en el que cada uno proponga cómo deben aprovecharse los recursos de la Antártida. ¿Qué semejanzas y diferencias hay entre sus respuestas?

Repaso de la sección 1

1. Enumera los tres tipos principales de problemas ambientales.
2. Define las ciencias del medio ambiente.
3. ¿Cómo se podrían equilibrar los diferentes puntos de vista sobre un problema ambiental?
4. ¿Cómo ha afectado al medio ambiente el crecimiento demográfico?
5. Menciona tres costos y tres beneficios de la perforación de un pozo petrolero en la Antártida.
6. **Razonamiento crítico Comparar y contrastar** Compara los recursos renovables con los no renovables. Da un ejemplo de cada tipo de recurso.

Comprueba tu aprendizaje

PROYECTO DEL CAPÍTULO 3

Delimita una fracción de terreno de 1.5 metros por lado. Anota la fecha, hora, temperatura y clima. Observa los organismos de tu terreno y haz anotaciones y dibujos de ellos. Incluye detalles que te permitan identificar organismos que no conoces. (*Sugerencia:* Observa detalles como el plumaje o las huellas de organismos que hayan estado en ese lugar.)

Capítulo 3

Laboratorio real

Tú y tu comunidad

¿Es el papel un recurso renovable?

El reciclaje es un tema común de discusión en los problemas ambientales. En este experimento investigarás cómo se recicla el papel.

Problema
¿Qué pasa cuando se recicla el papel?

Enfoque en las destrezas
observar, crear experimentos

Materiales
papel periódico	microscopio	agua
batidora manual	bandeja	cedazo
plástico para envolver	cuadrada	libro
portaobjetos	tazón	pesado

Procedimiento

1. Corta un pedazo pequeño de papel periódico. Colócalo en el portaobjetos y examínalo bajo el microscopio. Anota tus observaciones.
2. Divide una hoja de papel periódico en varios pedazos del tamaño de una estampilla postal. Coloca los pedazos en el tazón. Cubre con agua los trocitos de papel. Tapa el tazón y deja reposar la mezcla toda la noche.
3. Al día siguiente, humedece más el papel si es necesario. Con la batidora, mezcla el papel hasta que desaparezcan los grumos. Este líquido se llama pasta de papel.
4. Coloca el cedazo en la bandeja. Vierte la pasta en el cedazo y extiéndela de manera uniforme. Levanta un poco el cedazo para que el exceso de agua escurra en la bandeja.
5. Coloca el cedazo con la pasta sobre varias capas de papel periódico para que éstas absorban el agua sobrante. Cubre la pasta con un pedazo de plástico. Coloca un libro pesado sobre el plástico para eliminar el agua que quedó en la pasta.
6. Después de 30 minutos, retira el libro. Con mucho cuidado, voltea el cedazo, junto con el plástico y la pasta. Retira el cedazo y el plástico. Deja que la pasta quede sobre el papel periódico durante uno o dos días. Reemplaza la base de periódico si es necesario.
7. Cuando la pasta esté seca, obsérvala con atención. Anota tus observaciones.

Analizar y concluir

1. ¿Qué estructuras observaste en el pedacito de papel periódico bajo el microscopio? ¿Cómo se forman tales estructuras? ¿De dónde surgieron?
2. ¿Qué crees que pasa con las estructuras cuando el papel se recicla?
3. Con base en tus resultados, trata de predecir cuántas veces se puede reciclar una hoja de papel periódico.
4. **Aplicar** ¿Se puede clasificar al papel como recurso renovable? Explica tu respuesta.

Crear un experimento

Emplea el procedimiento anterior y crea un experimento en el que recicles tres tipos diferentes de papel: hojas lustrosas de revistas, toallas de papel y cartón. Analiza las diferencias entre los resultados. Pide la autorización de tu maestro antes de iniciar el experimento.

SECCIÓN 2 Bosques y pesquerías

DESCUBRE ACTIVIDAD

¿Qué pasó con el atún?

1. Haz una gráfica lineal con los datos de la tabla. Pon nombre a los ejes y un título a la gráfica. (Para más información sobre gráficas, consulta el Manual de destrezas.)

2. Marca el punto más alto y más bajo de la gráfica.

Reflexiona sobre

Inferir ¿Cómo cambió la población de atún en este periodo? ¿Puedes explicar la razón?

Año	Población de atún aleta azul
1970	240,000
1975	190,000
1980	90,000
1985	60,000
1990	45,000
1994	60,000

A primera vista, el atún aleta azul y las coníferas pueden no tener mucho en común. El atún es un animal; las coníferas son árboles. El atún vive en el mar, y las coníferas en la tierra. Sin embargo, tanto el atún como las coníferas son recursos vivientes. El atún es una fuente alimenticia para los seres humanos. La gente no puede comer coníferas, pero sí aprovecharlas para fabricar madera, papel y aguarrás. El follaje de las coníferas también se usa como abono en los jardines.

Todos los días usamos distintos productos elaborados a partir de organismos vivos. En esta sección aprenderás acerca de los dos tipos más importantes de recursos vivientes: los bosques y las pesquerías. Mientras lees, piensa en qué se parecen y en qué son diferentes.

Recursos forestales

Los bosques son un recurso porque contienen elementos valiosos. Con las flores, frutas, semillas y otras partes de las plantas se elaboran muchos productos. Algunos de ellos, como el jarabe de arce, el hule y las nueces, provienen de árboles vivos. Otros, como la madera y la pasta para papel, son producto de la tala. Las coníferas, entre ellas el pino y el abeto, se usan en la elaboración de papel y en la construcción. Con los árboles de madera dura y singular belleza, como el roble, el cerezo y el arce, se fabrican muebles.

Los árboles y otras plantas producen el oxígeno que los seres vivos necesitan para vivir. Además, absorben el dióxido de carbono y muchos contaminantes del aire. Los árboles ayudan a prevenir las inundaciones y la erosión del suelo. Sus raíces absorben el agua de lluvia y mantienen la solidez del terreno.

GUÍA DE LECTURA

◆ ¿Cómo se pueden administrar los bosques y las pesquerías?

Sugerencia de lectura A medida que leas, haz una lista de las maneras en que se pueden conservar los bosques y las pesquerías.

Figura 5 Un uso importante de los recursos forestales es la construcción de viviendas.

Figura 6 La tala total ha dejado expuestas grandes porciones de estas laderas. *Interpretar fotografías* ¿Qué problemas puede causar la tala total?

Estudios sociales
CONEXIÓN

Muchos de los recursos vivientes del mundo no son propiedad de nadie y todos los compartimos. Hay una palabra que describe un recurso compartido: "común". Esta palabra procede de una época en que los pueblos se construían en áreas comunes. Los ganaderos del pueblo podían llevar sus animales a pastar en esas tierras. Esto no era problema en el pasado, cuando no había tanta gente en el mundo. Pero a medida que más ganaderos decidieron llevar sus animales a los terrenos comunes, los pastizales empezaron a agotarse y no fue suficiente para alimentar a una sola vaca. Fue así como se produjo la "tragedia de los comunes".

En tu diario

Supón que vives en una comunidad agrícola distribuida alrededor de un terreno común. Propón una solución que permita a los residentes utilizar los terrenos comunes sin que nadie haga uso exclusivo de ellos.

Administrar los bosques

En Estados Unidos existen alrededor de 300 millones de hectáreas de bosques. ¡Casi una tercera parte de la superficie total del país! Muchos bosques se encuentran en terrenos federales. Otros pertenecen a industrias madereras y papeleras privadas y propietarios individuales. La industria forestal proporciona empleo a 1.5 millones de personas en todo el país.

El bosque es un recurso renovable porque se pueden plantar árboles nuevos para reemplazar los que se talan. El Servicio Forestal Estadounidense y las organizaciones ecologistas trabajan con las empresas forestales, a fin de preservar estos recursos. En conjunto, tratan de crear métodos de tala que permitan la renovación de los bosques.

Métodos de tala Existen dos métodos principales de tala: la tala total y la tala selectiva. La **tala total** consiste en cortar todos los árboles de una zona al mismo tiempo. En cambio, en la **tala selectiva** se cortan sólo algunos árboles y se dejan los de cierto tamaño y especie.

Ambos métodos tienen ventajas y desventajas. Por lo general, la tala total es más rápida y económica que la tala selectiva. También representa menos riesgos para los trabajadores. En la tala selectiva, los taladores deben trasladar el equipo y los árboles talados entre el resto de los árboles. Sin embargo, la tala selectiva suele causar menos daños al ambiente forestal que la tala total. Cuando una zona del bosque se tala por completo, el hábitat cambia. La tala total expone el suelo al viento y la lluvia. Sin la protección de las raíces de los árboles, el suelo se erosiona con más facilidad. El deslave del suelo contamina el agua de ríos y arroyos y puede dañar a los peces y otros organismos que viven en ellos.

Silvicultura sustentable Los bosques se pueden administrar para obtener un rendimiento sustentable. El **rendimiento sustentable** equivale a recolectar una cantidad constante de un recurso renovable, como los árboles, sin disminuir el abastecimiento a futuro. Este proceso es similar a un intercambio de libros: si donas un libro cada vez que tomas otro, el número total de ejemplares no se verá afectado. Plantar un árbol para reemplazar a otro que se tala es como donar un libro para reemplazar el que se toma.

Parte de la administración forestal consiste en planear la frecuencia de la reforestación para mantener un abastecimiento constante. Cada especie crece a distinto ritmo. Los árboles de madera blanda como los pinos, suelen madurar más rápido que los árboles de madera dura como el nogal americano, el roble y el cerezo. Los bosques donde hay árboles de crecimiento más rápido pueden cortarse y reforestarse con mayor frecuencia. Por ejemplo, los pinos pueden cortarse cada 20 o 30 años. Por otra parte, algunos árboles de madera dura se pueden cortar sólo cada 40 o 100 años. Una estrategia aceptable es talar zonas delimitadas. Así, se pueden talar cada año distintas secciones del mismo bosque.

Madera certificada Para administrar un bosque sin perjudicar el medio ambiente, puede obtenerse un permiso del Consejo de Administración de Bosques. Una vez certificado un bosque, toda la madera que se obtenga de él llevará una etiqueta con la leyenda "bien administrado". Esto permite a empresas y personas seleccionar madera de bosques manejados con rendimiento sustentable.

Punto clave ¿Qué es el rendimiento sustentable?

Figura 7 Los dos métodos de tala son la tala total y la tala selectiva. **A.** Después de la tala total, se plantan árboles nuevos de la misma edad y especie. **B.** La tala selectiva da como resultado un bosque más variado.

Bosque original   *Tala total*   *Bosque reforestado*

Bosque original   *Tala selectiva*   *Especies diversas*

Calcular

ACTIVIDAD

Hace unos años, la pesca total en el mundo fue de 112.9 millones de toneladas métricas. Con la siguiente información, calcula el porcentaje del total que corresponde a cada país.

País	Pesca (millones de toneladas métricas)
China	24.4
Japón	6.8
EE UU	5.6
Perú	8.9

Figura 8 Un barco pesquero regresa a puerto al final de una larga jornada. La pesca excesiva ha obligado a la tripulación de muchas embarcaciones a buscar otro empleo mientras el abastecimiento se renueva.

Pesquerías

Hasta hace poco, los océanos parecían un recurso ilimitado. Había bancos de peces tan grandes que parecían inagotables. Además, los peces se reproducen en cantidades sorprendentes. ¡Un solo bacalao puede depositar hasta nueve millones de huevecillos en un año! Pero ahora se ha descubierto que este recurso es limitado. Por los grandes volúmenes de pesca, los bancos de sardinas frente a la costa de California se redujeron de pronto, así como los bancos de bacalao frente a la costa de Nueva Inglaterra. ¿Cuál es la causa de estos cambios?

Una zona que cuenta con una gran población de organismos marinos apreciados se llama **pesquería**. En Estados Unidos, algunas de las pesquerías más importantes son: los Grandes Bancos en la costa de Terranova, el banco Georges en la costa de Nueva Inglaterra y el cañón Monterey en la costa de California. Pesquerías como éstas representan recursos renovables valiosos. Pero si el ritmo de pesca excede el de la reproducción, la población disminuye. Esta situación se conoce como pesca excesiva.

Los científicos estiman que el 70 por ciento de las pesquerías más importantes del mundo han agotado las reservas. Pero si esas poblaciones de peces se recuperan, podría restablecerse un rendimiento sustentable. **La administración de las pesquerías para un rendimiento sustentable incluyen temporadas de veda, nuevos métodos de pesca, desarrollo de técnicas de acuicultura y búsqueda de nuevos recursos.**

Temporadas de veda Hay leyes que protegen a ciertas especies de peces. Esa legislación también limita la cantidad de pesca permitida y exige que los peces tengan cierto tamaño. Esto asegura que los peces más jóvenes vivan el tiempo suficiente para reproducirse. Definir el tamaño

de los peces capturados permite que los ejemplares en etapa reproductiva permanezcan en el mar. Pero si se las reservas de una pesquería se explotan de manera excesiva, el gobierno puede prohibir por completo la pesca hasta que la población de peces se recupere.

Métodos de pesca En la actualidad la pesca está regulada por leyes. Hoy se utilizan redes con espacios de mayor tamaño para permitir que los peces jóvenes y los pequeños escapen. Además, se han prohibido algunos métodos; entre ellos el de envenenar a los cardúmenes con cianuro o aturdirlos con detonaciones bajo el agua, ya que estas técnicas dañan por igual a todos los peces de una zona en lugar de seleccionar sólo los de una especie.

Acuicultura La crianza de peces y otros organismos marinos para obtener alimento se llama **acuicultura**. Los peces pueden criarse en pequeñas bahías o estanques artificiales. En Estados Unidos se crían de esta manera el salmón, el bagre y el camarón.

Sin embargo, la acuicultura no es una solución perfecta. Bahías y estanques artificiales a menudo reemplazan algunos hábitats naturales como las marismas. Los criaderos pueden contaminar y propagar enfermedades en las poblaciones naturales de peces.

Nuevos recursos Actualmente se consumen como alimento alrededor de 9,000 especies distintas de peces. Más de la mitad de la proteína animal que se consume en el mundo proviene de los peces. Una manera de ayudar a la alimentación de la creciente población humana es buscar nuevas especies. Científicos y especialistas en nutrición trabajan juntos para introducir en el campo alimenticio especies de aguas profundas, como el pez monje y el lofolátilo, al igual que peces de agua dulce fáciles de criar como la tilapia.

Figura 9 Conforme se hacen más estrictas las restricciones a la pesca, aumenta la importancia de la acuicultura como satisfactor de la demanda mundial de pescados. Esta pesquería de Hawai cuenta con un criadero de tilapias.

Repaso de la sección 2

1. Describe una práctica forestal que no perjudique al medio ambiente.
2. ¿Cuáles son las tres maneras de administrar las pesquerías para obtener un abastecimiento constante en el futuro?
3. ¿Por qué los bosques se consideran recursos renovables?
4. **Razonamiento crítico Comparar y contrastar** Describe las ventajas y desventajas de la tala total y la de tala selectiva.

Las ciencias en casa

Junto con un familiar, haz una inspección en tu casa sobre "bosques y pesquerías". Haz una lista de los productos que se elaboran con materiales que provienen del bosque o del mar. Invita a otros familiares a predecir cuántos productos incluirás en la lista. ¿Se sorprendieron con la respuesta?

Laboratorio de destrezas

Interpretar datos

Los anillos del árbol

Los "anillos" del tronco de un árbol aportan datos sobre su edad, las condiciones atmosféricas del pasado y los incendios que ha sufrido. En este experimento interpretarás la información oculta en los anillos de un árbol.

Problema

¿Qué revelan los anillos del tronco de un árbol?

Materiales

"anillos" de árbol   regla métrica   lupa
lápices de colores   calculadora (opcional)

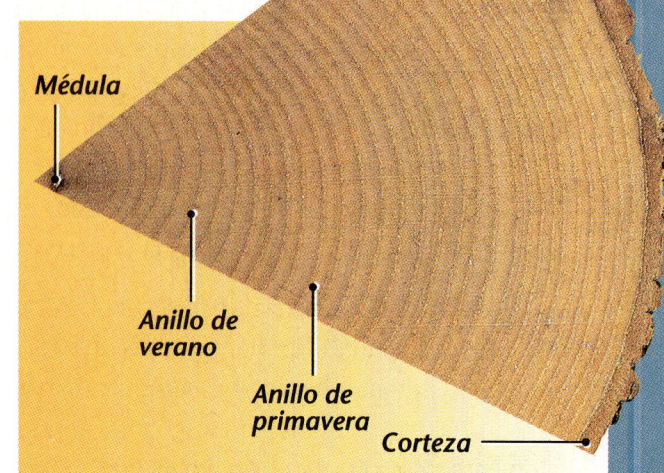

Procedimiento

1. Con la lente de aumento, examina los anillos del árbol. Dibuja un diagrama sencillo del tronco. Rotula la corteza, los anillos y el centro o médula.
2. Fíjate en los anillos de color claro y oscuro. Los anillos claros son el resultado de un crecimiento más rápido durante la primavera. Las células que forman los anillos oscuros son más pequeñas, pues son el resultado de un crecimiento más lento durante el verano. Cada par formado por un anillo claro y uno oscuro representa un año de vida, por eso se conoce como anillo anual. Observa y cuenta los anillos anuales.
3. Compara los anillos de crecimiento de primavera con los de verano. Identifica los anillos más delgados y los más gruesos.
4. Mide la distancia del centro del tronco a la orilla externa del último anillo de verano. Éste es el radio del tronco. Anota la medida.
5. Mide la distancia del centro a la orilla externa del décimo anillo de verano. Anota la medida.
6. Examina el tronco y busca alguna otra pista sobre su historia, como partes dañadas de la corteza o quemaduras. Anota tus observaciones.

Analizar y concluir

1. ¿Qué edad tenía el árbol? ¿Cómo lo sabes?
2. ¿Cuál fue el porcentaje de crecimiento en sus primeros 10 años? (*Sugerencia:* Divide entre el radio la distancia del centro al décimo anillo de crecimiento. Luego multiplica esa cantidad por 100. Esto te dará el porcentaje de crecimiento de sus primeros 10 años de vida.)
3. ¿Qué diferencia observas entre los anillos de primavera y los de verano del mismo año? ¿Qué ocasiona esa diferencia?
4. ¿Por qué los anillos anuales de algunos años son más estrechos que otros?
5. Resume la historia del árbol con base en las pruebas que obtuviste.
6. **Piensa en esto** Supón que cortas secciones de dos árboles más de la misma especie que crecieron junto al primero. ¿Cómo verificarías tus interpretaciones del experimento?

Explorar más

Examina y compara varios cortes seccionales. Anota las semejanzas y diferencias que observes. ¿Crees que alguna de esas secciones proceda de árboles que crecieron en la misma zona? Apoya tu respuesta con pruebas específicas.

SECCIÓN 3 Biodiversidad

DESCUBRE ACTIVIDAD

¿Cuánta variedad existe?

1. Tu maestro te dará dos tazas con semillas y un plato de cartón. Las semillas de la taza A son los árboles de una región de selva tropical, las de la taza B los árboles de un área de un bosque de árboles caducifolios.
2. Vacía en el plato las semillas de la taza A. Clasifícalas por tipo. Cuenta las clases de semillas. Este número indica las clases de árboles en ese tipo de bosque.
3. Devuelve las semillas a la taza A.
4. Repite los pasos 2 y 3 con las semillas de la taza B.
5. Comparte tus resultados con la clase. Con base en los resultados, calcula el promedio de tipos de semillas en cada tipo de bosque.

Reflexiona sobre
Inferir ¿Cuál es la diferencia entre la diversidad de árboles de selva tropical y los de árboles caducifolios? ¿Qué ventaja tiene contar con una amplia variedad de especies?

Nadie sabe con exactitud cuántas especies vivientes existen en la Tierra. Hasta ahora se han identificado más de mil setecientos millones de especies. El número de especies que habitan en un área se llama **biodiversidad**. Es difícil calcular la biodiversidad total de la Tierra porque muchas regiones del planeta no se han estudiado a fondo. Algunos expertos consideran que tan sólo en las profundidades marinas puede haber ¡más de 10 millones de especies desconocidas! Proteger esta diversidad es el desafío ambiental más importante en la actualidad.

GUÍA DE LECTURA

- ¿Qué factores afectan la biodiversidad de un área?
- ¿Qué actividades humanas amenazan la biodiversidad?
- ¿Cómo se puede proteger la biodiversidad?

Sugerencia de lectura Con los títulos de la sección haz un esquema de la biodiversidad.

Factores que afectan la biodiversidad

La biodiversidad cambia de un lugar a otro de la Tierra. **Entre los factores que afectan la biodiversidad de un ecosistema están el área, el clima y la diversidad de nichos.**

Área Dentro de un ecosistema, un área grande albergará más especies que un área pequeña. Supón que deseas contar las especies de árboles en un bosque. Es muy probable que encuentres más especies en un área de 10 metros cuadrados que en un metro cuadrado.

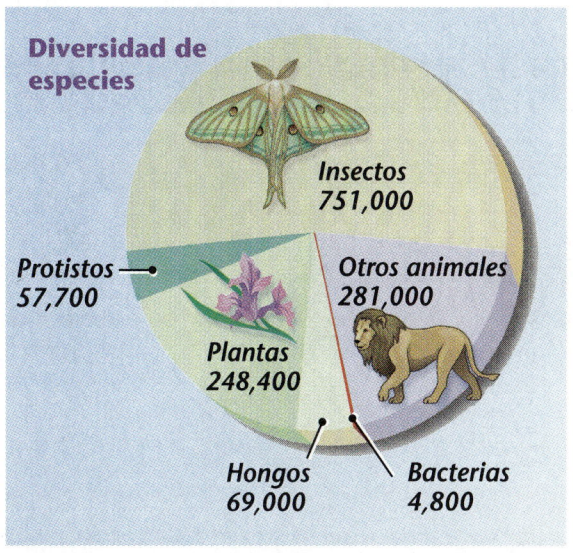

Diversidad de especies
- Insectos 751,000
- Protistos 57,700
- Otros animales 281,000
- Plantas 248,400
- Hongos 69,000
- Bacterias 4,800

Figura 10 Organismos de muchas clases son parte de la biodiversidad de la Tierra. *Interpretar gráficas* ¿Qué grupo de organismos tiene más especies?

Diversidad de los ecosistemas tropicales

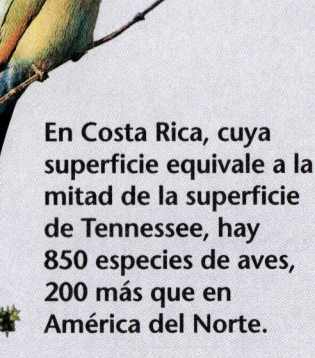

En Costa Rica, cuya superficie equivale a la mitad de la superficie de Tennessee, hay 850 especies de aves, 200 más que en América del Norte.

En un área forestal de sólo 10 hectáreas en Borneo hay 700 especies de árboles, la misma cantidad que existe en América del Norte.

Un solo río de Brasil es hábitat de más especies que las de todos los ríos de Estados Unidos juntos.

Figura 11 Los ecosistemas tropicales suelen tener mayor diversidad que los ecosistemas alejados del ecuador.

Figura 12 Los arrecifes de coral son el segundo tipo de ecosistema con mayor diversidad. *Aplicar los conceptos* ¿Por qué hay gran diversidad en los arrecifes de coral?

Clima En general, el número de especies aumenta de los polos hacia el ecuador. Las selvas tropicales de América Latina, el sureste de Asia y África central son los ecosistemas con mayor biodiversidad en el mundo. Los bosques de estas zonas cubren casi el 7 por ciento de la superficie terrestre y en ellos habita más de la mitad de las especies del planeta.

Aún no se sabe con certeza por qué hay mayor biodiversidad en los trópicos. Muchos científicos suponen que el clima es una de las razones. En las selvas tropicales, la temperatura es más uniforme y las lluvias son abundantes durante el año. Muchas especies vegetales de estas regiones crecen durante todo el año. Esto significa que los organismos que dependen de ellas disponen siempre de alimento.

Diversidad de nichos Los arrecifes de coral constituyen menos del 1 por ciento de la superficie marina. Sin embargo, los arrecifes son el hábitat del 20 por ciento de los peces de agua salada en todo el mundo. Los arrecifes de coral son el segundo ecosistema con mayor biodiversidad del planeta y sólo se encuentran en aguas tibias y poco profundas. También se les conoce como las selvas tropicales del mar. Un arrecife proporciona diversos nichos a los organismos que viven en él. Esto permite que en los corales habiten más especies que en los hábitats uniformes como los bancos de arena.

☑ *Punto clave* ¿Cuál sería una razón de que las regiones tropicales tengan mayor biodiversidad que otras?

El valor de la biodiversidad

Quizás te preguntes por qué es tan importante la biodiversidad. ¿Tiene alguna importancia que haya 50 o 5,000 especies de helechos en una selva lejana? ¿Es necesario proteger a todas estas especies?

Figura 13 Las excursiones ecológicas como los safaris pueden proporcionar ingresos a los pobladores de un lugar. Estos turistas admiran a las jirafas en Botswana.

Preservar la biodiversidad es importante por muchas razones. La razón más simple es que los organismos y ecosistemas naturales son una fuente de belleza y recreación.

Valor económico Muchas plantas, animales y otros organismos son esenciales para la supervivencia humana. Además de proporcionar alimento y oxígeno, proveen de materias primas para la fabricación de ropa, medicamentos y otros productos. No se sabe cuántas especies útiles aún no se han identificado.

Los ecosistemas también tienen un valor económico. En la actualidad muchas empresas organizan excursiones a las selvas tropicales, sabanas, cordilleras y otros lugares naturales. El turismo ecológico, o "ecoturismo", es una fuente importante de empleo e ingresos económicos para naciones como Brasil, Costa Rica y Kenia.

Evaluación del ecosistema Todas las especies de un ecosistema están relacionadas entre sí. Muchas especies dependen de otras para obtener alimento y refugio. Si una especie se ve afectada por un cambio, seguramente el resto también resultará afectado.

Algunas especies desempeñan un papel particularmente importante. Una especie que influye de manera notable en la supervivencia de otras especies en un ecosistema se llama **especie clave**. Si una especie desaparece, todo el ecosistema puede transformarse. Por ejemplo, las estrellas de mar de la Figura 14 son una especie clave en su ecosistema. Las estrellas de mar se alimentan de mejillones. Cuando los investigadores sacan muchas estrellas de mar de una zona, la población de mejillones crece de manera excesiva. Como depredadores, las estrellas de mar controlan la población de mejillones, permitiendo el desarrollo de otras especies. Cuando una especie fundamental desaparece, se destruye el equilibrio del ecosistema.

Figura 14 Estas estrellas de mar de la costa de Washington son un ejemplo de especie clave. Debido a que se alimentan de mejillones, las estrellas impiden que éstos se apoderen del ecosistema.

Figura 15 La diversidad de especies en un ecosistema es tan importante como la diversidad de genes en una especie. Genes diversos dan a estas papas la variedad que se muestra.

Centro de diversidad genética

Los organismos que integran una población sana poseen diversas características particulares determinadas por los genes que portan. Los **genes** son las estructuras que contienen la información hereditaria en las células de un organismo. Cada organismo recibe una combinación de los genes de sus padres. Los genes determinan las características de ese organismo, desde su tamaño y aspecto, hasta su capacidad para combatir las enfermedades. Todos los organismos de una especie comparten genes comunes. Pero cada organismo posee ciertos genes que lo hacen distinto de los demás individuos. Estas diferencias individuales constituyen "el centro" genético de esa especie.

Las especies con un centro genético menos variado son más susceptibles de sufrir enfermedades, el ataque de parásitos y las sequías. Por ejemplo, muchas especies agrícolas como el trigo y el maíz, poseen poca diversidad genética. Estas especies fueron procreadas para ser muy uniformes. Si una enfermedad o parásito las ataca, la población entera podría resultar dañada. Hace algún tiempo, un hongo destruyó de esta manera gran parte de las cosechas de maíz en Estados Unidos. Por fortuna, existen muchas variedades de maíz con genes ligeramente diferentes. Algunas plantas contienen genes que las hacen resistentes a ciertos hongos. Los científicos lograron cultivar maíz que no fue afectado por el hongo. Mantener un centro genético diverso ayuda a las especies a sobreponerse a problemas como éste.

☑ *Punto clave* ¿Qué determinan los genes en un organismo?

Extinción de las especies

La desaparición de todos los miembros de una especie se llama **extinción**. La extinción es un proceso natural. Muchas especies que antiguamente habitaban el planeta, desde los dinosaurios a los dodos, han desaparecido. Pero en los últimos siglos el número de especies extintas ha aumentado drásticamente.

Cuando una población disminuye en cierta medida, es posible que no se recupere. Por ejemplo, hace algunos años, millones de palomas silvestres oscurecían los cielos de diversas regiones de Estados Unidos. La cacería de estas aves por diversión y como fuente de alimento acabó con cientos de miles de ejemplares. Esto representaba una pequeña parte de la población total. Pero después de un tiempo, no había suficientes aves en etapa reproductora que renovaran la población. Al desaparecer las palomas se hizo evidente que esa especie sólo podía sobrevivir en grandes cantidades.

Las especies en peligro de desaparecer a futuro se consideran **especies en peligro de extinción**. La especies que corren ese peligro en un futuro cercano se consideran **especies amenazadas**.

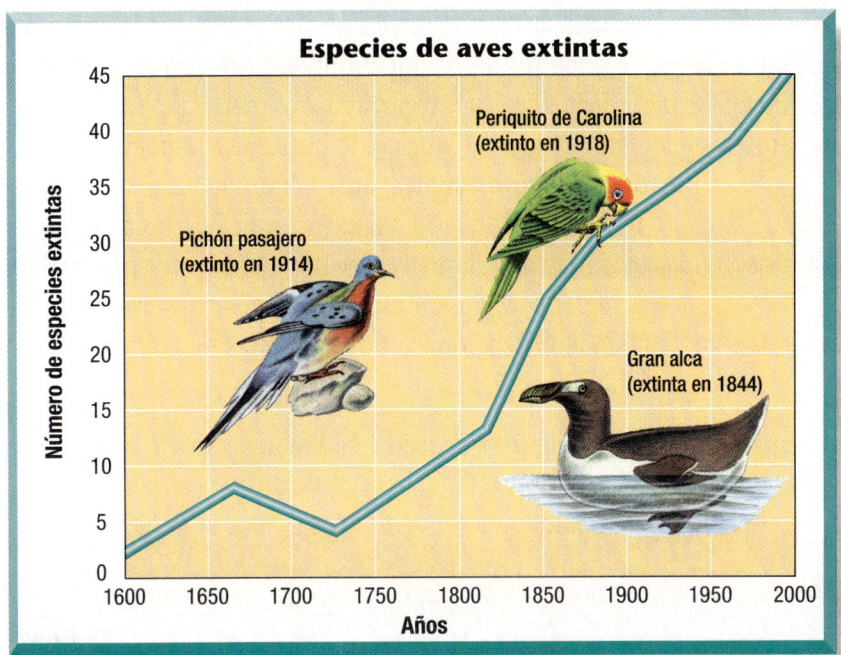

Figura 16 Esta gráfica muestra la extinción de especies de aves en los últimos 400 años. *Interpretar gráficas* ¿Cuántas especies de aves desaparecieron en 1750? ¿En 1850? ¿Y en 1950?

En todos los continentes y mares existen especies amenazadas y especies en peligro de extinción. Algunas de ellas son bien conocidas, como el rinoceronte negro de África. Otras son poco conocidas como las hutías, un tipo de roedor que vive en algunas islas del Caribe. Ayudar a estas especies a sobrevivir es una manera de proteger la biodiversidad de la Tierra.

Causas de extinción

Un suceso natural, como un terremoto o la erupción de un volcán, pueden dañar a un ecosistema, aniquilando poblaciones o incluso especies completas. **Algunas actividades humanas pueden amenazar la biodiversidad, entre ellas la destrucción de los hábitats, la caza ilegal, la contaminación y la introducción de especies exóticas.**

Destrucción de hábitats La causa principal de la extinción de algunas especies es la **destrucción de hábitats**, es decir, la pérdida de su hábitat natural. Esto puede ocurrir cuando se talan los bosques para establecer asentamientos humanos o terrenos de pastoreo. Arar praderas o rellenar pantanos también altera los ecosistemas. Algunas especies no pueden sobrevivir a la transformación de su hábitat.

Se llama **fragmentación del hábitat** a la desintegración de un hábitat en porciones aisladas o fragmentos. Por ejemplo, construir una carretera en un bosque trastorna los hábitats que hay en él. Los árboles son más vulnerables a la acción del viento. Las plantas no pueden dispersar sus semillas en forma adecuada. La fragmentación del hábitat también es dañina para los mamíferos de mayor tamaño. Generalmente, estos animales necesitan recorrer extensas superficies para encontrar su alimento y sobrevivir. Algunos no pueden obtener los recursos que necesitan en una zona pequeña. Además, podrían resultar lastimados al tratar de cruzar hacia otra zona.

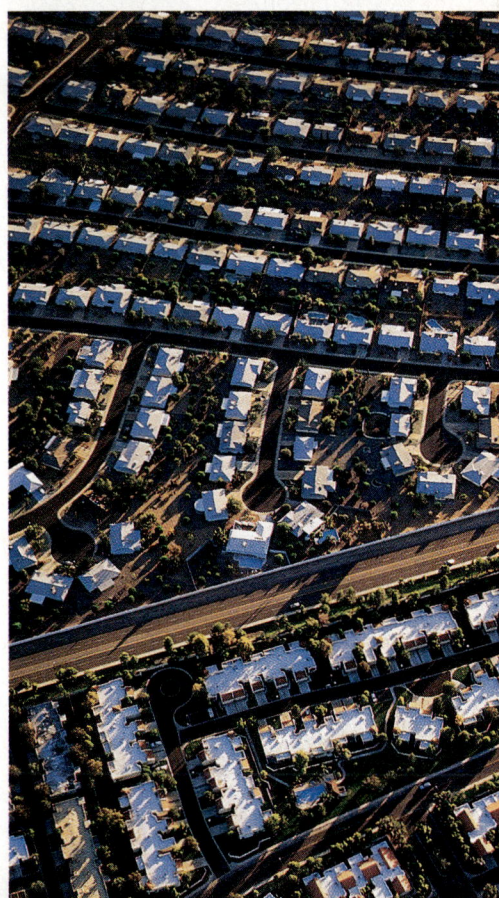

Figura 17 La construcción de esta división alteró los hábitats de la zona. El campo raso fue sustituido con casas, calles y campos. *Inferir* ¿Cómo afectan estos cambios a las especies que habitan en la región?

Caza ilegal La matanza o cacería de especies violando las vedas se llama **caza ilegal**. Muchos animales en peligro de extinción son cazados para obtener su piel, dientes, cuernos o garras. Estos materiales se emplean para fabricar medicamentos, joyas, abrigos, cinturones y zapatos.

Algunas personas sacan animales de su hábitat para venderlos ilegalmente como mascotas exóticas. Los peces tropicales, las tortugas y los loros son mascotas muy populares, razón por la que tienen gran valor para los cazadores ilegales. Algunas plantas en peligro de extinción también se venden sin autorización, como las plantas de interior; otras se emplean para elaborar medicamentos.

Contaminación Algunas especies se encuentran en peligro de extinción debido a la contaminación. Las sustancias que causan la contaminación, llamadas contaminantes, pueden llegar a los animales a través

EXPLORAR las especies en peligro de extinción

En las listas de especies en peligro de extinción de Estados Unidos se incluye una gran cantidad de especies y hábitats.

Oso pardo ▶ Este omnívoro necesita un área muy extensa para obtener su alimento. La reducción de las áreas silvestres ha limitado el número de osos pardos.

Chorlito silbador La ▶ población de esta activa y diminuta ave de la costa se recupera poco a poco gracias a la protección de sus nidos en las dunas.

◀ **Primorosa nocturna del valle de Eureka** Esta flor, que florece una sola noche, compite por el agua con otras plantas exóticas.

del agua que beben o del aire que respiran. Los contaminantes también pueden depositarse en el suelo. Allí son absorbidos por las plantas y acumulados en otros organismos que las comen. Los contaminantes pueden debilitar y eliminar a diversos organismos o causar defectos de nacimiento.

Especies exóticas Introducir especies exóticas en un ecosistema puede representar una amenaza para la biodiversidad. Hace cientos de años, cuando los marineros europeos visitaron Hawai por primera vez, las ratas de sus barcos escaparon a las islas. Como no existían depredadores de ratas en ese lugar, los roedores se multiplicaron rápidamente. Se alimentaban de los huevos de los gansos. Para proteger a los gansos y controlar la población de ratas, se introdujo en las islas a la mangosta de la India. Por desgracia, las mangostas devoraron los huevos en lugar de acabar con los roedores. Por esta razón, los gansos se encuentran en peligro de extinción.

◀ **León marino de Steller** Este mamífero compite con los pescadores por sus presas en la costa del Pacífico.

Mariposa golondrina ▶ de Schaus Además del peligro de perder su hábitat por la contaminación de los pesticidas usados en los cayos de Florida, el huracán Andrew casi acabó con la población de esta mariposa.

▲ **Grulla blanca** Amenazada por las enfermedades y la posibilidad de perder su hábitat, la mitad de la población que queda se encuentra en cautiverio, aunque ha mostrado señales de recuperación desde que su población disminuyó al mínimo en la década de los cuarenta.

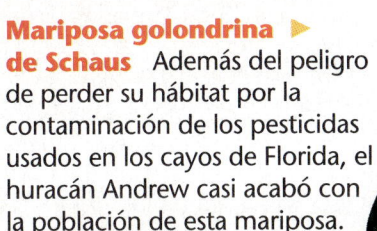

◀ **Serpiente de cascabel de Nuevo México** Los coleccionistas de serpientes han reducido la población de esta rara serpiente. El grupo más grande que se conoce vive en un cañón.

Protección de la biodiversidad

Muchas personas colaboran en la preservación de la biodiversidad de la Tierra. Algunas se concentran en proteger a una especie en particular, como el panda gigante o la ballena gris. Otras, enfocan sus esfuerzos en un ecosistema, como el arrecife de la Gran Barrera de Australia. **Muchos programas de protección a la biodiversidad combinan enfoques científicos y jurídicos.**

Reproducción en cautiverio

Una forma científica de proteger las especies en peligro de extinción es la reproducción en cautiverio. La **reproducción en cautiverio** consiste en aparear a los animales en zoológicos o reservas. Luego, las crías son cuidadas por especialistas para aumentar sus posibilidades de supervivencia. Los animales son devueltos a su hábitat natural cuando ya pueden defenderse por sí mismos.

Un programa de reproducción en cautiverio era la única esperanza para salvar al cóndor de California. Ésta es el ave más grande de América del Norte. El cóndor se vio en peligro de extinción debido a la destrucción de su hábitat, la cacería ilegal y la contaminación. A mediados de los años ochenta, había en libertad menos de diez cóndores de California y no más de 30 en zoológicos. Los científicos capturaron todos los cóndores libres y los llevaron a diversos zoológicos. Poco después, nació el primer polluelo en cautiverio. En la actualidad hay más de 100 cóndores de California en los zoológicos. Otros se han devuelto a su hábitat natural. Aunque el programa ha tenido bastante éxito, su costo ha superado los 20 millones de dólares. Por los costos tan elevados, no es posible rescatar a otras especies en peligro de extinción.

Leyes y tratados

Las leyes pueden brindar protección a ciertas especies. Algunas naciones han prohibido la venta de especies en peligro de extinción o productos elaborados con ellas. En Estados Unidos, la Ley de especies en peligro de extinción, creada en 1973, prohibe la importación y venta de productos elaborados a partir de especies amenazadas o en vías de

Figura 18 Los programas de reproducción en cautiverio se basan en un enfoque científico dirigido a la protección de las especies en peligro de extinción. **A.** Los polluelos del cóndor de California criados en cautiverio deben aprender la conducta de los adultos. Aquí, un científico usa un títere para dar de comer y asear a un polluelo. **B.** Estas crías de tortuga verde fueron incubadas en un laboratorio. Ahora un investigador las devuelve a su hábitat natural en el mar.

extinción. Esta ley también fomenta el desarrollo de planes de rescate. El cocodrilo americano, la ballena gris del Pacífico y la tortuga verde han mostrado cierta recuperación como resultado de las medidas de protección.

El tratado internacional más importante de protección a la vida salvaje es el Acuerdo sobre el Comercio Internacional de Especies en Peligro de Extinción. Este tratado fue creado por ocho naciones en 1973. El documento lista casi 700 especies amenazadas o en peligro de extinción que no se pueden comercializar. Aunque es difícil hacer que las leyes se cumplan, éstas han reducido la cacería ilegal de especies como el elefante africano, la onza, el cachalote y el gorila de las montañas.

Preservación del hábitat La manera más eficaz de preservar la biodiversidad es proteger ecosistemas enteros. Esto permite rescatar tanto a las especies en peligro de extinción, como las que dependen de ellas.

A partir de la creación en 1872 del parque nacional de Yellowstone, el primer parque nacional en el mundo, muchos países han creado hábitats naturales, como parques y refugios. También existen organizaciones privadas que han comprado millones de hectáreas en todo el mundo para proteger especies en peligro de extinción. Actualmente, hay en el planeta alrededor de 7,000 refugios, reservas y parques naturales.

Para ser más eficaces, las reservas deben contar con las características del ecosistema original. Por ejemplo, tienen que ser suficientemente grandes para mantener a las poblaciones que se calculan. Deben tener diversos nichos. Además, el aire, la tierra y el agua deben permanecer libres de contaminación, evitar la introducción de especies exóticas y controlar la cacería ilegal.

Figura 19 La preservación de hábitats completos es quizá la manera más efectiva de proteger la biodiversidad.

Repaso de la sección 3

1. Menciona tres factores que afectan a la biodiversidad.
2. Menciona cuatro posibles causas de extinción.
3. Da un ejemplo de un enfoque jurídico y otro científico que prevengan la extinción.
4. ¿Cuáles son los ecosistemas con mayor diversidad?
5. Nombra tres de los aspectos que hacen tan importante a la biodiversidad.
6. **Razonamiento crítico Hacer generalizaciones** Explica cómo se asocia la frase "En la red de la vida, todas las cosas están relacionadas" con las especies clave.

Las ciencias en casa

Consigue un mapa de tu estado. Pide a un familiar que te ayude a identificar en él un parque o reserva nacional. Elabora un folleto turístico que promueva uno de estos espacios. Describe los hábitats que existen. Investiga si en ese parque habita alguna especie amenazada o en peligro de extinción. Incluye fotografías de esa especie.

Integrar la salud

SECCIÓN 4 Búsqueda de nuevos medicamentos

DESCUBRE ACTIVIDAD

¿Cómo se separan las sustancias químicas de las plantas?

1. Con un marcador negro, marca un punto a 2 centímetros de un extremo de una tira de papel filtro.
2. Vierte agua en un vaso de plástico transparente hasta que el nivel cubra unos cuantos centímetros.
3. Pega con cinta adhesiva el extremo superior de la tira de papel a un lápiz. Coloca el lápiz sobre el borde de la taza, de modo que el punto de tinta apenas se sumerja en el agua. Si es necesario, gira el lápiz para ajustar la longitud de la tira de papel.
4. Observa qué le ocurre al punto.

Reflexiona sobre
Observar ¿Cuántos colores se separaron de la tinta negra? Este proceso es modelo de un método de separación de sustancias químicas en las plantas.

GUÍA DE LECTURA

◆ ¿Por qué muchas plantas de la selva tropical son fuente de medicamentos?

Sugerencia de lectura
Mientras lees, identifica enunciados que muestren cómo se relaciona la biodiversidad con la salud humana.

Imagina que te pones tus botas de excursionista y echas tu mochila al hombro. Es hora de iniciar otro día de búsqueda en la frescura y humedad del bosque. Caminas con cuidado para no pisar el lodo, pasas debajo de gigantescos árboles siempre verdes. Sus ramas, cubiertas de hojas afiladas forman una gruesa bóveda. Troncos enmohecidos, cubiertos de helechos, matorrales y hongos de brillantes colores crecen al borde del sendero. Echas un vistazo al suelo, atento a señales reveladoras del objeto que buscas. ¿Qué buscas en ese bosque? ¡Una planta que puede salvar vidas!

Este antiguo bosque es un bosque lluvioso templado del Pacífico noroeste. Muchos de los enormes árboles que ves tienen más de 200 años de edad. Al igual que las selvas tropicales, los bosques pluviales templados son ecosistemas muy variados. En ellos habitan especies que no se encuentran en ninguna otra parte. Algunas de ellas están amenazadas o en peligro de extinción, como la trucha toro, la salamandra olímpica y la planta que buscas: el tejo del Pacífico.

Plantas y medicamentos

La humanidad siempre ha apreciado a las plantas por su capacidad para cicatrizar heridas y combatir enfermedades. Por ejemplo, la primera forma de aspirina se elaboró con corteza de sauce. Actualmente, la sustancia activa de la aspirina se prepara en laboratorios.

Tejo del Pacífico

Figura 20 El tejo del Pacífico fue estudiado por los científicos para saber más acerca de la sustancia anticancerígena que contiene: el taxol. En primer plano, un investigador examina cristales de taxol.

La capacidad de las plantas para combatir las enfermedades es resultado de su adaptación al medio ambiente. En muchos ecosistemas, las plantas producen sustancias químicas que las protegen de los depredadores, parásitos y enfermedades. Esto es particularmente notable en los bosques tropicales, donde muchos organismos se alimentan de plantas. **Algunas sustancias químicas que producen las plantas de los bosques tropicales para protegerse, también pueden emplearse para combatir algunas enfermedades humanas.**

La historia del taxol

El tejo del Pacífico es muy resistente a las enfermedades y los insectos. Hace tiempo, los científicos empezaron a estudiar la corteza de este árbol para saber el origen de su resistencia. Separaron las sustancias químicas de la corteza. Durante el análisis, los científicos descubrieron que la corteza está formada por cristales poco comunes. Estos cristales contienen una sustancia llamada **taxol**, la cual protege a la planta.

Los científicos hicieron pruebas con el taxol. Descubrieron que los cristales de taxol interactúan con las células cancerosas de una manera asombrosa. Por lo general, las células cancerosas crecen y se dividen rápidamente, formando una masa llamada tumor. Al someter las células a la acción del taxol, éste formó estructuras parecidas a jaulas diminutas que envolvieron a las células cancerosas e impidieron su división. Así, el cáncer no pudo desarrollarse.

Después de varias investigaciones, los médicos administraron taxol a pacientes con cáncer. A menudo, los tratamientos con taxol redujeron ciertos tipos de tumores. En ocasiones también impidieron que el cáncer se extendiera por el cuerpo. El taxol se administra en la actualidad a más de 12,000 pacientes de cáncer cada año.

Punto clave ¿Cómo protege el taxol al tejo del Pacífico?

Figura 21 Este investigador exprime hojas como parte de un estudio sobre las especies en una reserva forestal.

La amenaza al abastecimiento de taxol

La demanda de taxol para tratar el cáncer ha aumentado rápidamente. Por eso, a muchos científicos les preocupa el suministro de tejo del Pacífico. Se necesitan tres árboles para producir taxol suficientemente puro y administrarlo como tratamiento para el cáncer. Sin embargo, cuando los investigadores descubrieron el valor del taxol como medicamento anticancerígeno, gran parte los bosques pluviales templados donde crecía el tejo del Pacífico habían desaparecido.

El taxol tiene una estructura química muy compleja. Los químicos se han esforzado durante muchos años para reproducir su estructura. Como resultado de ese esfuerzo, en 1996 los investigadores crearon taxol por primera vez en un laboratorio. Este descubrimiento podría ayudar a impedir la extinción del tejo del Pacífico.

Biodiversidad y medicina

Casi la mitad de los medicamentos que se venden hoy en día contienen sustancias químicas obtenidas de organismos silvestres. ¿Qué otros medicamentos se encuentran en etapa experimental? Hasta ahora, se ha estudiado alrededor del 2% de las especies de plantas conocidas, con la idea de usarlas en la medicina. En 1955, la Asociación Médica Estadounidense solicitó protección para la biodiversidad de la Tierra a fin de preservar sustancias naturales desconocidas que pudieran usarse como medicamentos. Gobiernos, científicos y empresas privadas trabajan juntos en la búsqueda de nuevas especies en todo el mundo, que podría llevarlos a descubrir nuevos tipos de fármacos contra el cáncer.

Repaso de la sección 4

1. ¿Qué adaptaciones de las plantas del bosque lluvioso las convierten en fuente probable de medicamentos?
2. Describe el ecosistema en que se desarrolla el tejo del Pacífico.
3. ¿Cómo afecta el taxol a las células cancerosas?
4. **Razonamiento crítico Inferir** Supón que un grupo de científicos planea realizar una expedición para identificar nuevas especies en la selva tropical de América del Sur. ¿Por qué podría una empresa fabricante de medicamentos, estar interesada en apoyar la expedición?

Comprueba tu aprendizaje

PROYECTO DEL CAPÍTULO 3

Visita con frecuencia tu terreno para hacer observaciones. Recurre a una guía de campo para identificar las plantas, animales y organismos que observes. Anota su ubicación en el terreno, su nombre común y científico. Planea la presentación de tus hallazgos. Considera la utilización de dibujos, un rotafolio, una computadora o un video del terreno, con acercamientos de las especies que identificaste. (*Sugerencia:* Asegúrate de incluir toda la información que reuniste sobre factores abióticos.)

GUÍA DE ESTUDIO

SECCIÓN 1 — Problemas ambientales

Ideas clave
- Tres tipos de problemas ambientales son: el aprovechamiento de los recursos, el crecimiento demográfico y la contaminación.
- Las ciencias del medio ambiente estudian los procesos naturales y cómo los pueden afectar las actividades de los seres humanos.
- Para tomar decisiones sobre el medio ambiente es necesario analizar distintos puntos de vista, además de evaluar los costos y beneficios de las propuestas.

Términos clave
recursos renovables
recursos no renovables
contaminación
punto de vista del desarrollo
punto de vista de la preservación
punto de vista de la conservación

SECCIÓN 2 — Bosques y pesquerías

Ideas clave
- Los bosques son un recurso renovable porque se pueden plantar árboles nuevos para reemplazar a los árboles talados.
- La administración de pesquerías establece periodos de veda, prohibe métodos de pesca perjudiciales, desarrolla técnicas de acuicultura y busca nuevos recursos.

Términos clave
tala total   pesquería
tala selectiva   acuicultura
producción continua

SECCIÓN 3 — Biodiversidad

Ideas clave
- Los factores que afectan a la biodiversidad incluyen el área, el clima y la diversidad de nichos.
- Las selvas tropicales son los ecosistemas con mayor biodiversidad en el mundo. Los arrecifes de coral son el segundo tipo de ecosistema con mayor biodiversidad.
- La diversidad de los organismos es fuente de belleza, inspiración y esparcimiento. Muchas especies y ecosistemas también tienen valor económico.
- Las actividades que amenazan la biodiversidad son la destrucción del hábitat, la cacería ilegal, la contaminación y la introducción de especies exóticas.
- Tres formas de proteger la biodiversidad son: reglamentación de la captura y comercio de animales, reproducción en cautiverio y preservación de hábitats.

Términos clave
biodiversidad   especies amenazadas
especies clave   destrucción del hábitat
genes   fragmentación del hábitat
extinción   cacería ilegal
especies en peligro   reproducción en cautiverio
de extinción

SECCIÓN 4 — Búsqueda de nuevos medicamentos

INTEGRAR LA SALUD

Ideas clave
- Muchas plantas elaboran sustancias químicas que las protegen. Estas sustancias químicas pueden combatir algunas enfermedades humanas.
- El taxol es una sustancia anticancerígena extraída del tejo del Pacífico, cuyo abastecimiento se ha visto afectado por la tala desmedida.
- Una razón para proteger la biodiversidad es el posible descubrimiento de nuevos medicamentos.

Término clave
taxol

CAPÍTULO 3 REPASO

Capítulo 3 E ◆ 109

CAPÍTULO 3 REPASO

Repaso del contenido

 Para repasar los conceptos clave, consulta el Interactive Student Tutorial CD-ROM.

Opción múltiple
Elige la letra que complete mejor cada enunciado.

1. El punto de vista que dice que los humanos deben aprovechar los recursos de la Tierra es el del (la)
   a. conservación.   b. desarrollo.
   c. científico.   d. preservación.
2. Los ecosistemas con mayor biodiversidad del mundo son los (las)
   a. arrecifes de coral.   b. desiertos.
   c. praderas.   d. selvas tropicales.
3. Si todos los miembros de una especie desaparecen de la Tierra, esa especie
   a. está extinta.   b. está en peligro de extinción.
   c. es no renovable.   d. está amenazada.
4. Traficar ilegalmente o acabar con una especie en peligro de extinción se llama
   a. destrucción del hábitat.
   b. cacería ilegal.
   c. contaminación.
   d. reproducción en cautiverio.
5. El taxol, extraído del tejo del Pacífico, es un medicamento que se emplea para combatir
   a. enfermedades cardíacas.   b. cáncer.
   c. enfermedades pulmonares.   d. diabetes.

Falso o verdadero
Si el enunciado es verdadero, escribe verdadero. Si es falso, cambia la palabra o palabras subrayadas para hacer verdadero el enunciado.

6. En la actualidad, los tres tipos principales de problemas ambientales son el aprovechamiento de los recursos, la contaminación y el <u>crecimiento demográfico</u>.
7. Los bosques y las pesquerías son ejemplos de recursos <u>no renovables</u>.
8. Un <u>rendimiento sustentable</u> es un número de árboles que se puede talar con regularidad sin afectar la salud del bosque.
9. Una especie que influye en la sobrevivencia de muchas otras especies dentro de un ecosistema se llama especie <u>en peligro de extinción</u>.
10. La manera más eficaz de proteger la biodiversidad es la <u>fragmentación</u> del hábitat.

Revisar los conceptos

11. Da un ejemplo de problema ambiental personal o local y otro ejemplo de un problema ambiental nacional o mundial.
12. ¿Cómo se toman las decisiones en materia ambiental?
13. Compara los efectos de la tala total y la tala selectiva de los ecosistemas forestales.
14. Describe una manera de evitar la pesca excesiva.
15. Explica cómo afecta a las especies la destrucción del hábitat.
16. **Escribir para aprender** Supón que eres miembro de la comisión del uso de suelo de tu comunidad. Cientos de personas llegan todos los días. Debes tomar una decisión sobre cómo administrar una superficie boscosa de 5000 hectáreas. Escoge un punto de vista: desarrollo, preservación o conservación. Escribe un artículo en el que expliques tu posición.

Razonamiento gráfico

17. **Red de conceptos** En una hoja de papel, copia la red de conceptos sobre la biodiversidad. Después complétala y ponle un título. (Para más información acerca de las redes de conceptos, consulta el Manual de destrezas.)

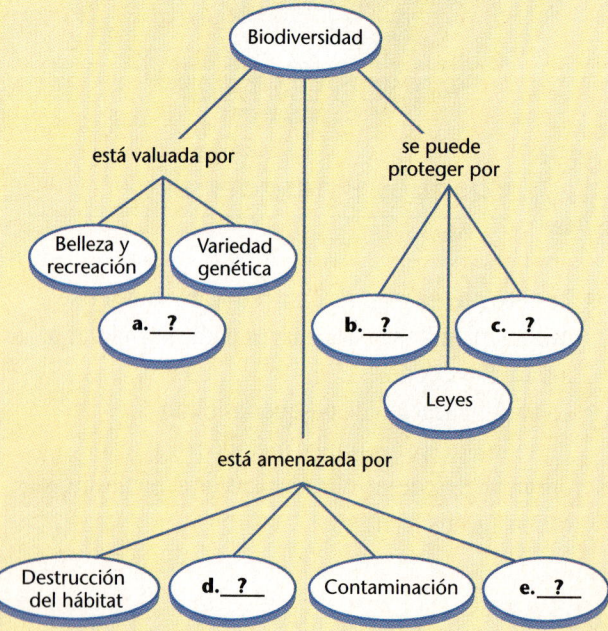

Aplicar las destrezas

Un estudio señala las causas por las que especies de mamíferos y aves están amenazadas o en peligro de extinción. Usa la tabla para contestar las Preguntas 18–20.

Causa	Mamíferos	Aves
Cacería furtiva	31%	20%
Pérdida del hábitat	32%	60%
Especies exóticas	17%	12%
Otras causas	20%	8%

18. **Graficar** Haz una gráfica de barras donde compares las causas de que los mamíferos y las aves estén en peligro de extinción o amenazados. Indica los porcentajes en el eje vertical y las causas en el eje horizontal.
19. **Interpretar datos** ¿Cuál es la causa principal de que los mamíferos estén amenazados o en peligro de extinción? ¿Qué es lo que más pone en peligro o amenaza a las aves?
20. **Desarrollar hipótesis** Propón explicaciones de las diferencias entre la información sobre los mamíferos y las aves.

Razonamiento crítico

21. **Relacionar causa y efecto** Explica cómo el crecimiento de la población humana afecta a otras especies de la Tierra.
22. **Hacer generalizaciones** Describe cómo una especie exótica puede amenazar a otras especies de un ecosistema.
23. **Predecir** ¿Cómo podría afectar tu vida, dentro de 20 años, la extinción de una especie?
24. **Relacionar causa y efecto** Explica por qué muchos medicamentos para los humanos se elaboran a partir de sustancias químicas que provienen de las plantas.
25. **Formular juicios** Supón que te entregan un millón de dólares para que salves una especie de tortugas en peligro de extinción. Podrías utilizar el dinero para iniciar un programa de reproducción en cautiverio para las tortugas. O podrías comprar y proteger parte del hábitat de los animales. ¿Cómo gastarías el dinero? Explica tu respuesta.

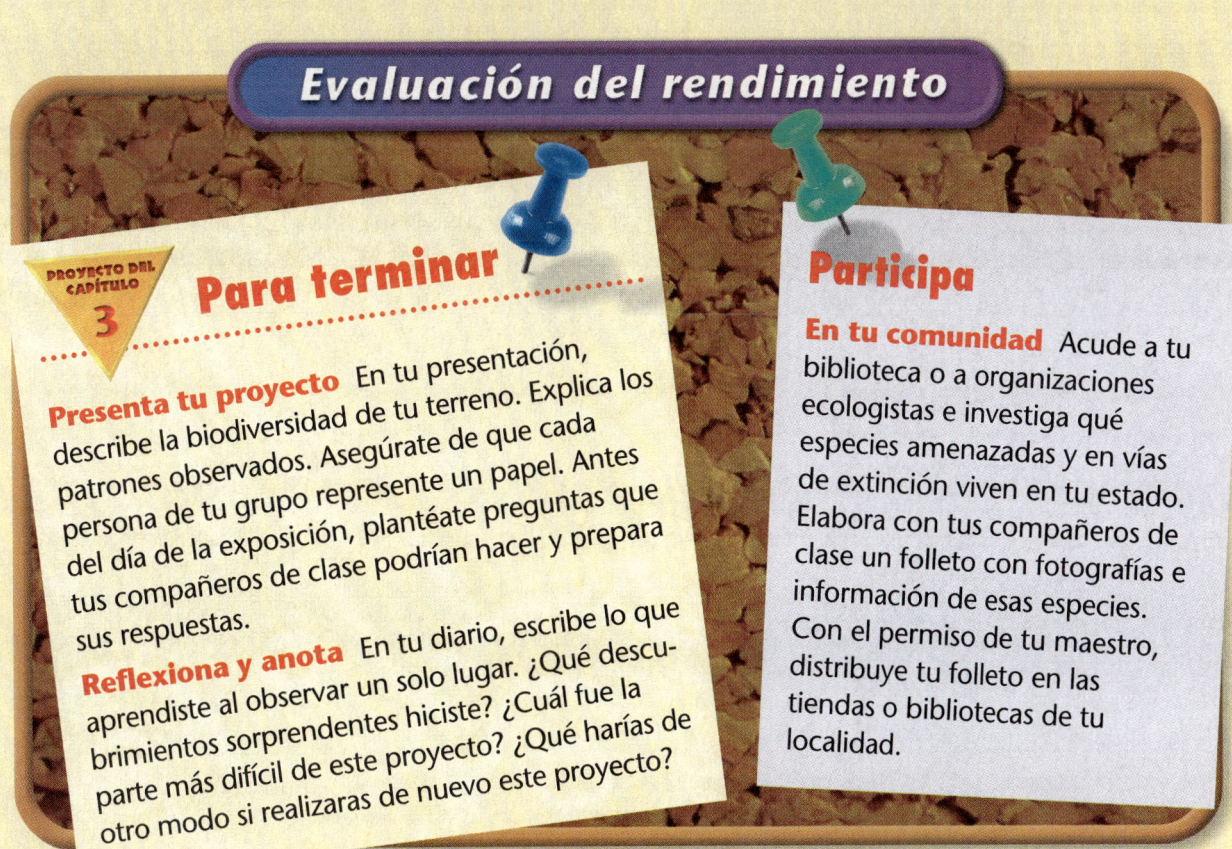

Evaluación del rendimiento

PROYECTO DEL CAPÍTULO 3

Para terminar

Presenta tu proyecto En tu presentación, describe la biodiversidad de tu terreno. Explica los patrones observados. Asegúrate de que cada persona de tu grupo represente un papel. Antes del día de la exposición, plantéate preguntas que tus compañeros de clase podrían hacer y prepara sus respuestas.

Reflexiona y anota En tu diario, escribe lo que aprendiste al observar un solo lugar. ¿Qué descubrimientos sorprendentes hiciste? ¿Cuál fue la parte más difícil de este proyecto? ¿Qué harías de otro modo si realizaras de nuevo este proyecto?

Participa

En tu comunidad Acude a tu biblioteca o a organizaciones ecologistas e investiga qué especies amenazadas y en vías de extinción viven en tu estado. Elabora con tus compañeros de clase un folleto con fotografías e información de esas especies. Con el permiso de tu maestro, distribuye tu folleto en las tiendas o bibliotecas de tu localidad.

CAPÍTULO 4
Los recursos tierra y suelo

Lo que encontrarás

SECCIÓN 1 Conservación de tierra y suelo
Descubre ¿Cómo afecta la minería a la tierra?
Laboratorio de destrezas Salvar ese suelo

SECCIÓN 2 Desechos sólidos
Descubre ¿Qué hay en la basura?
Mejora tus destrezas Hacer gráficas
Inténtalo Está en las cifras
Laboratorio real ¡Fuera desechos!

SECCIÓN 3 Desechos peligrosos
Integrar la química
Descubre ¿Qué desechos son peligrosos?

PROYECTO 4

¿Qué hay en un empaque?

La próxima vez que vayas al supermercado, dale un vistazo a los tipos de envases y empaques que existen. ¡Botellas de vidrio, botellas de plástico, latas, cajas de cartón, bolsas de plástico, envolturas de papel, y más! Los empaques son distintos para cada tipo de producto.

Muchos de estos empaques se usan y después se desechan. Pero, ¿dónde se tiran? En este capítulo leerás acerca de lo que ocurre con los desperdicios que se desechan. Mientras estudias el capítulo, analizarás la anatomía de un empaque.

Tu objetivo Analizar y mostrar información sobre el empaque de un producto.

Tu exposición debe:
- incluir un recorte del empaque o envase, indicando los materiales que contiene.
- identificar la función que cumple cada parte del empaque.
- describir lo que ocurre con los empaques que son desechados en tu comunidad.

Para empezar Consigue el empaque de un producto para estudiarlo. Vacía su contenido y límpialo.

Comprueba tu aprendizaje Trabajarás en este proyecto mientras estudias el capítulo. Para mantener tu proyecto en marcha, revisa los cuadros de Comprueba tu aprendizaje en los puntos siguientes:

Repaso de la Sección 1, página 119: Haz un corte en el empaque e identifica los materiales de que está hecho.

Repaso de la Sección 3, página 134: Investiga qué ocurre con los materiales del empaque después de desecharlo.

Para terminar Al final del capítulo (página 137), ensamblarás tu exhibidor y lo presentarás ante la clase.

Una niveladora sube un gigantesco montón de desechos en un relleno sanitario. La eliminación de desechos es cada vez una mayor preocupación en materia ambiental.

E ◆ 113

SECCIÓN 1
Conservación de tierra y suelo

DESCUBRE ACTIVIDAD

¿Cómo afecta la minería a la tierra?

1.  Tu maestro te dará una charola con arena y tierra, con la cual representarás una mina. Luego deberás hallar al menos 10 yacimientos "minerales" (con semillas de girasol) enterrados en tu mina.

2. Tu objetivo es localizar y extraer el mineral de la mina. Puedes utilizar un lápiz, unas pinzas y una cuchara.

3. Después de extraer las porciones de mineral en bruto, rómpelos y ábrelos para tomar los "minerales". **PRECAUCIÓN:** No te comas las semillas de girasol.

4. Observa tu mina y el espacio circundante cuando hayas terminado tu trabajo.

Reflexiona sobre

Predecir ¿Cómo cambió la extracción el terreno de tu mina? Predice si te sería fácil devolver sus condiciones originales al terreno. Explica tu respuesta.

GUÍA DE LECTURA

◆ ¿Cómo usa la gente la tierra?
◆ ¿Qué problemas ocurren cuando no se maneja adecuadamente el suelo?

Sugerencia de lectura Antes de leer, con los títulos de la sección elabora un resumen sobre la conservación del suelo y de la tierra. Deja espacio para hacer anotaciones.

Menos de la cuarta parte de la superficie terrestre es tierra seca. No se puede crear tierra nueva, excepto una pequeña cantidad que se forma cuando los volcanes hacen erupción. Debemos compartir esta superficie limitada para producir alimento, construir viviendas y obtener otros recursos. La tierra es un recurso muy valioso. Como dijo el escritor estadounidense Mark Twain acerca de la tierra, "actualmente ya no se hacen Tierras como esta".

Tipos de uso del suelo

La tierra se utiliza de muchas maneras. **La agricultura, la urbanización y la minería son tres usos importantes que transforman la tierra.** La Figura 1 muestra ejemplos de estos tres usos de la tierra.

Agricultura La tierra es la fuente de la mayor parte de nuestros alimentos. El trigo, el arroz y las papas requieren de grandes áreas de terreno fértil. Pero menos de la tercera parte de la superficie de la Tierra es apta para cultivo. El resto es demasiado seco, húmedo, salado o montañoso. Alimentar a una población en aumento constante requiere de crear nuevas tierras de cultivo mediante la tala de bosques, desecación de pantanos e irrigación de desiertos. Estas alteraciones obligan a los organismos que dependen de un ecosistema natural a buscar nuevos hábitats.

Muchos productos agrícolas se usan para alimentar cerdos, gallinas y reses. Otros sirven como pastizales.

Urbanización La gente se estableció en zonas con buen suelo y cercanas a alguna fuente de agua dulce. A medida que la población aumentó, los asentamientos se convirtieron en pueblos y ciudades. Se construyeron más hogares y se pavimentaron los caminos. A la construcción de edificios, carreteras, puentes, presas y otras estructuras se le llama **urbanización**.

En Estados Unidos, cada año se urbanizan cerca de un millón de hectáreas de cultivo (área equivalente a la mitad de New Jersey). La urbanización no sólo reduce el espacio de cultivo, sino que puede destruir diversos hábitats de vida silvestre.

Minería La minería consiste en extraer de la tierra recursos no renovables como el hierro, el cobre y el carbón. Los recursos situados cerca de la superficie se extraen a cielo abierto. En la explotación a cielo abierto se remueve una capa de terreno para obtener los minerales y luego se devuelve a su sitio original. Se deja el suelo expuesto a la erosión por viento y agua. Las áreas erosionadas pueden perder su fertilidad por varios años antes de recuperarse y usarse como tierra de cultivo.

Los recursos que se encuentran a mayor profundidad se llevan a la superficie en elevadores de carga, a través de túneles o canales. Este proceso se conoce como minería subterránea.

✓ *Punto clave* ¿Por qué no toda la tierra es apropiada para el cultivo?

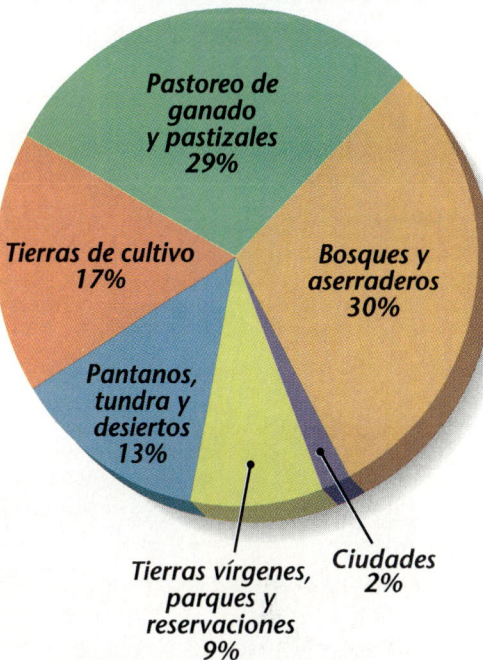

Uso de la tierra en Estados Unidos

- Pastoreo de ganado y pastizales 29%
- Bosques y aserraderos 30%
- Tierras de cultivo 17%
- Pantanos, tundra y desiertos 13%
- Tierras vírgenes, parques y reservaciones 9%
- Ciudades 2%

Figura 1 En Estados Unidos, la tierra tiene diversos usos. *Clasificar* ¿Qué usos alteran los ecosistemas naturales?

Figura 2 Los tres usos principales de la tierra son la agricultura, la urbanización y la minería.

Protección del suelo

INTEGRAR LAS CIENCIAS DE LA TIERRA ¿Crees que la tierra sólo es algo que debes barrer y lavar de tus manos después de jugar? Entonces es posible que no sepas cuánto dependes del suelo. El suelo es un sistema complejo compuesto de seres vivos y cosas sin vida. Contiene los minerales y nutrientes que las plantas necesitan para crecer. Además absorbe, almacena y filtra el agua. Las bacterias, hongos y otros organismos que viven en el suelo descomponen los desechos y restos de los seres vivos. Estos organismos descomponedores reciclan las sustancias químicas necesarias para la vida.

La Figura 3 muestra la estructura del suelo fértil. Observa que está compuesta de varias capas. La capa superior contiene hojas secas y hierba. Esta capa se llama **mantillo**. El siguiente estrato, el **suelo superior**, es una mezcla de fragmentos de roca, nutrientes, agua, aire y materia en descomposición de origen animal y vegetal. Las raíces que hay en esta capa absorben el agua y los nutrientes. Debajo de ella se encuentra el **subsuelo**. El subsuelo también contiene fragmentos de roca, agua y aire, pero tiene menos materiales de origen animal y vegetal.

La formación de unos cuantos centímetros de suelo nuevo puede tardar cientos de años. El suelo tiene su origen en las rocas que forman la corteza terrestre, es decir, el **lecho rocoso**. Los procesos naturales como la congelación y el deshielo fragmentan poco a poco el lecho rocoso. Las raíces de las plantas se introducen entre las rocas y las parten. Las sustancias químicas liberadas por los líquenes también dividen la roca en partículas. Animales como las lombrices de tierra y los topos ayudan a fragmentar las rocas. A medida que los organismos se descomponen, contribuyen a formar esa mezcla.

Es muy importante proteger la capa de suelo fértil porque tarda mucho tiempo en formarse. **Un mal manejo del suelo puede ocasionar tres problemas: erosión, agotamiento de nutrientes y desertificación.**

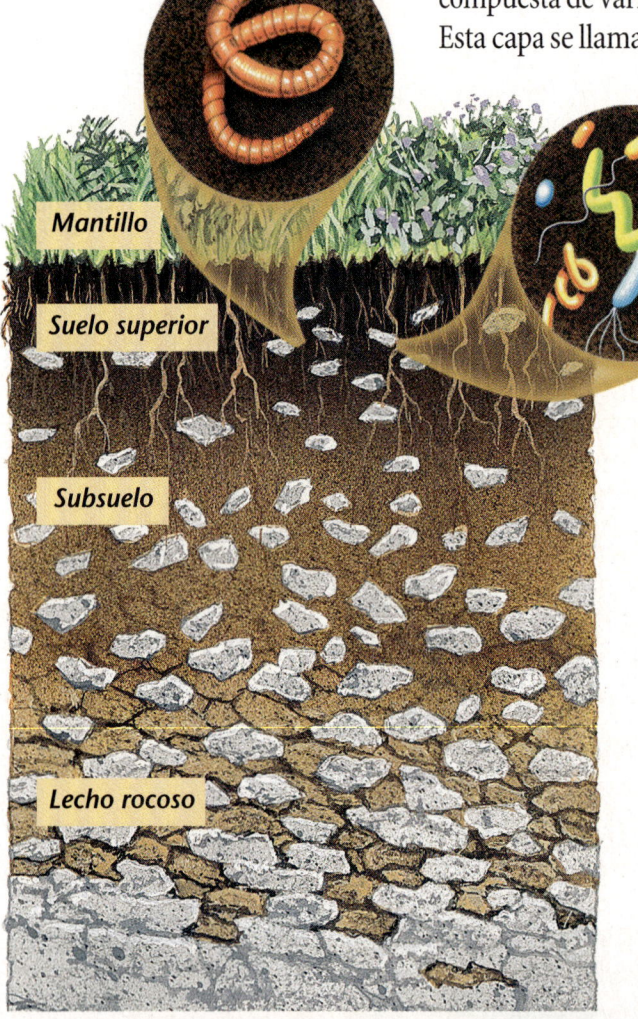
Figura 3 El suelo se compone de varias capas. *Aplicar los conceptos* ¿En qué capa se encuentra la mayor parte de las raíces? ¿Qué absorben las raíces?

Erosión El proceso por el que el agua, el viento o el hielo mueven partículas de roca y suelo se llama **erosión**. Normalmente, las raíces de las plantas impiden que la tierra se disperse. Pero cuando la tierra queda expuesta al viento y al agua, es erosionada con mayor rapidez. La tala, la minería y la agricultura, dejan expuesto el suelo y causan erosión. En *Explorar la conservación del suelo*, se describen algunos métodos de labranza que ayudan a reducir la erosión.

Agotamiento de nutrientes Las plantas elaboran sus propios alimentos mediante la fotosíntesis. Pero también necesitan los nutrientes del suelo. Así como tu cuerpo necesita hierro, cinc y calcio para crecer y funcionar, las plantas necesitan nitrógeno, potasio, fósforo y otros nutrientes. Los organismos descomponedores proporcionan al suelo estos nutrientes mediante la desintegración, en el suelo, de los restos animales y vegetales.

A veces, los agricultores cultivan el mismo terreno año tras año. Como resultado los sembradíos consumen más nutrientes de los que proporcionan los descomponedores. Entonces el suelo pierde fertilidad, situación que se conoce como **agotamiento de nutrientes**.

Una forma de evitar el agotamiento de nutrientes es **barbechar** (arar sin cultivar) los campos periódicamente. Un segundo método es dejar en el suelo los desechos de las cosechas, como los tallos del maíz y las enredaderas de la sandía, por ejemplo. Al descomponerse, los tallos y enredaderas proporcionan nutrientes al suelo.

EXPLORAR *la conservación del suelo*

Estas prácticas agrícolas pueden ayudar a reducir la erosión del suelo.

◀ **Cultivo en franjas y arada en contorno**
Los agricultores alternan franjas de plantas altas, como el maíz, con plantas bajas, como la calabaza. Las plantas bajas impiden que las hileras de cultivos altos, que están menos protegidos, se erosionen. La siembra se puede hacer en hileras curvas siguiendo el contorno de las laderas, o del terreno. La arada en contorno puede reducir la erosión del suelo hasta en un 50 por ciento en terrenos con pendiente poco pronunciada.

▲ **Rompevientos**
Los árboles plantados en hileras a la orilla del terreno obstruyen el paso del viento e impiden la erosión del suelo. La siembra de árboles frutales como protección contra el viento, proporciona un beneficio extra para el agricultor y la vida silvestre.

Arada de conservación ▼
En lugar de labrar los campos y dejarlos expuestos, los agricultores utilizan máquinas que revuelven sólo el subsuelo y dejan los tallos y hierbas de la cosecha anterior para mantener el suelo superior en su lugar.

Terrazas ▶
Las "terrazas" son franjas planas que se construyen en las laderas empinadas. Los bordes de las terrazas ayudan a disminuir el escurrimiento y la erosión del suelo.

La rotación de cultivos es otro método para impedir el agotamiento de nutrientes. En la **rotación de cultivos**, el agricultor siembra distintos tipos de plantas cada año. Cada tipo de planta absorbe una cantidad diferente de nutrientes. Algunas plantas como el maíz y el algodón, absorben grandes cantidades de nutrientes. Un año después, se pueden cultivar plantas que requieren menos nutrientes, como la avena, cebada o centeno. Luego se pueden sembrar legumbres como alfalfa o frijol para restituir el suministro de nutrientes. Otro beneficio de la rotación de cultivos es que reduce el desarrollo de plagas.

✓ *Punto clave* ¿Cuál es la causa del agotamiento de nutrientes?

Desertificación Las plantas no pueden crecer sin la humedad y nutrientes del suelo fértil. El avance de las condiciones desérticas sobre suelos que eran fértiles se llama **desertificación**. En los últimos 50 años, la desertificación ha alcanzado alrededor de cinco mil millones de hectáreas en todo el mundo.

Una causa de desertificación es el clima. Durante los periodos de sequía, las cosechas se pierden. Si no hay una barrera de árboles, el viento arrastra el suelo con facilidad. El pastoreo excesivo en las praderas también expone el suelo a la erosión. Asimismo, la tala de árboles por incendios forestales también puede ocasionar desertificación.

La desertificación es un problema muy grave. Los terrenos desérticos no son aptos para el cultivo ni el pastoreo. Como resultado, los pueblos cercanos a esos lugares enfrentan el hambre y la inanición. En África central, donde la desertificación es un problema severo, millones de campesinos se trasladan a las ciudades porque en el campo no obtienen el sustento que necesitan.

Figura 4 Grandes extensiones del mundo están en peligro de sufrir desertificación. Una de las causas es el pastoreo en exceso. Sin la hierba que mantiene la tierra en su lugar, la llanura senegalesa ha empezado a convertirse en un desierto.
Interpretar mapas ¿En qué bioma se encuentra la mayor parte de las regiones en riesgo de sufrir una desertificación? (Sugerencia: Consulta el Capítulo 2.)

Figura 5 Es difícil creer que unas vacas pastoreen en una misma ladera que antes era una mina a cielo abierto. Gracias a las técnicas de recuperación de la tierra, se han rescatado muchas zonas.

Recuperación de la tierra

Por fortuna, a menudo es posible que se recuperen los terrenos afectados por la erosión o la minería. El proceso que devuelve a una región sus condiciones naturales y productivas se llama **recuperación de la tierra**. Además de rescatar terrenos de cultivo, la recuperación de la tierra permite restablecer hábitats de vida silvestre. En la actualidad existen muchos proyectos de este tipo en todo el mundo. No obstante, la recuperación de tierras dañadas suele ser más difícil y costosa que prevenir la desertificación.

La Figura 5 muestra un ejemplo de recuperación de tierras. Al terminar la explotación minera de la primera escena, los trabajadores aplanaron las excavaciones. Luego reemplazaron con cuidado el subsuelo y el suelo superior que habían removido. Finalmente, sembraron pasto. Lo que antes fue una mina ahora es un terreno agrícola.

Repaso de la sección 1

1. Menciona tres usos de la tierra.
2. ¿Cuáles son tres problemas que pueden ocurrir cuando el suelo superior no se aprovecha en forma adecuada?
3. Describe los efectos negativos de la minería a cielo abierto.
4. ¿Por qué es importante proteger el suelo superior?
5. Describe dos métodos para reducir la erosión del suelo.
6. **Razonamiento crítico Relacionar causa y efecto** ¿Qué relación tienen las actividades humanas con la desertificación?

Comprueba tu aprendizaje

PROYECTO DEL CAPÍTULO 4

Haz un corte a tu empaque para ver cómo está construido. Haz una tabla de datos donde identifiques las partes que lo forman, el material de que está hecho y su función. ¿Por qué son apropiados estos materiales para fabricar empaques? (*Sugerencia:* Impiden que se rompa o dañe un producto, le dan una presentación atractiva o más fácil de usar. ¿Se te ocurren otras ventajas de los materiales con que está hecho tu empaque?)

Laboratorio de destrezas

Controlar variables

Salvar ese suelo

En este experimento, decidirás cómo controlar variables al investigar cómo la lluvia erosiona el suelo.

Problema
¿Cómo afecta la lluvia a los distintos tipos de superficie?

Materiales
papel periódico
2 bloques de construcción
tierra suelta
agua
2 moldes para hornear
tierra con hojas
"hacedor de lluvia"

Procedimiento

1. Cubre una mesa con papel periódico. Toma los moldes. Mete los bloques debajo de un extremo de cada molde, hasta que ambos tengan la misma altura.
2. Analiza el resto del experimento. Formula la hipótesis que pondrás a prueba. Pon mucha atención a las variables que debes controlar.
3. Vierte un poco de tierra en el extremo elevado de un molde. Coloca un poco de tierra con hojas (y hierba) en el extremo elevado del segundo molde. La cantidad de tierra que pones en cada molde es una variable. Encuentra la manera de poner la misma cantidad de tierra en ambos moldes. Anota los pasos del procedimiento.
4. Crea un "hacedor de lluvia" para controlar la cantidad de agua en las muestras de tierra. Úsalo para averiguar qué efecto produce en cada tipo de tierra. Anota los resultados.
5. Revisa tu experimento y los resultados. ¿Necesitas cambiar alguna parte del proceso? Si es así, pide permiso a tu maestro para repetir el experimento con las modificaciones.

Analizar y concluir
1. ¿Qué efecto produjo el "hacedor de lluvia" en cada tipo de tierra?
2. Este experimento es un modelo de la erosión. ¿Qué puedes concluir de la erosión que causa la lluvia en un terreno real? ¿Cómo usaría un agricultor esta información para evitar la erosión del suelo superior?
3. **Piensa en esto** ¿Por qué fue esencial que controlaras la cantidad de tierra y "lluvia" en ambos moldes?

Crear un experimento
¿Qué diferencia hay entre la erosión del suelo causada por una lluvia ligera y continua, y la ocasionada por un aguacero fuerte? Crea un experimento para investigarlo. Asegúrate de controlar la cantidad de lluvia en cada caso. Pide permiso a tu maestro antes de realizarlo.

SECCIÓN 2 Desechos sólidos

DESCUBRE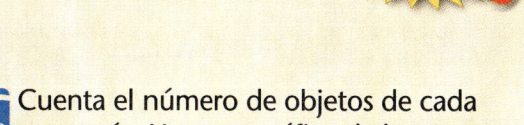

¿Qué hay en la basura?

Tu maestro te dará una bolsa de basura. Su contenido representa los tipos de desechos caseros más comunes en Estados Unidos.

1. Antes de abrir la bolsa, predice cuáles son los dos tipos más comunes de desechos.
2. Ponte guantes de plástico. Abre la bolsa y clasifica los desperdicios con base en los materiales de que están hechos.
3. Cuenta el número de objetos de cada categoría. Haz una gráfica de barras que muestre el número de objetos de cada categoría.

Reflexiona sobre
Interpretar datos Con base en tu gráfica, ¿cuáles son los dos tipos más comunes de desechos caseros? ¿Fue correcta tu predicción?

¿Qué cantidad de basura produce tu familia en un año? Tal vez digas que en tu casa se produce mucha basura, pero la cantidad de basura que se produce en Estados Unidos puede ser mucho más grande de lo que imaginas. Considera estos datos:

- En promedio cada persona produce 2 kg de basura al día.
- Cada hora, se desechan 2.5 millones de botellas de plástico.
- Cada dos semanas se desechan suficientes botellas y frascos de vidrio para llenar las torres del World Trade Center de Nueva York.
- Cada año se desecha papel blanco suficiente para construir, de costa a costa, una pared de 4 metros de altura.
- Cada año se desechan 1,600 millones de bolígrafos, 2.9 millones de toneladas de toallas de papel y 220 millones de neumáticos.

¡Ahora sabes por qué se conoce a Estados Unidos como la "sociedad de los desechables"! Los productos desechables suelen ser económicos y convenientes. Pero han originado un gran problema: ¿qué hacer con la basura?

GUÍA DE LECTURA

- ¿Qué puede hacerse con los desechos sólidos?
- ¿Cuáles son los cuatro tipos principales de desechos que se pueden reciclar?
- ¿Qué representan las "tres R"?

Sugerencia de lectura Antes de leer, revisa *Explorar un relleno sanitario,* en la página 122. Haz una lista de las palabras poco conocidas que encuentres en el diagrama. Busca el significado de esas palabras a medida que leas.

El problema de los desechos

En nuestras actividades diarias, generamos muchos tipos de desechos, entre ellos, papel, empaques, envases y restos de comida. Los desechos que se producen en los hogares, negocios y escuelas de una comunidad se llaman **desechos sólidos municipales**. Otras fuentes de desechos sólidos son los materiales de construcción sobrantes, así como los desperdicios agrícolas e industriales. **Hay tres métodos de eliminación de desechos sólidos: enterrarlos, incinerarlos o reciclarlos.** Cada método tiene ventajas y desventajas.

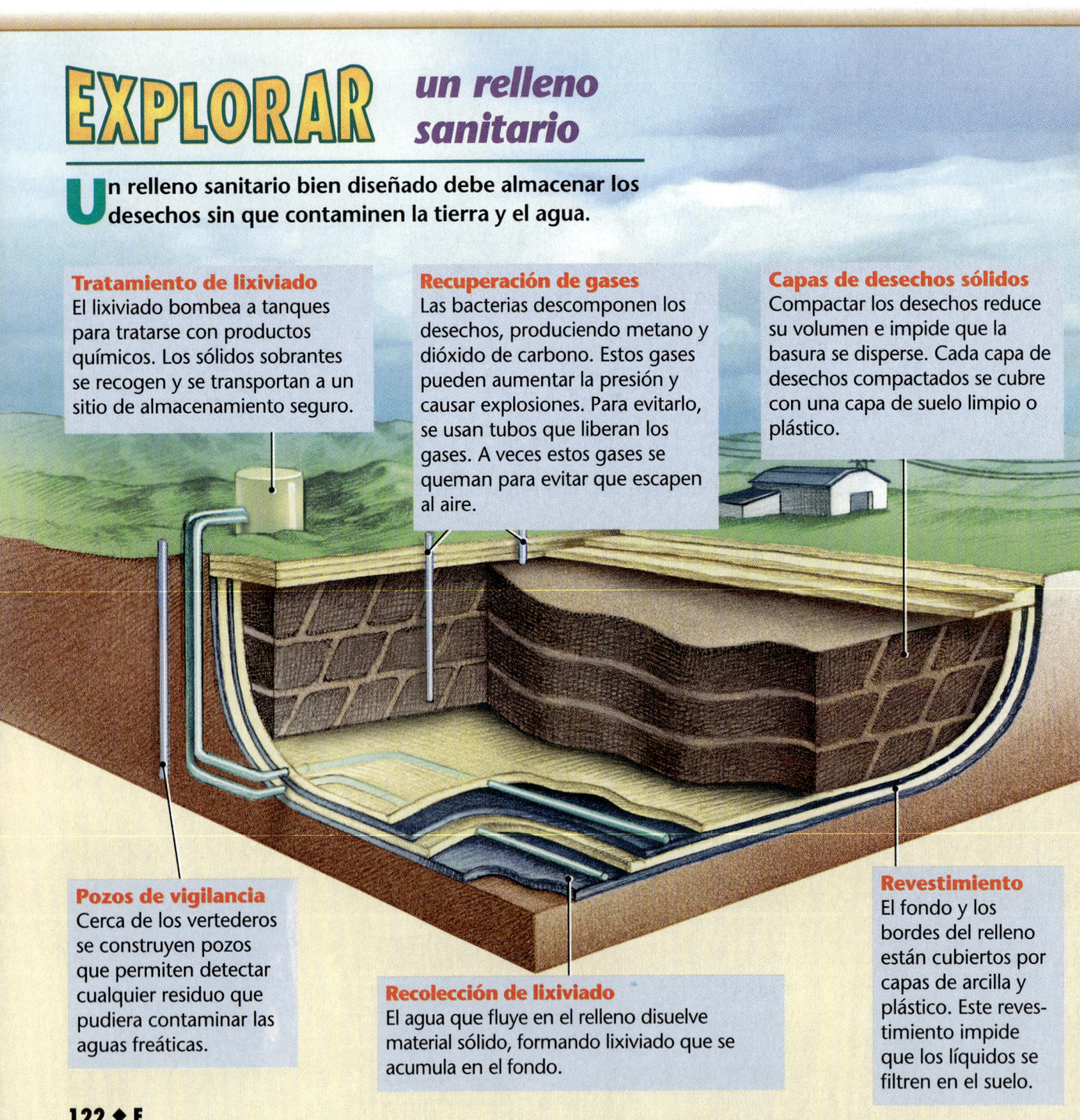

EXPLORAR un relleno sanitario

Un relleno sanitario bien diseñado debe almacenar los desechos sin que contaminen la tierra y el agua.

Tratamiento de lixiviado
El lixiviado bombea a tanques para tratarse con productos químicos. Los sólidos sobrantes se recogen y se transportan a un sitio de almacenamiento seguro.

Recuperación de gases
Las bacterias descomponen los desechos, produciendo metano y dióxido de carbono. Estos gases pueden aumentar la presión y causar explosiones. Para evitarlo, se usan tubos que liberan los gases. A veces estos gases se queman para evitar que escapen al aire.

Capas de desechos sólidos
Compactar los desechos reduce su volumen e impide que la basura se disperse. Cada capa de desechos compactados se cubre con una capa de suelo limpio o plástico.

Pozos de vigilancia
Cerca de los vertederos se construyen pozos que permiten detectar cualquier residuo que pudiera contaminar las aguas freáticas.

Recolección de lixiviado
El agua que fluye en el relleno disuelve material sólido, formando lixiviado que se acumula en el fondo.

Revestimiento
El fondo y los bordes del relleno están cubiertos por capas de arcilla y plástico. Este revestimiento impide que los líquidos se filtren en el suelo.

Rellenos sanitarios Hasta hace poco, la gente solía arrojar los desperdicios en fosos a cielo abierto. Pero estos basureros eran peligrosos y antiestéticos. El agua de lluvia que caía sobre los desechos disolvía las sustancias químicas, formando un líquido contaminado llamado **lixiviado**. El lixiviado se escurría entonces a corrientes y lagos, o contaminaba las aguas freáticas.

En 1976, el gobierno de Estados Unidos prohibió los vertederos al aire libre. Ahora gran parte de los desechos sólidos se entierran en rellenos sanitarios construidos con este propósito. Un **relleno sanitario** puede contener desechos municipales, de construcción y algunos tipos de desperdicios industriales. En *Explorar un relleno sanitario* se muestran las partes de un relleno sanitario bien diseñado. Una vez que el vertedero se satura, se cubre con una capa de arcilla para que el agua de lluvia no penetre.

Pero hasta los vertederos bien diseñados plantean el riesgo de contaminación de las aguas freáticas. Y aunque los vertederos cubiertos se pueden reutilizar como parques y estadios deportivos, no se pueden emplear en la construcción de viviendas o el cultivo.

Incineración La quema de desechos sólidos se conoce como **incineración**. La incineración tiene algunas ventajas sobre los rellenos sanitarios. Las instalaciones de los incineradores no ocupan mucho espacio. No plantean el riesgo de contaminación de las aguas freáticas. Además, con el calor producido por la quema de desechos se puede generar electricidad. Las plantas que transforman los desechos en energía proporcionan electricidad a muchos hogares en Estados Unidos.

Por desgracia, los incineradores también presentan inconvenientes. Incluso los mejores incineradores contaminan el aire. Y aunque reducen el volumen de desechos hasta en un 90 por ciento, no eliminan la totalidad de ellos. Estos desechos deben eliminarse de alguna manera. Por otra parte, la construcción de incineradores es mucho más costosa que la de un relleno sanitario. Muchas comunidades no pueden costear la construcción de un incinerador que sustituya un basurero existente.

✓ *Punto clave* ¿Qué es una planta convertidora de desechos en energía?

Mejora tus destrezas

Hacer gráficas

¿Qué se hace con la basura? **ACTIVIDAD**
Usa los datos de la siguiente tabla para hacer una gráfica circular sobre los métodos que existen en Estados Unidos para eliminar los desechos. Ponle un título a la gráfica. (Consulta el Manual de destrezas para hacer tu gráfica.)

Métodos de eliminación	Porcentaje de desechos
Relleno sanitario	56%
Reciclado	27%
Incineración	17%

Figura 6 Esta planta convertidora de desechos en energía, genera electricidad mientras elimina los desechos sólidos municipales.

Figura 7 El metal y el vidrio son materiales que se reciclan con frecuencia. **A.** Esta banda transporta latas aplastadas en un centro de reciclaje. **B.** La imagen muestra una enorme pila de vidrios rotos que serán reciclados. *Predecir* ¿Qué pasaría con el abastecimiento de aluminio si no existiera el reciclaje?

Reciclaje

 El proceso de regeneración de materias primas para volver a usarlas se llama **reciclaje**. El reciclaje reduce el volumen de los desechos sólidos. También permite que algunos materiales se vuelvan a utilizar en lugar de desecharlos. Como sabes, la materia de los ecosistemas se recicla en forma natural a través de los ciclos del agua y del carbono, y otros procesos similares. Una sustancia **biodegradable** es aquella que puede ser desintegrada por las bacterias y otros organismos descomponedores.

Por desgracia, muchos de los productos que utilizamos en la actualidad no son biodegradables. Los envases de plástico, las latas de metal, los neumáticos y los envases de vidrio son ejemplos de productos que no pueden descomponerse en forma natural. No obstante, se han desarrollado técnicas para reciclar las materias primas contenidas en esos productos.

Gran cantidad de materiales, como el aceite de los motores, los neumáticos y las baterías de autos, se pueden reciclar. **La mayor parte del reciclaje se concentra en cuatro tipos de productos: metal, vidrio, papel y plástico.**

Metal En tu salón de clases, hay objetos de metal que se pueden reciclar. Tu escritorio, las tijeras, grapas y sujetapapeles quizá están hechos de acero. Otro metal muy común, el aluminio, se usa para fabricar latas de refresco, revestimientos exteriores y marcos de ventanas.

Metales como el hierro y el aluminio se pueden fundir para reutilizarlos. El reciclaje de metales permite ahorrar dinero y genera menos contaminación que el fabricar nuevos metales. En el reciclaje no es necesario extraer minerales, transportarlos a las fábricas y procesarlos. Además, el reciclaje de metales ayuda a conservar estos recursos no renovables.

Vidrio El vidrio se fabrica con una mezcla de arena, carbonato de sodio y piedra caliza que se calienta a altas temperaturas. El vidrio es uno de los productos más fáciles de reciclar pues los fragmentos pueden fundirse una y otra vez para elaborar nuevos recipientes. Con el vidrio reciclado también se elabora fibra de vidrio, ladrillos, azulejos y la pintura reflectante usada en las señales de tráfico.

Es menos costoso reciclar el vidrio que fabricarlo. Puesto que los fragmentos se funden a menor temperatura que las materias primas, se requiere menos energía. Reciclar el vidrio también reduce el daño que causa al ambiente la extracción de arena, carbonato de sodio y piedra caliza.

☑ *Punto clave* ¿*Por qué es fácil reciclar el vidrio?*

Papel Se necesitan casi 17 árboles para producir una tonelada métrica de papel. Las fábricas de papel convierten la madera en un líquido espeso llamado pulpa. La pulpa se extiende y se seca para fabricar el papel. Pero el papel también puede elaborarse con material reciclado como periódicos usados. Las hojas se lavan primero para eliminar la tinta. Luego, se agrega más agua y otras sustancias químicas para formar la pulpa.

Muchos productos de papel sólo se pueden reciclar algunas veces. Además, el papel reciclado no es tan suave ni tan resistente como el que se hace con pulpa de madera. Cada vez que el papel se recicla para elaborar nueva pulpa, el nuevo producto resulta más áspero, débil y oscuro.

Plástico Durante la refinación del petróleo para producir gasolina y otros productos, se obtienen desechos sólidos llamados **resinas**. Estas resinas se pueden calentar y moldear para convertirlas en productos de plástico. ¿Has visto el símbolo de la Figura 8 en algún recipiente de plástico? El número indica el tipo de plástico con que se fabricó el recipiente. A menudo, los artículos que muestran el número 1 o 2, están hechos con plásticos reciclados. Algunos de los productos elaborados con estos tipos de plástico son los envases de leche, las botellas de detergente y de refresco.

INTÉNTALO

Está en las cifras

Clasifica varios artículos hechos de plástico por el número que muestran. Compara y contrasta los artículos de un grupo con los de los demás grupos.

Clasificar Escribe una oración que describa las características de los plásticos de cada grupo.

Figura 8 Estas botellas de plástico tienen números que indican el tipo de plástico de que están hechas. Antes de reciclar el plástico, es necesario clasificarlo por tipos.

Ahorro de energía en la fabricación	
Material	Uso de materiales reciclados en lugar de materias primas
Aluminio	90–97 %
Vidrio	4–32 %
Papel	23–74 %

Figura 9 Como muestra la tabla, algunos tipos de reciclaje permiten ahorrar más energía que otros. *Interpretar datos* ¿Qué tipo de reciclaje ahorra más energía?

Una vez reciclado, puede tomar distintas formas: material de relleno para chaquetas y bolsas de dormir, alfombras, bancas, tuberías, losetas, botes de basura e incluso ¡pilares para muelles!

¿Vale la pena reciclar? Además de conservar los recursos naturales, el reciclaje permite ahorrar energía. La Figura 9 muestra cuánta energía se puede ahorrar utilizando materiales reciclados en lugar de materias primas.

El reciclaje no soluciona del todo el problema de la eliminación de desechos sólidos. Actualmente es posible reciclar muchos materiales, pero los científicos no han encontrado el método adecuado para reciclar ciertos materiales como el papel plastificado y el hule espuma. Además, no existen usos para algunos productos reciclados, como el papel de baja calidad hecho con papel periódico. Por otra parte, todos los procesos de reciclado requieren energía y producen contaminación.

☑ *Punto clave* ¿Cuáles son algunas de las ventajas y desventajas del reciclaje?

Eliminación de desechos sólidos

En las últimas décadas, la gente se ha preocupado más por el problema de los desechos sólidos. Ahora, muchas comunidades separan los objetos reciclables de los desperdicios comunes. Muchos supermercados reciclan las bolsas de plástico y de papel. En muchos estados se cobra un depósito al adquirir envases de vidrio, metal y plástico. Al devolver los envases se recupera el dinero depositado. Este sistema fomenta el reciclaje en lugar de la eliminación de envases. Tal vez has visto depósitos de recolección de envases de metal y vidrio en cines, parques y otros lugares públicos. Los consumidores también pueden optar por comprar productos hechos con materiales reciclables.

Figura 10 Estos estudiantes clasifican materiales para un proyecto escolar de reciclaje.

Como resultado de estos esfuerzos, el reciclaje de desechos sólidos municipales ha aumentado. No obstante, en Estados Unidos la mayor parte de desperdicios aún se deposita en rellenos sanitarios. Conforme se reduzca el espacio disponible para crear estos rellenos, dejaremos de utilizar ese sistema.

¿Qué puedes hacer?

La buena noticia es que hay muchas maneras de colaborar para controlar el problema de la eliminación de desechos sólidos. **Estos métodos se conocen como las "tres R": reducir, reutilizar y reciclar.** *Reducir* es una medida preventiva que consiste en generar menos desperdicios. Por ejemplo, puedes usar bolsas de tela en lugar de bolsas de plástico o papel. *Reutilizar* significa darle otro uso a los objetos en lugar de eliminarlos. Por ejemplo, puedes usar los envases de bebidas para almacenar agua potable o jugos y bebidas en lugar de comprar bebidas en envases nuevos. *Reciclar* consiste en la recuperación de materiales para elaborar nuevos productos. Tú también puedes reciclar en tu hogar y animar a otros a que lo hagan. ¿Qué te parecería iniciar en tu escuela un programa de recolección y reciclaje de papel?

Una manera de reducir en forma significativa la cantidad de desechos sólidos producidos en tu hogar es crear una composta. Una **composta** es un proceso que ayuda a la descomposición natural de muchos tipos de desechos. Las compostas permiten reciclar basura, como hierba cortada, hojas secas, restos de alimentos como frutas, verduras, cáscaras de huevo y café. En algunas granjas el estiércol de los animales se recicla para usarlo como abono. El abono natural es un fertilizante excelente para las plantas.

Figura 11 Muchas comunidades utilizan compostas como ésta en Brooklyn, en la ciudad de Nueva York. *Aplicar los conceptos ¿Cómo hacer composta ayuda a resolver el problema de los desechos sólidos?*

Repaso de la sección 2

1. ¿Qué ocurre con la mayoría de los desechos en Estados Unidos?
2. Menciona las cuatro categorías principales de desechos sólidos que se reciclan con más frecuencia.
3. Nombra y define las "tres R" del manejo de desechos sólidos.
4. Da un ejemplo de cómo pueden las comunidades reducir sus desechos sólidos.
5. ¿Qué significa hacer composta?
6. **Razonamiento crítico Comparar y contrastar** Compara el reciclado del metal con el del papel. ¿En qué se parecen? ¿En qué son distintos?

Las ciencias en casa

Pídele a tu familia que recolecte la basura en bolsas grandes durante una semana. No incluyan desperdicios de comida. Al final de la semana, sopesa las bolsas. Multiplica la cantidad total por 52 para hallar el total producido en un año. ¿Puedes sugerir con tu familia cómo reducir la cantidad de desechos?

Laboratorio real

Cómo funciona

¡Fuera desechos!

Casi dos terceras partes de los desechos sólidos municipales se depositan en rellenos sanitarios. En este experimento, investigarás cómo se construye un relleno sanitario eficaz y seguro.

Problema

¿Cómo funcionan los rellenos sanitarios?

Enfoque en las destrezas

construir modelos, sacar conclusiones

Materiales

taza graduada
guijarros pequeños
plástico para envolver
5 ligas
bolsa de plástico resistente
12 cubos de esponja pequeños
3 frascos transparentes de boca ancha
regla métrica
estopa
agua
colorante vegetal rojo
tierra
tijeras
papel periódico
pinzas

Procedimiento

1. Lee el resto del procedimiento para que conozcas los tres tipos de relleno sanitario que deberás representar. Determina qué partes de cada modelo representan el agua potable, la lluvia, los desechos sólidos, el lixiviado y los vertederos mismos. Predice por escrito cómo responderá cada sistema a la prueba que realizarás en la parte 2.

Parte 1 Modelar tres sistemas de relleno sanitario

2. Consigue 3 frascos iguales. Etiquétalos con las leyendas *Sistema 1*, *Sistema 2* y *Sistema 3*. Vierte agua limpia en cada frasco hasta una profundidad de 5 cm.

3. Añade igual cantidad de guijarros a cada frasco. El agua debe cubrir los guijarros por completo.
4. En el Sistema 1, agrega 2.5 cm de tierra a la mezcla de guijarros y agua.
5. En el Sistema 2, coloca un pedazo de estopa en el frasco, como se muestra en la fotografía. La estopa debe ubicarse a 5 cm arriba del nivel del agua. Sujeta la estopa con una liga al del frasco. Vacía con cuidado un puñado de guijarros en la estopa.
6. En el Sistema 3, coloca una bolsa de plástico en el frasco a 5 cm sobre el nivel del agua. Sujeta la bolsa al frasco con una liga. Vacía un puñado de guijarros en la bolsa.
7. Observa el agua y los guijarros en cada sistema. Anota tus observaciones.

Parte 2 Probar los sistemas

8. Humedece los 12 cubos de esponja en agua teñida con el colorante rojo. Con las pinzas coloca cuatro cubos de esponja sobre la mezcla de cada frasco.
9. Cubre los cubos de esponja de los sistemas 2 y 3 con una delgada capa de tierra. No cubras los cubos del Sistema 1.

10. Dibuja cada sistema, señalando las partes que lo forman. Explica lo que representa cada parte del modelo.
11. Vierte 150 ml de agua en cada sistema. Cubre la boca de cada frasco con plástico para envolver, sujeta el plástico con una liga. Deja reposar los sistemas toda la noche.
12. Observa cómo reacciona cada sistema. Registra cualquier cambio de color o claridad de las "aguas freáticas". Anota tus observaciones.

Analizar y concluir

1. Explica cómo representaste los tres tipos más comunes de rellenos sanitarios: un vertedero o relleno sanitario bien diseñado; un vertedero mal diseñado y un vertedero a cielo abierto. Compara el funcionamiento de los tres sistemas.
2. ¿Qué parte del modelo representa el lixiviado? ¿Qué tan eficazmente protege las aguas freáticas cada vertedero?
3. ¿Crees que el agua de una comunidad estará protegida si los desechos se ponen en depósitos que no estén sobre fuentes de aguas freáticas? Explica.
4. **Aplicar** Según tus resultados, ¿qué tipo de relleno sanitario daña menos el ambiente?

Crear un experimento

Los desechos sólidos se pueden compactar (apretar en bloques) eliminando los líquidos que contienen antes de depositarlos. ¿Crees que así se reducirá el daño potencial al ambiente? Formula una hipótesis por escrito. Luego utiliza tus ideas y este experimento para comprobar tu hipótesis. Pide permiso a tu maestro para realizar tu experimento.

Capítulo 4 E ◆ 129

INTEGRAR LA QUÍMICA

SECCIÓN 3 Desechos peligrosos

DESCUBRE

¿Qué desechos son peligrosos?
1. Tu maestro te dará varias etiquetas de productos peligrosos de uso doméstico.
2. Lee la información de cada etiqueta. Identifica la palabra o palabras que indiquen por qué son peligrosos.

Reflexiona sobre
Formular definiciones operativas Con base en tus observaciones de las etiquetas, define por escrito el término *peligroso*.

GUÍA DE LECTURA

◆ ¿Cuáles son las categorías más conocidas de desechos peligrosos?

◆ ¿Cómo afectan la salud los desechos peligrosos?

◆ ¿Qué técnicas se pueden emplear para manejar los desechos peligrosos?

Sugerencia de lectura Antes de leer, escribe los títulos de la sección en forma de preguntas que empiecen con las palabras *cómo, qué* o *dónde*. Mientras lees, trata de responder las preguntas.

Figura 12 Esta escuela ubicada en Love Canal fue abandonada debido a la contaminación.

A principios de los cincuenta, la ciudad de Niagara Falls, Nueva York, compró un terreno cerca de un viejo canal. En ese terreno se habían depositado los desechos químicos de algunas industrias cercanas. Las autoridades construyeron en ese lugar un vecindario y una escuela primaria. Al vecindario se le puso el nombre de Love Canal.

Pronto empezaron a ocurrir cosas extrañas. Los niños que jugaban en los campos lodosos presentaron erupciones en la piel. Los postes de las cercas de madera se oscurecieron y pudrieron. La gente notó que un extraño líquido fluía en sus sótanos. Nacieron bebés con defectos. Algunos adultos enfermaron de epilepsia, afecciones hepáticas y trastornos nerviosos. Finalmente, el barrio fue declarado zona de desastre. Más de doscientas familias tuvieron que mudarse a otro sitio.

¿Cuál era la causa de los extraños acontecimientos ocurridos en Love Canal? La construcción de hogares en la zona fracturó la cubierta de arcilla sobre el viejo basurero del canal. La lluvia penetró por las grietas hasta los desechos enterrados. Las sustancias químicas de los contenedores enterrados empezaron a derramarse. Con el tiempo, el agua se mezcló con las sustancias químicas y formó un peligroso lixiviado. Éste contaminó el suelo y el agua freática, para después filtrarse en los sótanos de los hogares.

Love Canal fue el primer asentamiento declarado zona de emergencia federal debido a la contaminación por desechos peligrosos. Esto sirvió para que la gente se diera cuenta de que ciertas sustancias químicas pueden seguir siendo peligrosas en el suelo y en el agua durante muchos años. Como resultado, se aprobaron nuevas leyes para encontrar y limpiar a fondo otros lugares con desechos peligrosos.

Tipos de desechos peligrosos

Muchas personas piensan que los desechos peligrosos son sustancias químicas burbujeantes, humo denso o lodo lamoso. Pero algunos materiales comunes y de aspecto inofensivo como los productos de limpieza para ventanas, pilas y quitaesmaltes pueden convertirse en desechos peligrosos. Un **desecho peligroso** es cualquier material que puede causar daños a la salud o al ambiente si no se elimina en forma apropiada.

La fabricación de muchos productos de uso doméstico genera desechos peligrosos. Otros se generan por actividades agrícolas, industriales, militares y de investigación en hospitales o laboratorios.

Los desechos peligrosos se clasifican en cuatro categorías: tóxicos, explosivos, inflamables y corrosivos. La Figura 13 muestra algunos ejemplos de estos tipos de desechos. Los desechos **tóxicos**, o venenosos, son aquellos que causan daño a la salud de los seres humanos y de otros organismos. Los desechos **explosivos** reaccionan con rapidez al contacto con el aire y al agua, o explotan si se les agita. Los desechos explosivos también se llaman desechos reactivos. Los desechos **inflamables** se inflaman con faciliad y se queman a bajas temperaturas. Los desechos **corrosivos** disuelven o corroen muchos materiales.

Otro tipo de desechos que requieren procesos especiales de eliminación son los desechos radiactivos. Los desechos **radiactivos** contienen átomos muy inestables y emiten radiaciones que pueden causar cáncer y otras enfermedades. Existen dos tipos de desechos radiactivos: de alta radiactividad y de baja radiactividad. Un ejemplo de desechos de alta radiactividad es el combustible residual de los reactores nucleares. Los desechos de baja radiactividad se producen al extraer minerales radiactivos como el uranio. También se generan en algunos laboratorios médicos y científicos. Los desechos radiactivos pueden mantener su peligrosidad durante miles de años.

Figura 13 Los vehículos que transportan materiales peligrosos deben portar letreros como éstos para alertar a las personas del peligro que representa su carga.

Categoría: Radiactivos
Ejemplos: Uranio, plutonio

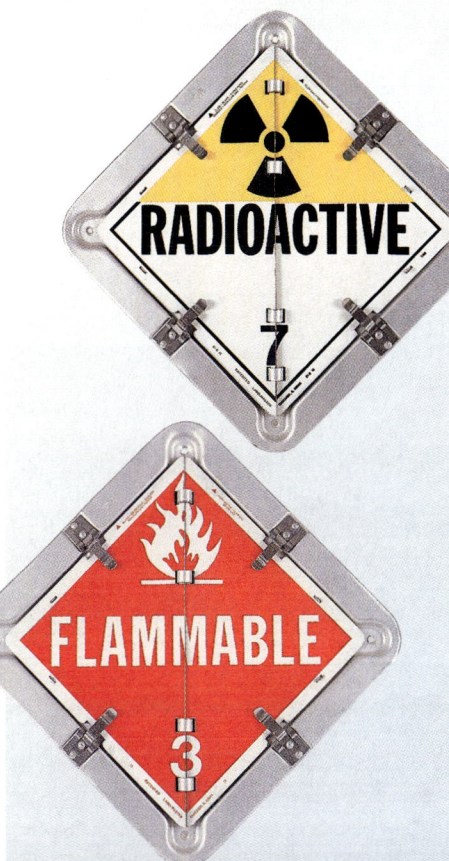

Categoría: Inflamables
Ejemplo: Keroseno

Categoría: Tóxicos
Ejemplos: Cloro, PVC, mercurio

Categoría: Explosivos
Ejemplo: Nitroglicerina

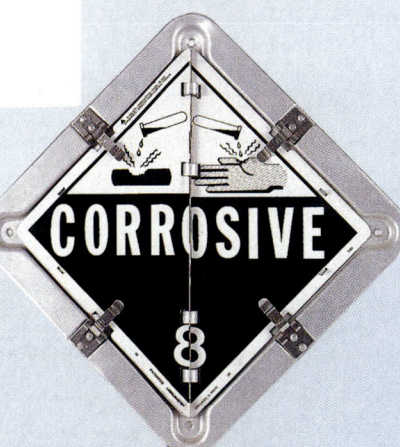

Categoría: Corrosivos
Ejemplos: Ácido clorhídrico, hidróxido de sodio

Efectos de los desechos peligrosos en la salud

INTEGRAR LA SALUD Una persona se expone a los desechos peligrosos al respirarlos, comerlos, beberlos o tocarlos. Son muchos factores los que determinan los efectos de las sustancias peligrosas en los seres humanos, entre ellos la peligrosidad de la sustancia, la cantidad absorbida y la duración del contacto. Una persona puede quedar expuesta por un periodo breve (un niño que accidentalmente bebe anticongelante, por ejemplo) o por muchos años (como los residentes de Love Canal). La edad, el peso y estado de la salud de la persona también influyen en la severidad de los daños causados.

Una exposición breve puede causar desde una irritación ligera, hasta problemas severos. Entre los síntomas comunes se encuentran dificultad para respirar, hemorragias internas, parálisis, pérdida del conocimiento e incluso la muerte. **La exposición prolongada puede causar enfermedades como cáncer y dañar órganos internos como el cerebro, el hígado, los riñones y los pulmones.** En algunos casos, estos efectos pueden representar una seria amenaza para la vida.

Eliminación de los desechos peligrosos

Es difícil eliminar los desechos peligrosos sin correr riesgos. Al enterrarlos pueden contaminar el suelo y las aguas freáticas. Si se depositan en lagos o ríos pueden contaminar el agua de la superficie. Al incinerarlos contaminan el aire. ¿Te das cuenta de la gravedad del problema?

Los métodos usados para eliminar desechos peligrosos incluyen el depósito en rellenos sanitarios, la incineración y la desintegración por medio de organismos decomponedores. Otro método es el almacenamiento de desechos líquidos en las capas rocosas profundas.

Figura 14 Los desechos peligrosos pueden contaminar el suelo, el agua y el aire. Los tambores de la izquierda se abandonaron ilegalmente. Abajo, un equipo de ambientalistas analizan el contenido de un viejo tanque de almacenamiento.

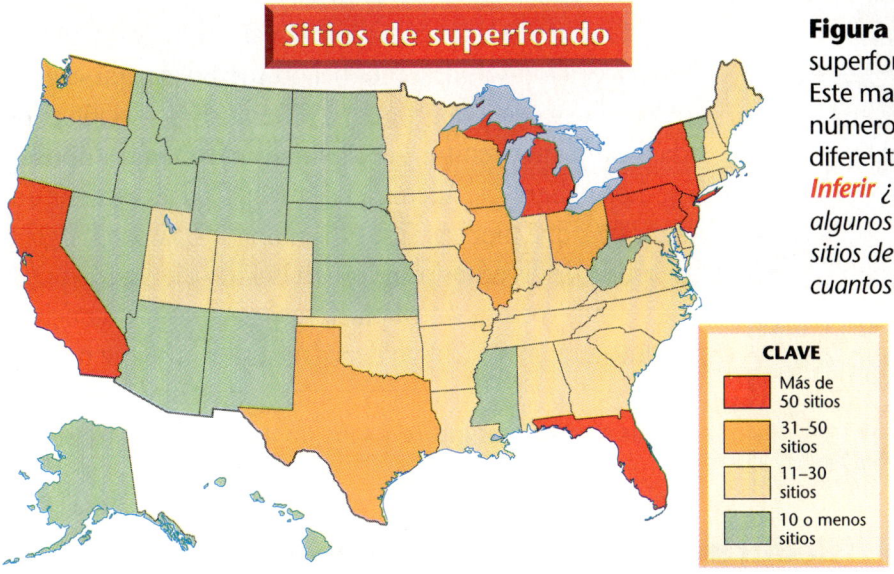

Figura 15 Hay sitios de superfondo en todo el país. Este mapa reciente muestra el número de sitios que hay en diferentes estados.
Inferir ¿Por qué crees que algunos estados tienen muchos sitios de superfondo y otros unos cuantos?

Muchas veces, los desechos peligrosos se depositan en rellenos sanitarios bien diseñados. Estos vertederos se cubren con arcilla o capas de plástico para evitar que las sustancias químicas se filtren en el suelo y contaminen las aguas freáticas y para que el agua de lluvia se mezcle con los desechos.

Los científicos han ideado otros métodos para eliminar los desechos peligrosos. Una opción es incinerarlos a altas temperaturas. A menudo, la incineración transforma los compuestos más dañinos en desechos menos nocivos. Ciertas bacterias, algas y hongos también pueden descomponer algunas sustancias peligrosas. Otro método de eliminación consiste en bombear desechos líquidos hacia la capa de arenisca o piedra caliza a miles de metros de profundidad. Los desechos se extienden a lo largo de esta capa, pero no pueden cruzar las capas más duras y gruesas de roca hacia arriba o hacia abajo. Otros desechos peligrosos, como el aceite de los motores y el plomo de las baterías para automóvil, se pueden reciclar.

Hasta ahora, los científicos no han podido desarrollar métodos totalmente seguros para eliminar los desechos radiactivos. Algunas técnicas empleadas en la actualidad mezclan los desechos con concreto o los depositan dentro de pozos herméticos en minas abandonadas. Hoy en día, los desechos de alta radiactividad se almacenan en bóvedas herméticas a cientos de metros bajo tierra o en recipientes de concreto y acero al aire libre. Sin embargo, estos medios de almacenamiento son temporales, pues aún no se cuenta con métodos que permitan la destrucción segura y permanente de los desechos radiactivos.

✓ *Punto clave* ¿Cómo se eliminan los desechos más peligrosos?

Ubicación de los sitios de eliminación

Además de decidir cómo eliminar los desechos peligrosos, las comunidades deben determinar *dónde* depositarlos. ¿Se debe hacer en pocas áreas de gran extensión o en muchas áreas de menor superficie? Cada respuesta tiene sus costos y beneficios.

Estudios sociales CONEXIÓN

En 1980, el Congreso aprobó una ley llamada Superfondo, la cual fomenta la creación de un programa de limpieza de depósitos de desechos peligrosos. Dicha ley determina quién es responsable de la eliminación de desechos. Lo anterior incluye a los propietarios y usuarios del lugar, ya sean empresas o individuos.

En tu diario

Muchas industrias no generan contaminación de manera intencional. Hace algunos años no se sabía que ciertos desechos industriales eran peligrosos o que tales sustancias podían causar efectos graves muchos años después. ¿Es justo que esas industrias se hagan responsables de la eliminación de los desechos producidos en el pasado? Si no es así, ¿quién debe costear la eliminación? Escribe un párrafo en el que expliques tu opinión.

Figura 16 El olor a limoncillo de estas velas repele de manera natural a los insectos y crea menos desechos peligrosos que los insecticidas en aerosol.

La mayoría de las personas no desean vivir o trabajar cerca de almacenadoras de desechos peligrosos. En general, la gente prefiere almacenadoras grandes en zonas de población reducida. Una planta central puede almacenar muchos tipos de desechos peligrosos. Además, sería más fácil supervisar una sola planta que muchos sitios diseminados. Sin embargo, el transporte de desechos peligrosos a un depósito lejano puede resultar muy costoso, difícil y arriesgado. A mayor distancia de traslado, aumenta el riesgo de sufrir accidentes que podrían liberar sustancias peligrosas y contaminar el ambiente. Quizá sea más seguro, económico y sencillo transportar los desechos a pequeñas instalaciones locales.

Reducir la producción de desechos peligrosos

La mejor manera de controlar los desechos peligrosos es reducir su producción. Muchas industrias están interesadas en desarrollar opciones seguras de eliminación de los productos nocivos. Por ejemplo, algunos limpiadores para muebles ahora se elaboran con aceite de limón y cera de abeja, en lugar de usar derivados del petróleo. Otros productos como los desodorantes ambientales, platos, tapetes, alfombras y cortinas solían fabricarse con formaldehídos, sustancias que eran liberadas a la atmósfera. Por eso las empresas han desarrollado alternativas al uso de los formaldehídos. La próxima vez que necesites un desodorante ambiental, compra uno cuya etiqueta mencione que no contiene formaldehídos.

También para tu casa puedes encontrar sustitutos de los productos químicos peligrosos. Por ejemplo, en lugar de utilizar insecticidas en aerosol, emplea materiales que repelan a los insectos de manera natural, como las velas aromáticas que se muestran en la Figura 16. Actualmente, muchos productos de limpieza se ofrecen en presentaciones biodegradables.

Repaso de la sección 3

1. Define los cuatro tipos de desechos peligrosos.
2. Describe los efectos que provocan las sustancias peligrosas en la salud, a corto y a largo plazo.
3. Describe un método para eliminar los desechos peligrosos.
4. ¿Qué significaron los acontecimientos de Love Canal?
5. Explica por qué es particularmente difícil controlar los desechos radiactivos.
6. **Razonamiento crítico Formular juicios** ¿Crees que los desechos peligrosos deben tratarse y eliminarse en un solo depósito o en muchos depósitos pequeños? Explica las razones de tu respuesta.

Comprueba tu aprendizaje

PROYECTO DEL CAPÍTULO 4

Ya habrás empezado a investigar qué sucede con los materiales de un empaque cuando se desecha. Averigua qué tipo de desechos se reciclan en tu comunidad y cómo se manejan otros desechos sólidos. (*Sugerencia:* Pregunta a un ingeniero o acude al Departamento de Obras Públicas. Pide ayuda a tu maestro para consultar con la persona adecuada.)

GUÍA DE ESTUDIO

SECCIÓN 1: Conservación de tierra y suelo

Ideas clave
- La tierra es un recurso no renovable. La población del mundo debe compartir este recurso limitado mediante la agricultura, la urbanización, la minería y otras actividades.
- El suelo es un sistema complejo que tarda mucho tiempo en formarse.
- Un manejo inadecuado del suelo puede causar erosión, agotamiento de nutrientes y desertificación.
- Existen diversas técnicas agrícolas que evitan la erosión y el agotamiento de los nutrientes.

Términos clave
urbanización
mantillo
suelo superior
subsuelo
lecho rocoso
erosión
agotamiento de nutrientes
barbechar
rotación de cultivos
desertificación
recuperación de la tierra

SECCIÓN 2: Desechos sólidos

Ideas clave
- La fabricación y uso de muchos productos genera diversos desechos.
- Las tres formas de control de desechos sólidos más comunes son incinerarlos, enterrarlos o reciclarlos.
- En Estados Unidos, la mayor parte de los desechos sólidos se deposita en rellenos sanitarios.
- Los desechos sólidos municipales que se reciclan con más frecuencia son el metal, el vidrio, el papel y el plástico.
- El reciclaje fomenta la conservación de recursos y energía. Sin embargo, no siempre es posible usar los materiales reciclados.
- Una solución al problema de los desechos sólidos se conoce como el método de las "tres R": reducir, reutilizar y reciclar.

Términos clave
desechos sólidos municipales
lixiviado
relleno sanitario
incineración
reciclaje
biodegradable
resinas
composta

SECCIÓN 3: Desechos peligrosos

INTEGRAR LA QUÍMICA

Ideas clave
- Los desechos peligrosos son materiales que amenazan la salud o la seguridad de los seres vivos y dañan el ambiente si no son eliminados en forma adecuada.
- Los desechos peligrosos se clasifican en: tóxicos, explosivos, inflamables y corrosivos. Los desechos radiactivos requieren un tratamiento especial.
- La manera en que una sustancia afecta a una persona depende de varios factores, entre ellos la cantidad absorbida, el tiempo de exposición y la forma en que penetra en el cuerpo de la persona.
- Es muy difícil encontrar métodos seguros para eliminar o almacenar los desechos. Una medida preventiva adecuada es disminuir su producción.

Términos clave
desechos peligrosos
tóxico
explosivo
inflamable
corrosivo
radiactivo

CAPÍTULO 4 REPASO

ACTIVIDAD USAR LA INTERNET
www.science-explorer.phschool.com

CAPÍTULO 4 REPASO

Repaso del contenido

 Para repasar los conceptos clave, consulta el Interactive Student Tutorial CD-ROM.

Opción múltiple
Elige la letra que complete mejor cada enunciado.

1. El avance de las condiciones desérticas en áreas que antes eran fértiles se llama
   a. desertificación.
   b. rotación de cultivos.
   c. agotamiento de nutrientes.
   d. recuperación de tierras.
2. El agua contaminada por las sustancias químicas de un relleno sanitario se llama
   a. resina.
   b. mantillo.
   c. lixiviado.
   d. abono.
3. Los desechos sólidos se queman en un proceso conocido como
   a. incineración.
   b. composta.
   c. erosión.
   d. reciclaje.
4. ¿Cuál de los siguientes es un desecho biodegradable?
   a. un frasco de vidrio
   b. una lata de metal
   c. un corazón de manzana
   d. una bolsa de plástico
5. Los desechos que contienen átomos inestables se llaman
   a. corrosivos.
   b. inflamables.
   c. radiactivos.
   d. explosivos.

Falso o verdadero
Si el enunciado es verdadero, escribe verdadero. Si es falso, cambia la palabra o palabras subrayadas para hacer verdadero el enunciado.

6. Hay tres tipos principales de uso de la tierra: la agricultura, la urbanización y la <u>minería</u>.
7. La capa del suelo que contiene la mayor parte de restos animales y vegetales es el <u>subsuelo</u>.
8. Los campos arados sin cultivar son campos <u>barbechados</u>.
9. La mayor parte los desechos sólidos municipales que se generan en Estados Unidos se depositan en <u>rellenos sanitarios</u>.
10. El revestimiento impide que los desechos en los rellenos sanitarios contaminen el <u>aire</u>.

Revisar los conceptos

11. Menciona dos seres vivos y dos cosas sin vida que se encuentren en el suelo superior.
12. Escoge una de las siguientes técnicas y explica cómo puede reducir la erosión del suelo: arada de contorno, terrazas, arada de conservación, protección contra el viento.
13. Da ejemplos de dos técnicas que eviten el agotamiento de nutrientes.
14. ¿Qué indica el número que aparece en los recipientes de plástico?
15. Describe una manera en que las comunidades pueden animar a los residentes a producir menos desechos sólidos.
16. ¿Qué es hacer composta? ¿Qué tipos de material se pueden convertir en composta?
17. Explica cómo se podría exponer una persona a una sustancia peligrosa que se enterró hace muchos años.
18. **Escribir para aprender** Escribe un anuncio de interés público para informar a la gente acerca de los desechos caseros peligrosos. Empieza con una frase que llame la atención de los oyentes. Explica que los desechos de ciertos productos son más peligrosos. Da ejemplos de desechos peligrosos caseros y sugiere qué deben hacer con esas sustancias.

Razonamiento gráfico

19. **Tabla para comparar y contrastar** En una hoja de papel, copia la siguiente tabla sobre desechos sólidos municipales. Después complétala y ponle un título. (Para más información acerca de las tablas para comparar y contrastar, consulta el Manual de destrezas.)

	Relleno sanitario	Incinerador
Costo		
Contaminación		
Atractivo		
Utilidad para la comunidad		

Aplicar las destrezas

Usa los datos siguientes acerca de los desechos sólidos municipales de Estados Unidos para responder las Preguntas 20–22.

Tipo de desechos	Porcentaje del total
Papel y cartón	38%
Desechos de comidas	10%
Desechos de jardín	13%
Metales	8%
Plásticos	9%
Vidrio	6%
Otros desechos	16%

20. **Hacer gráficas** Con los datos, haz una gráfica circular. (Para un repaso de las gráficas circulares, consulta el Manual de destrezas.)
21. **Clasificar** ¿Cuáles de los desechos mostrados son reciclables? ¿Cuáles incluyen desechos que pueden convertirse en abono?
22. **Desarrollar hipótesis** ¿Por qué el papel forma el mayor porcentaje de desechos sólidos?

Razonamiento crítico

23. **Formular juicios** Supón que vas a la tienda a comprar jugo. Puedes escoger entre el jugo que se vende en envase de aluminio, de vidrio o de plástico, y todos valen lo mismo. ¿Cuál escogerías? Explica tu respuesta.
24. **Aplicar los conceptos** Si tuvieras una granja grande sobre una colina, ¿cómo evitarías la erosión del suelo? Explica tu respuesta.
25. **Resolver problemas** En la explotación a cielo abierto se quita una capa de tierra para dejar al descubierto algún recurso, como el carbón, que esté bajo tierra. ¿Qué métodos podrían usarse para restaurar la tierra dañada?
26. **Predecir** Supón que dentro de cien años la gente busca materiales en un relleno sanitario del año 2000. ¿Qué materiales podrían encontrar? ¿Qué materiales quizás no encontrarían? Explica tus respuestas.
27. **Aplicar los conceptos** ¿Por qué no es seguro enterrar o incinerar desechos radiactivos?

CAPÍTULO 4 REPASO

Evaluación del rendimiento

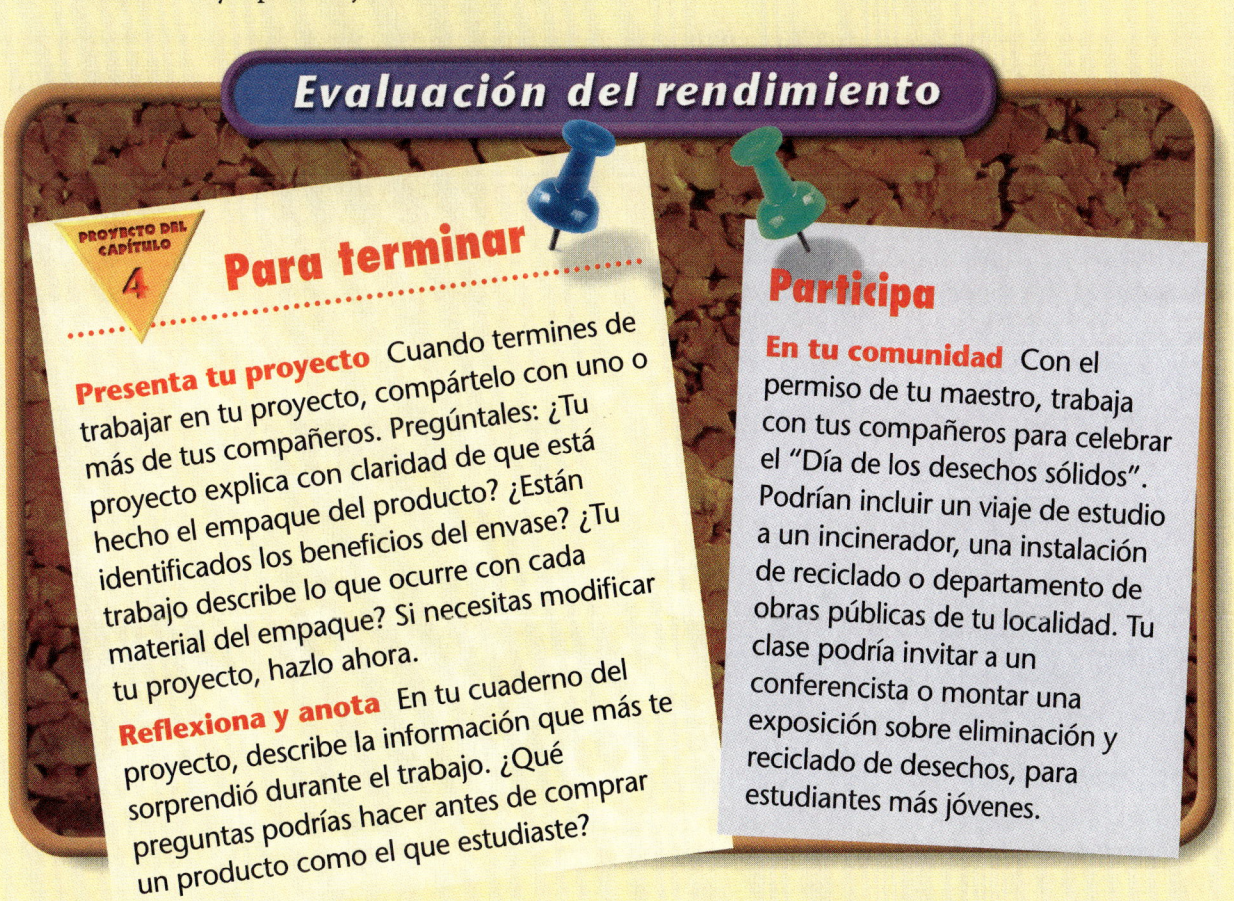

PROYECTO DEL CAPÍTULO 4

Para terminar

Presenta tu proyecto Cuando termines de trabajar en tu proyecto, compártelo con uno o más de tus compañeros. Pregúntales: ¿Tu proyecto explica con claridad de que está hecho el empaque del producto? ¿Están identificados los beneficios del envase? ¿Tu trabajo describe lo que ocurre con cada material del empaque? Si necesitas modificar tu proyecto, hazlo ahora.

Reflexiona y anota En tu cuaderno del proyecto, describe la información que más te sorprendió durante el trabajo. ¿Qué preguntas podrías hacer antes de comprar un producto como el que estudiaste?

Participa

En tu comunidad Con el permiso de tu maestro, trabaja con tus compañeros para celebrar el "Día de los desechos sólidos". Podrían incluir un viaje de estudio a un incinerador, una instalación de reciclado o departamento de obras públicas de tu localidad. Tu clase podría invitar a un conferencista o montar una exposición sobre eliminación y reciclado de desechos, para estudiantes más jóvenes.

CAPÍTULO 5
Los recursos aire y agua

LO QUE ENCONTRARÁS

SECCIÓN 1 Contaminación del aire
- **Descubre** ¿Cómo se esparce el olor?
- **Mejora tus destrezas** Comunicar
- **Inténtalo** ¿Qué tan ácida es tu lluvia?
- **Laboratorio real** ¿Cómo reverdece el jardín?

SECCIÓN 2 El recurso del agua
- **Descubre** ¿Cómo cambia el agua?
- **Inténtalo** Limpia el agua
- **Laboratorio de destrezas** ¡Concéntrate en esto!

SECCIÓN 3 Soluciones a la contaminación *Integrar la tecnología*
- **Descubre** ¿Puedes recuperar el té?
- **Mejora tus destrezas** Hacer gráficas

PROYECTO 5

Contaminación vs. pureza

La contaminación es una alteración del ambiente que tiene efectos nocivos para los humanos y otros seres vivos. La contaminación puede originarse en una chimenea o en muy diferentes fuentes contaminantes alrededor del mundo.

A medida que estudies este capítulo, deberás desarrollar un proyecto que te permita comunicar la importancia de prevenir la contaminación y cuidar la calidad del aire y del agua.

Tu objetivo Crear un libro, juego o filmar un video para presentar a otros estudiantes información sobre la calidad del aire y del agua.

Tu producto debe:
- presentar datos sobre las causas y efectos de alguna forma de contaminación
- atraer la atención del público al momento de informarlo
- incluir actividades que los estudiantes puedan realizar para participar en la solución del "problema de la contaminación"

Para empezar Examina el capítulo para que conozcas los tipos de contaminación presentados. Piensa cuál te gustaría estudiar. Determina con tu maestro la edad de las personas a quienes estará dirigido tu proyecto. Decide qué forma tendrá el proyecto.

Comprueba tu aprendizaje Trabajarás en este proyecto mientras estudias el capítulo. Para mantener tu proyecto en marcha, revisa los cuadros de Comprueba tu aprendizaje en los puntos siguientes:

Repaso de la Sección 2, página 153: Reúne información sobre tu tema y organízala.

Repaso de la Sección 3, página 158: Diseña y crea tu producto.

Para terminar Al final del capítulo (página 161), presentarás tu producto y solicitarás los comentarios y opiniones de tus compañeros.

Nubes de humo emitidas por una fila de chimeneas en una fábrica de automóviles.

SECCIÓN 1 Contaminación del aire

DESCUBRE

¿Cómo se esparce el olor?

1. Colócate en un lugar del salón donde tanto tú como tus compañeros estén repartidos de manera uniforme.
2. Tu maestro abrirá una botella de perfume en un rincón del salón.
3. Levanta la mano cuando percibas el olor del perfume.

Reflexiona sobre
Inferir Describe el patrón que observaste cuando tus compañeros alzaron la mano. ¿Cómo se esparció el olor en el salón?

GUÍA DE LECTURA

- ¿Cuál es la causa del smog fotoquímico?
- ¿Qué importancia tiene la capa de ozono?
- ¿En qué se basan las predicciones del clima?

Sugerencia de lectura A medida que leas, haz una lista de los tipos de contaminación del aire. Escribe una oración que describa el efecto de cada uno.

Figura 1 El abastecimiento de aire a bordo de la estación espacial *Mir* se vio amenazado por un choque durante un acoplamiento.

El 25 de junio de 1997 inició como un día cualquiera a bordo de la estación espacial rusa *Mir*. Los tres miembros de la tripulación realizaban sus tareas habituales. Uno revisaba los diversos experimentos científicos en proceso. Otro hacía ejercicio. El tercer cosmonauta guiaba hábilmente una nave de abastecimiento mientras ésta se acoplaba con la *Mir*.

De pronto los tripulantes escucharon un ruido aterrador: el estrepitoso crujido del metal abollándose. La estación espacial se sacudió de un lado a otro. ¡Los manómetros indicaron fuga de aire! Uno de los tripulantes se apresuró a preparar el vehículo de evacuación de emergencia; mientras los otros dos se las arreglaron para cerrar la puerta hermética entre el área dañada y el resto de la estación espacial. Por fortuna, la presión del aire volvió pronto a la normalidad; se había evitado un desastre y ya no era necesario abandonar la nave.

El hecho de cerrar la puerta salvó el recurso más valioso a bordo de la *Mir*: el aire. Aunque no pienses en el aire muy a menudo, es tan importante en la Tierra como en una estación espacial. El aire es un recurso que utilizas cada minuto de tu vida.

¿Qué hay en el aire?

Aunque el aire no se puede ver, paladear ni oler, es una mezcla de nitrógeno, oxígeno, dióxido de carbono, vapor de agua y otros gases. Casi todos los seres vivos dependen de estos gases para llevar a cabo sus procesos vitales.

El nitrógeno, el oxígeno y el dióxido de carbono pasan por un ciclo entre la atmósfera y los seres vivos. Estos ciclos aseguran que el abastecimiento de aire en la Tierra no se agote, pero no garantizan que el aire permanezca siempre limpio. Cualquier cambio en la atmósfera que cause efectos nocivos se llama **contaminación del aire**. Las sustancias que causan la contaminación se llaman contaminantes, éstos pueden ser partículas como la ceniza o gases como el cloro. La contaminación del aire puede afectar la salud de los humanos y otros seres vivos e incluso puede tener consecuencias sobre el clima de todo el planeta.

¿Qué causa la contaminación del aire? Al preguntarse esto, muchas personas piensan de inmediato en una chimenea despidiendo una nube de humo negro. En la primera mitad del siglo XX las fábricas y centrales eléctricas que quemaban carbón, producían la mayor parte de la contaminación del aire en los Estados Unidos. Las partículas y gases liberados al aire se llaman **emisiones**. En la actualidad existe una fuente mayor de emisiones que contaminan el aire: los vehículos motorizados como automóviles, camiones y aviones. Los motores de estos vehículos liberan gases como monóxido de carbono, un gas tóxico e invisible.

Aunque la mayor parte de la contaminación del aire es resultado de las actividades humanas, también existen algunas causas naturales; por ejemplo, un volcán en erupción lanza enormes cantidades de hollín, cenizas, azufre y gases de óxido de nitrógeno a la atmósfera.

☑ *Punto clave* ¿Menciona algunos ejemplos de contaminantes del aire?

Smog

¿Has escuchado a los meteorólogos hablar de la "alerta por smog"? Una alerta de smog se refiere a la contaminación del aire por smog fotoquímico. El **smog fotoquímico** es una bruma café y densa que se forma cuando algunos gases del aire reaccionan con la luz solar. Cuando el nivel de smog es elevado, éste aparece como una neblina sobre las ciudades. El smog puede provocar irritación de los ojos y la garganta.

Las fuentes más importantes de smog fotoquímico son los gases emitidos por los automóviles y camiones. La combustión de la gasolina en el motor de un automóvil libera algunos gases al aire; éstos incluyen hidrocarburos (compuestos que contienen hidrógeno y carbono) y óxidos de nitrógeno. Estos gases reaccionan con la luz solar y producen una forma de oxígeno llamada **ozono**. El ozono, un gas tóxico que es el principal componente del smog.

Artes del lenguaje
CONEXIÓN

A veces las personas acuñan o inventan palabras que expresan ideas específicas. Por ejemplo, los londinenses inventaron la palabra *smog* para describir el denso humo gris que se formaba cuando el humo del carbón se mezclaba con la niebla del mar.

En tu diario

¿Puedes adivinar el significado de estas palabras?
◆ espanglish
◆ sabelotodo
◆ lavamanos
◆ trabalenguas

Inventa algunas palabras como éstas. Intercambia palabras con un compañero y traten de descifrar los términos.

Figura 2 Una nube de smog fotoquímico pende sobre esta ciudad. *Interpretar fotografías* ¿Cuál es la fuente del smog?

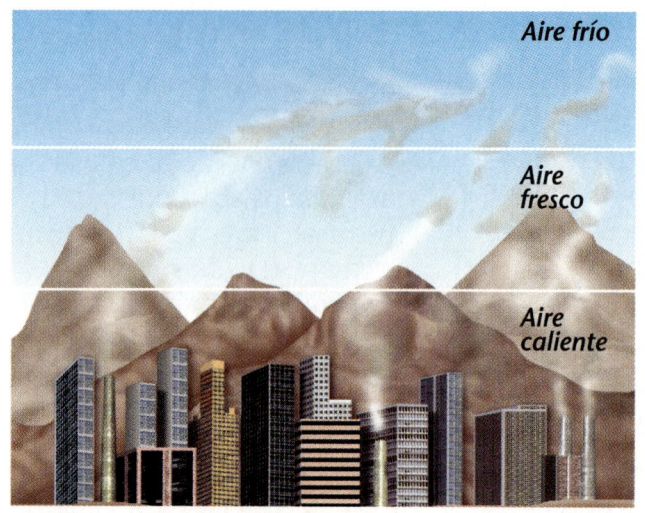
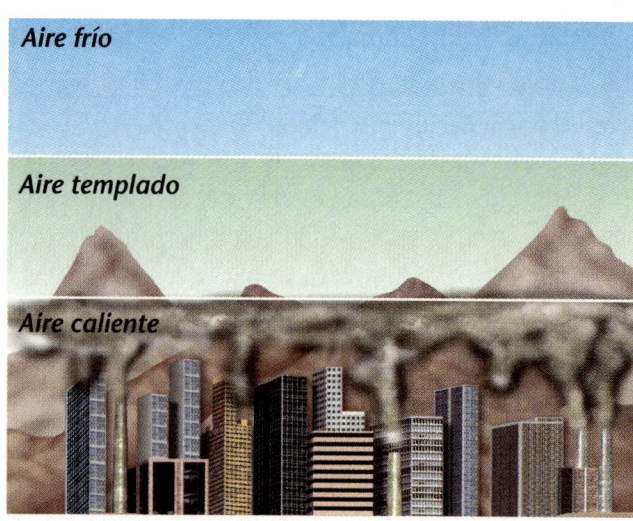

Figura 3 Generalmente los contaminantes se elevan a gran altura y se disipan (izquierda). Pero en una inversión térmica, la capa de aire caliente mantiene a los contaminantes más cerca del suelo (derecha).

Inversión térmica Los contaminantes suelen disiparse en el lugar donde se producen. Normalmente, la superficie terrestre calienta el aire más próximo al suelo y a medida que este aire se calienta, se eleva y mezcla con el aire frío de las capas superiores. Los contaminantes ascienden y se disipan. Pero a veces el clima origina una situación conocida como inversión térmica. Durante una **inversión térmica**, la capa de aire caliente impide que el aire suba y escape. El aire contaminado es retenido cerca de la superficie terrestre. El smog se concentra y se vuelve más peligroso.

Efectos del smog en la salud Los efectos del smog pueden ser mucho más graves que unos ojos llorosos y una garganta irritada. El ozono en la atmósfera puede causar enfermedades pulmonares y dañar las defensas del organismo contra las enfermedades. Cuando los niveles de smog llegan a un nivel de riesgo, las autoridades emiten una alerta de smog, debe evitarse cualquier ejercicio al aire libre. Las personas que padecen asma u otras enfermedades pulmonares deben tomar precauciones particulares.

✓ *Punto clave* ¿Qué sucede durante una inversión térmica?

Lluvia ácida

Otro tipo de contaminación del aire es la que emiten las centrales eléctricas y fábricas que queman carbón y petróleo. Al quemarse, estos combustibles producen óxido de nitrógeno y óxido de azufre, unos gases que reaccionan con el vapor de agua que hay en el aire y forman ácido nítrico y ácido sulfúrico. Los ácidos se mezclan con el agua de lluvia y se precipitan sobre la superficie terrestre. Cuando la precipitación es más ácida de lo normal se le llama **lluvia ácida**; ésta puede caer en forma de nieve, aguanieve o lluvia.

Como puedes imaginar, el ácido disuelto en la lluvia tiene efectos negativos. Cuando la lluvia ácida cae en una laguna o lago, altera las condiciones de vida en ese lugar. Muchos peces, y en particular sus huevecillos no logran sobrevivir en las aguas acidificadas por la lluvia. La lluvia ácida puede dañar las plantas al afectar el nivel de los nutrientes del suelo; esta es una forma en que la lluvia ácida ha destruido bosques enteros. Por fortuna, algunos efectos de la lluvia ácida son reversibles e incluso algunos lagos seriamente dañados se han recuperado añadiendo sustancias (cal, por ejemplo) que neutralizan el ácido.

La lluvia ácida no sólo afecta a los seres vivos. El ácido también reacciona con la piedra y el metal de edificios y monumentos. Los automóviles se oxidan rápidamente en las zonas donde la lluvia ácida es más común. Estos efectos no son reversibles.

Contaminación del aire en interiores

Quizás pienses que puedes evitar los efectos de la contaminación del aire permaneciendo dentro de tu casa; sin embargo, el aire del interior de los edificios también puede contaminarse. Muchas sustancias causan contaminación en interiores. El polvo, el pelaje de las mascotas y los desodorantes ambientales molestan sólo a las personas con alergias, pero otros contaminantes tienen efectos más generalizados; por ejemplo, el asbesto, un material de construcción común en los edificios antiguos, puede causar enfermedades pulmonares; algunos artículos de limpieza, pegamentos y pinturas de aceite pueden despedir gases tóxicos. Lee las etiquetas de estos productos siempre que los utilices; quizá necesites abrir una ventana o utilizarlas al aire libre.

Si has estado cerca de un fumador, sabes cómo el olor del cigarrillo en tu ropa y cabello permanece aun después de varias horas. El humo llega a tus pulmones cada vez que respirabas cerca de esa persona. Las investigaciones han demostrado que el humo del cigarrillo puede dañar los pulmones y el corazón. Por eso ahora está prohibido fumar en muchos lugares públicos como restaurantes, aeropuertos y estadios.

INTÉNTALO

¿Qué tan ácida es tu lluvia? ACTIVIDAD

En esta actividad probarás si en tu localidad la lluvia es más o menos ácida que el jugo de un limón (ácido cítrico).

1. Recolecta un poco de agua de lluvia en un vaso de plástico limpio.
2. En el interior de tu hogar, introduce en el agua una tira de papel tornasol (para medir el pH). Compara el color del papel con la gráfica del empaque para conocer el pH. (A menor pH de la sustancia, mayor es su acidez.)
3. Vierte unas gotas de jugo de limón en otro vaso de plástico. Repite el Paso 2 con el jugo de limón.

Medir ¿Cuál es el pH del agua de lluvia? ¿En qué difiere del pH del jugo de limón?

Figura 4 El aire dentro de los edificios también puede estar contaminado. *Observar* ¿Cuántas fuentes de contaminación puedes descubrir en esta habitación?

Figura 5 Instalar detectores de monóxido de carbono en los hogares puede salvar muchas vidas. Debido a que el monóxido de carbono no tiene color ni olor, no se puede detectar por medio de la vista o el olfato.

Monóxido de carbono Un tipo de contaminación en interiores que resulta muy peligroso es el monóxido de carbono. El monóxido de carbono es un gas incoloro e inodoro que se forma cuando madera, carbón, petróleo o gas no se queman completamente. Si el monóxido de carbono se acumula en un espacio cerrado como un sótano, departamento o casa, puede ser mortal. Debido a que este gas no tiene color ni olor, las víctimas no se dan cuenta de que la concentración puede aumentar en forma peligrosa. Cualquier hogar en el que se use leña, carbón, petróleo o gas como combustible debe contar con un detector de monóxido de carbono. Este aparato hace sonar una alarma cuando detecta el gas.

Radón Otro tipo de contaminación muy difícil de detectar es la del radón, un gas incoloro, inodoro y radiactivo. El radón se forma de manera natural a partir de cierto tipo de rocas debajo de la tierra. Este gas puede penetrar en las casas a través de grietas en pisos, paredes y sótanos. Las investigaciones indican que respirar gas radón durante muchos años puede causar cáncer pulmonar y otros problemas de salud; sin embargo, aún se desconoce la concentración que causa estos efectos. Como medida de prevención, muchas personas han instalado sistemas de ventilación que evitan que el radón se acumule en sus hogares.

✓ *Punto clave* ¿*Por qué es importante instalar detectores de monóxido de carbono en los hogares?*

La capa de ozono

Si alguna vez has sufrido quemaduras de sol, ya conoces los dolorosos efectos de la radiación ultravioleta que produce esta estrella. ¿Pero sabías que esas quemaduras serían peores sin la protección de la capa de ozono? La **capa de ozono** es una capa de la atmósfera que se encuentra a unos 30 kilómetros sobre la superficie terrestre. De hecho, la concentración de ozono en esta capa es muy baja (sólo algunas partes por millón). **Aun así, esta**

Mejora tus destrezas

Comunicar

Redacta un anuncio para la radio en el que informes acerca del monóxido de carbono y del radón. Piensa cómo atraer la atención de tu auditorio. Describe la fuente y los efectos de cada contaminante. Sugiere a tu auditorio métodos para protegerse.

pequeña cantidad de ozono protege a los seres vivos de los efectos negativos del exceso de radiación ultravioleta. Estos efectos incluyen quemaduras de sol, enfermedades de la vista y cáncer de piel.

Ahora que sabes que el ozono es un contaminante, quizá te parezca desconcertante saber que también puede ser útil. La diferencia entre el ozono como contaminante o como gas útil radica en el lugar donde esté. El ozono que está cerca de la superficie en forma de smog es nocivo. El ozono de la atmósfera, donde la gente no puede respirarlo, nos protege.

La fuente del ozono El ozono se produce y se desintegra constantemente. Cuando las moléculas de ozono entran en contacto con la luz del sol, absorben parte de la radiación ultravioleta. De esta manera, cada molécula se divide en una molécula de oxígeno y un átomo de oxígeno, como se muestra en la Figura 6. Pronto el átomo de oxígeno choca con otra molécula de oxígeno, formando una nueva molécula de ozono. Al repetirse este ciclo, parte de la energía ultravioleta es absorbida y no llega a la superficie terrestre.

El agujero en la capa de ozono A finales de la década de los setenta, los científicos observaron que la capa de ozono parecía dispersarse. ¿Qué ocasionaba la pérdida de las moléculas de ozono?

Uno de los causantes era un grupo de gases formados por cloro y flúor, los llamados **clorofluorocarbonos** o "CFC". Los CFC se utilizaban en refrigeradores y aparatos de aire acondicionado en lugar del oloroso y tóxico amoníaco. Los CFC también se usaban en extintores y aerosoles. Los científicos descubrieron que los CFC reaccionaban con las moléculas de ozono, obstaculizando el ciclo que absorbe la radiación ultravioleta. En 1990 muchas naciones firmaron un acuerdo para prohibir el uso de los CFC antes del año 2000. Por desgracia, las moléculas de los CFC son muy estables y han permanecido en la atmósfera durante mucho tiempo. Aun así, los científicos predicen que si se evita su uso, en el futuro la capa de ozono se recuperará poco a poco.

Concentración

Los niveles de contaminantes generalmente se expresan como concentraciones. Una concentración es una proporción que compara la cantidad de una sustancia con cierta cantidad de otra sustancia. Por ejemplo, supón que la concentración de ozono en una sección de la atmósfera es de 3 partes por millón; esto significa que hay 3 moléculas de ozono por cada 1,000,000 de moléculas de aire. Esta proporción también se puede expresar de otras maneras:

$$3 : 1{,}000{,}000 \quad \text{o}$$

$$3 \text{ a } 1{,}000{,}000 \quad \text{o}$$

$$\frac{3}{1{,}000{,}000}$$

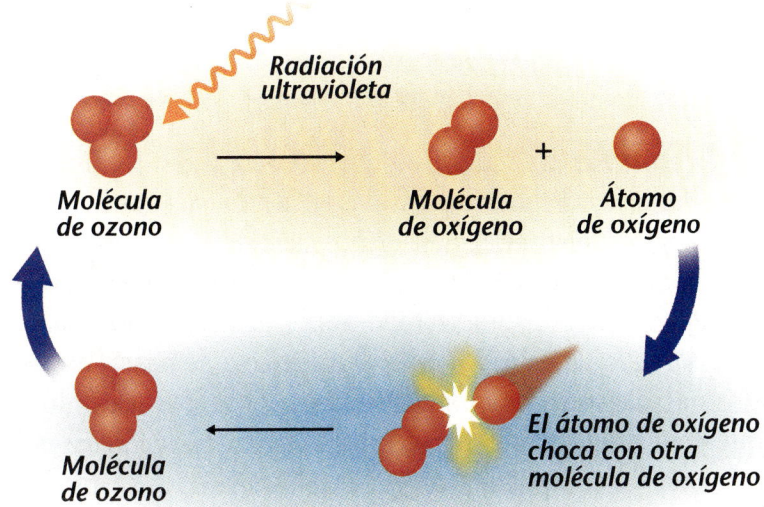

Figura 6 Cuando la radiación ultravioleta del sol entra en contacto con las moléculas de ozono, éstas absorben parte de dicha energía. Este proceso forma una molécula de oxígeno y un átomo de oxígeno libre. *Interpretar diagramas* ¿Qué ocurre cuando el átomo de oxígeno libre choca con otra molécula de oxígeno?

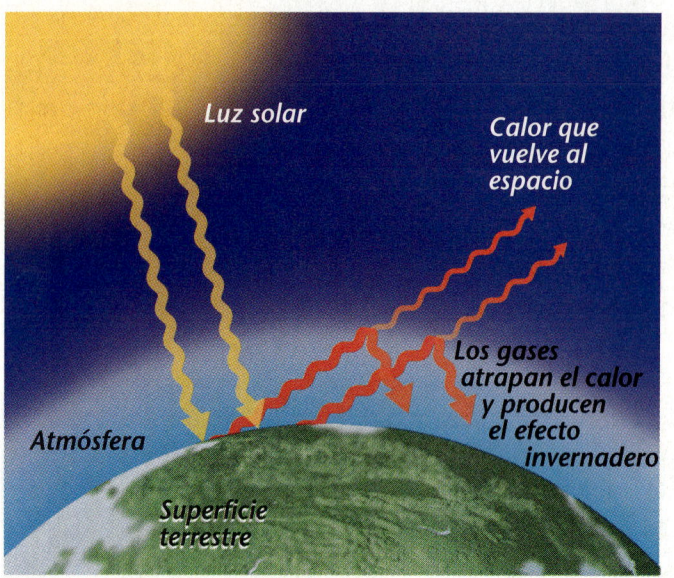

Figura 7 Cuando la energía en forma de luz solar llega a la superficie terrestre se convierte en calor. Algunos gases de la atmósfera retienen parte del calor y evitan que vuelva al espacio. Este fenómeno se conoce como el efecto invernadero. *Aplicar los conceptos* ¿Qué gases de la atmósfera retienen el calor cerca de la superficie terrestre?

Cambio climatológico global

Algunos cambios en la atmósfera afectan el clima de todo el planeta. Para entender esto necesitarás saber más sobre la atmósfera.

El efecto invernadero

INTEGRAR LAS CIENCIAS DE LA TIERRA

Piensa en un día templado cuando la luz solar entra por tu ventana. La ventana permite el paso de la luz; ésta llega a los objetos y se convierte en calor. La ventana cerrada atrapa el aire tibio en el interior de la habitación, por lo que ésta se calienta.

En la atmósfera, el vapor de agua, dióxido de carbono y otros gases actúan como esta ventana. Los gases permiten el paso de la luz del sol a la superficie terrestre, pero impiden que el calor escape y regrese al espacio. Este fenómeno en el que el calor es atrapado cerca de la superficie y se conoce como **efecto invernadero**. Sin el efecto invernadero, la Tierra sería muy fría: alrededor de 33°C mas fría, en promedio.

Calentamiento global

A partir del siglo XIX, el carbón y el petróleo han sido las principales fuentes de energía en el mundo. Como ya sabes, la combustión de estas sustancias produce dióxido de carbono. Desde entonces, la cantidad de dióxido de carbono en la atmósfera se ha incrementado de 280 a 350 partes por millón. Esta cantidad aumenta con mayor rapidez cada año.

¿Una mayor cantidad de dióxido de carbono favorece el efecto invernadero? La teoría del **calentamiento global** predice que el aumento de dióxido de carbono aumentará la temperatura promedio de manera constante. Los científicos calculan que el incremento en el próximo siglo podría ser de 3 a 8 grados centígrados. Aunque el cambio no parezca importante, podría tener un enorme impacto en la Tierra pues parte del casquete polar antártico podrían derretirse y elevar el nivel de los océanos. Un cambio de temperatura de esta naturaleza afectaría los patrones climatológicos de todo el mundo e incidiría de manera importante en la agricultura. También podrían crearse severas tormentas.

Predicción de los cambios climatológicos

Es difícil predecir cómo afectarían el clima los cambios en la atmósfera pues los sistemas climatológicos son muy complejos. Los científicos empezaron a estudiar estos sistemas hace menos de un siglo, un periodo demasiado breve para conocer procesos cuyo desarrollo puede demorar miles de años. **La mayoría de las predicciones sobre el clima se basan en modelos informáticos que calculan los efectos de los cambios en la atmósfera.** Como se muestra en *Explorar las predicciones climatológicas*, la elaboración de predicciones requiere diversos tipos de información.

EXPLORAR *las predicciones climatológicas*

Muchos factores afectan los complejos sistemas que producen los cambios del clima. Las predicciones deben considerar todos los factores posibles.

Emisiones
Las centrales eléctricas, las fábricas y los vehículos producen gases que incrementan el efecto invernadero. ¿Habrá más emisiones en el futuro o se encontrará alguna manera de reducirlas? ¿Cambiarán los hábitos para utilizar menos energía?

Océanos
El dióxido de carbono experimenta un ciclo que va de la atmósfera al océano pues se disuelve en el agua. Si la temperatura del océano cambia, ¿se disolverá más o menos dióxido de carbono?

Bosques
Las plantas absorben dióxido de carbono durante la fotosíntesis. A medida que los bosques se talan, se acumula más dióxido de carbono en la atmósfera. Pero si la Tierra continúa calentándose, tal vez crezcan más plantas que eliminarán más dióxido de carbono del aire. ¿Qué efecto será mayor?

Nubes
Si la Tierra se calienta, más agua se evaporará. Más vapor de agua en el aire incrementaría el efecto invernadero. Pero habría más nubes que reflejarían la luz solar, impidiéndole llegar a la superficie. ¿Cuál sería el resultado: aire más caliente o más frío?

Repaso de la sección 1

1. ¿Cómo se forma el smog fotoquímico?
2. ¿Cómo nos protege la capa de ozono?
3. ¿Cómo se predice el clima?
4. Da tres ejemplos de contaminantes de interiores y menciona su origen.
5. **Razonamiento crítico** **Predecir** Un posible resultado del calentamiento global es el descongelamiento de témpanos de hielo que aumentaría el nivel del mar. ¿Qué efectos produciría esto?

Las ciencias en casa

¿Qué partículas hay en el aire que te rodea? Con un miembro de tu familia, instala dos recolectores de partículas. Unta vaselina en la parte interior de dos frascos de vidrio vacíos y limpios. Coloca uno en el interior de tu casa y otro fuera. Asegúrate de que nadie toque los recipientes. Predice qué encontrarás en los frascos después de algunos días. Compara las partículas de cada frasco. ¿En qué se parecen? ¿Puedes identificar algunas partículas?

Exterior Miér. 11/15

Capítulo 5 E ♦ 147

Laboratorio real

Tú y tu ambiente

¿CÓMO REVERDECE EL JARDÍN?

La contaminación del aire no sólo afecta a éste. También puede afectar a la lluvia que cae sobre la tierra y perjudicar a los organismos que viven en ella. En este experimento investigarás cómo afectan los contaminantes a las plantas.

Problema

¿Qué efecto tienen los contaminantes en el desarrollo de las semillas?

Enfoque en las destrezas

controlar variables, medir, interpretar datos

Materiales

2 cajas de Petri con tapa
tierra para macetas
20 semillas de rábano
solución de detergente
agua del grifo, recolectada el día anterior
creyón
solución ácida
solución aceitosa
solución salina
cinta adhesiva
regla métrica

Procedimiento

1. Lee los pasos del experimento. Escoge el contaminante que deseas investigar. Escribe una hipótesis sobre el efecto de este contaminante. Copia la siguiente tabla de datos. Escribe el nombre del contaminante como título de la tabla.
2. Escribe tus iniciales en las tapas de las cajas de Petri. Luego escribe "Control" en una de ellas. Escribe el nombre del contaminante en la otra.
3. Llena ambas caja con tierra para macetas. No apisones la tierra.
4. Vierte 10 ml de agua en la caja de control. Vierte 10 ml de la solución contaminante en la caja del contaminante. Disemina 10 semillas en cada caja.
5. Cubre las cajas. Fíjalas con cinta adhesiva. Colócalas en un lugar donde reciban luz y nadie las toque. Lávate las manos con jabón.
6. Revisa diariamente las semillas por 5 días (no quites las tapas). Anota tus observaciones en la tabla. Usa la regla para medir la longitud de las raíces o brotes desarrollados. Si no observas ningún cambio, anótalo.

Analizar y concluir

1. ¿Cuántas semillas germinaron cada día en la caja de control? ¿Y en la caja contaminante? ¿Cuántas semillas germinaron en cada caja al final del experimento?
2. ¿Fueron distintos los brotes? Si fue así, ¿cómo?
3. ¿Los resultados respaldan tu hipótesis? Explica tu respuesta.
4. **Aplicar** Predice el efecto que tendría el contaminante que investigaste si se extendiera a un huerto o una granja.

Crear un experimento

¿Crees que el contaminante tenga el mismo efecto en cualquier tipo de planta? Escribe una hipótesis y crea un experimento para comprobarla. Pide permiso a tu maestro para realizar tu experimento.

TABLA DE DATOS

Fecha	Número de semillas que germinaron		Condición de las plántulas	
	Control	Contaminante	Control	Contaminante

SECCIÓN 2 El recurso del agua

DESCUBRE

¿Cómo cambia el agua?

1. Dirige la luz de una linterna a una taza de plástico transparente con agua.
2. Añade 6 gotas de leche al agua y revuélvela.
3. Vuelve a alumbrar la taza. Observa las diferencias.

Reflexiona sobre
Observar ¿Qué lugar tomó la leche? ¿Podrías separar fácilmente la leche del agua?

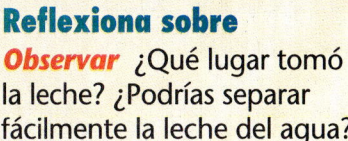

La mayor parte de la superficie terrestre está cubierta por alguna forma de agua. Los océanos cubren casi tres cuartas partes de la superficie de la Tierra. En los polos hay inmensas capas de hielo. Muchas partes de la Tierra no se ven desde el espacio porque están cubiertas por nubes formadas de diminutas gotas de agua. Así, es difícil creer que el agua sea un recurso tan escaso en muchas partes del mundo.

Un suministro limitado

¿Por qué el agua escasea si hay tanta agua en el planeta? **Esto se debe a que la mayor parte del agua de la Tierra (casi el 97 por ciento) es salada. El agua salada no puede beberse ni usarse para regar cultivos;** para esto se necesita agua dulce.

Además, alrededor de tres cuartas partes del agua dulce de la Tierra se encuentra en forma de hielo que las personas no pueden aprovechar. Por otra parte, las fuentes de agua dulce no siempre están cerca de los lugares habitados. Por ejemplo, muchas ciudades del suroeste de Estados Unidos toman el agua que necesitan de ríos localizados a cientos de kilómetros de distancia. Casi la mitad de la población de Estados Unidos satisface sus necesidades con el **agua freática**, es decir, el agua almacenada en capas de suelo y roca debajo de la superficie.

GUÍA DE LECTURA

◆ ¿Por qué el agua dulce es un recurso limitado?
◆ ¿Cuáles son las principales fuentes de contaminación del agua?

Sugerencia de lectura
Mientras lees, identifica oraciones que respalden este enunciado: *El agua es un recurso escaso que debe protegerse.*

Figura 8 Una vista desde el espacio muestra la abundancia de agua en la Tierra.

E ◆ 149

Figura 9 El agua se obtiene y almacena de muchas maneras. A la izquierda se observa una torre de abastecimiento de agua en una comunidad del condado de Bucks, Pennsylvania. A la derecha, mujeres de Yucatán, México, sacan agua de un pozo.

INTÉNTALO

Limpia el agua

ACTIVIDAD

En esta actividad aprenderás cómo el agua dulce de la Tierra se purifica en el ciclo natural del agua.

1. Vierte 15 ml de agua en un vaso de plástico.
2. Añade unas gotas de colorante vegetal y media cucharada de azúcar. Revuelve la mezcla hasta que el azúcar se disuelva.
3. Pon la taza bajo la luz del sol en un lugar donde nadie la toque.
4. Observa la taza dos veces al día hasta que toda el agua se haya evaporado. Fíjate en el fondo del vaso.

Hacer modelos ¿Qué representan el azúcar y el colorante? ¿Qué sucede con el agua en esta actividad?

Renovación del suministro Por fortuna, el suministro terrestre de agua dulce es renovable. El agua pasa de la atmósfera a la superficie de la Tierra en un ciclo constante. El agua de océanos, lagos y ríos se evapora y llega a la atmósfera. A medida que se evapora, las sustancias que contenía permanecen en la tierra. El vapor de agua pura se condensa en diminutas gotas que forman las nubes. Cuando las gotas aumentan de tamaño y peso, caen en alguna forma de precipitación.

Escasez de agua El agua escasea cuando se agota antes de que el ciclo del agua pueda reemplazarla. Esto suele ocurrir en épocas de **sequía**, periodos en los que cae menos lluvia de lo normal en una región. Durante una sequía, el uso del agua debe limitarse. De hecho, los usos innecesarios pueden prohibirse. Si la sequía es severa, los cultivos pueden perderse por falta de riego.

Debido al crecimiento incesante de la población, muchos lugares del mundo no reciben suficiente lluvia para satisfacer sus necesidades y deben obtenerla de fuentes muy lejanas o por otros medios. Por ejemplo, en Arabia Saudita, una nación que se localiza en el desierto, más de la mitad del agua dulce se obtiene procesando el agua del mar para eliminar la sal.

✓ *Punto clave* ¿Qué es una sequía?

Contaminación del agua

Cuando el suministro de agua dulce es insuficiente, la contaminación puede ser devastadora. Cualquier cambio en el agua que tenga un efecto nocivo sobre las personas y otros seres vivos se llama **contaminación del agua**. Algunos contaminantes, como el hierro y el cobre, impiden que el agua pueda usarse para beber o bañarse. Otros contaminantes, como el mercurio y el benceno, pueden causar enfermedades e incluso la muerte.

Gran parte de la contaminación es resultado de las actividades humanas. La agricultura, la industria, la construcción y la minería, entre otras, producen desechos que pueden contaminar el agua.

En la actividad de Descubre, observaste cómo unas gotas de leche se disuelven en un vaso de agua. No se sabe hasta qué punto se mezclaron. Igualmente los contaminantes se disuelven en los cuerpos de agua y la contaminación también puede afectar zonas alejadas.

Aguas residuales El agua y las heces fecales de lavabos, inodoros y duchas se llaman **aguas residuales**. Si las aguas residuales no son tratadas para eliminar los organismos nocivos que contienen, éstos se multiplican rápidamente. Si las aguas residuales no tratadas se mezclan con el agua potable, esos organismos pueden causar enfermedades.

Incluso las aguas residuales tratadas pueden ser una fuente de contaminación. Los desechos del tratamiento de las aguas residuales sirven de alimento a ciertas bacterias. Cuando éstas se multiplican, usan el oxígeno del agua y dejan sin oxígeno a otros organismos como los peces.

Residuos agrícolas Los residuos animales y los productos químicos agrícolas también son fuentes de contaminación. Dos ejemplos son los fertilizantes y los pesticidas. Los **fertilizantes** son productos químicos que proporcionan los nutrientes que ayudan a los cultivos a desarrollarse mejor. Pero la lluvia puede arrastrarlos a las lagunas, donde favorecen el crecimiento de algas. Pronto, las algas cubren la laguna e impiden que la luz llegue a otras plantas. Los **pesticidas** son productos químicos utilizados para eliminar organismos que dañan los cultivos (escarabajos y gusanos, por ejemplo). Los pesticidas también pueden dañar a otros animales, como las aves que se alimentan en los campos fumigados.

Debido a que los químicos usados en la agricultura se esparcen en grandes áreas, es difícil evitar que contaminen el agua de los alrededores. Incluso en baja cantidad, los químicos pueden acumularse hasta formar concentraciones nocivas conforme avanzan en la cadena alimenticia.

Figura 10 Este avión fumiga cultivos con pesticidas.
Relacionar causa y efecto
¿Cómo afectan los pesticidas rociados en un campo a los peces de una laguna cercana?

Figura 11 Los procesos industriales y la minería son dos fuentes de contaminantes químicos. A la izquierda, una fábrica de productos químicos vierte residuos en un río. A la derecha, el cobre disuelto de una mina tiñe de azul turquesa una corriente de agua.

Industria y minería Las plantas de productos químicos, papel y tejidos, y las fábricas que utilizan metales, producen desechos que pueden contaminar el agua. Las minas son otra fuente de residuos metálicos. Los productos químicos y los metales pueden dañar a los seres vivos que habitan en las aguas contaminadas. Además, los humanos que beben el agua o se alimentan de esos organismos están expuestos a la contaminación.

Sedimentos Cuando el agua escurre en la superficie, se vuelve lodosa y café. Este color proviene de partículas de roca, cieno y arena llamadas **sedimentos**. El agua que fluye por el suelo de edificios en construcción y minas, puede arrastrar grandes cantidades de sedimentos.

Cuando los sedimentos llegan a un cuerpo de agua, pueden cubrir las fuentes de alimento, nidos, madrigueras y los huevos de los animales que habitan ahí. Al impedir que la luz penetre en el agua, los sedimentos evitan que las plantas crezcan. Esto afecta a otros organismos que dependen de las algas y las plantas para alimentarse.

Petróleo y gasolina Una de las formas más dramáticas de contaminación son los derrames de petróleo. Quizá has visto algún reportaje donde se muestran playas cubiertas de petróleo crudo y voluntarios limpiando las alas de las aves. Una zona puede tardar muchos años en recuperarse después de un derrame considerable.

Otra forma de contaminación es el goteo de aceite y gasolina de los depósitos subterráneos. Piensa en las estaciones de servicio que hay en tu comunidad. Cada una tiene depósitos subterráneos donde se almacena la gasolina. Antiguamente estos depósitos se fabricaban con acero, pero los tanques se oxidaron y se horadaron y la gasolina que contenían escurrió al suelo y contaminó el agua freática. En algunos casos, la contaminación llegó muy lejos del depósito dañado. Controlar este tipo de contaminación ha sido difícil porque las fuentes están ocultas bajo tierra.

Calor Suele pensarse que los contaminantes son sustancias que se mezclan con el agua. Sin embargo, el calor también puede tener un efecto negativo en los cuerpos de agua. A veces, las fábricas o centrales eléctricas desechan agua utilizada para enfriar su maquinaria. El agua caliente altera la temperatura del río o lago en el que se vierte. El cambio de temperatura puede destruir plantas, animales y otros organismos que habitan ahí. Si has tenido una pecera, sabes que los peces sólo pueden sobrevivir en un rango muy limitado de temperatura. Hoy en día, la mayoría de las centrales eléctricas tienen torres de refrigeración que emiten vapor y no agua caliente. En la siguiente sección, leerás algo sobre otros métodos que previenen la contaminación del agua y del aire.

Figura 12 Una mancha brillante de petróleo forma remolinos alrededor de una hoja de arce en un charco. *Observar* ¿Qué características dificultan la limpieza de un derrame de petróleo?

Repaso de la sección 2

1. ¿Por qué la mayor parte del agua terrestre no puede aprovecharse?
2. Menciona cuatro actividades humanas que contaminen el agua.
3. Explica por qué en algunos casos es difícil encontrar la fuente de contaminación del agua.
4. ¿Qué son las aguas residuales? ¿Por qué deben tratarse antes de devolverse al medio ambiente?
5. **Razonamiento crítico** **Relacionar causa y efecto** ¿Cómo puede el calor contaminar un cuerpo de agua?

Comprueba tu aprendizaje

PROYECTO DEL CAPÍTULO 5

Ya debes haber empezado a reunir información para tu producto. Para atraer el interés de la audiencia, incluye la descripción de un hecho histórico relacionado con el tema de tu investigación. Organiza la información conforme la obtengas. Los esquemas y borradores pueden ayudarte a organizar tus ideas. (*Sugerencia:* Asegúrate de mantener el enfoque del tema. ¡La calidad del aire y del agua son temas muy amplios! Si mantienes el enfoque, no será difícil realizar tu tarea y administrar tu tiempo.)

Laboratorio de destrezas

Medir

¡Concéntrate en esto!

Muchos contaminantes tienen efectos nocivos incluso en concentraciones bajas. Compararás distintas concentraciones de un contaminante disuelto en agua.

Problema
¿Puedes detectar un contaminante en el agua cuando la concentración es muy baja?

Materiales
9 tubos de ensayo pequeños
marcador
gotero de plástico
portatubos
colorante vegetal
agua

Procedimiento

1. Lee el procedimiento completo. Escribe una predicción de los resultados. Copia la tabla de datos en tu cuaderno.
2. Numera los tubos de ensayo del 1 al 9.
3. Con un gotero de plástico, vierte nueve gotas de agua en cada tubo. Procura que las gotas sean del mismo tamaño.
4. Agrega una gota de colorante vegetal al tubo 1. Anota la cantidad de gotas que hay en el tubo. Agítalo para mezclar el contenido.
5. La concentración del colorante vegetal en el tubo 1 es: 1 gota en 10 gotas o 1 parte por cada 10. Anota esa concentración en la tabla.
6. Vierte una gota de la mezcla del tubo de ensayo 1 al tubo de ensayo 2. Agita el tubo 2 para mezclar el contenido.
7. Anota la concentración del tubo de ensayo 2. (*Sugerencia:* La gota que añadiste tenía una concentración de 1 parte por cada 10. Al diluir esa gota a un 1/10, la nueva concentración es de 1 parte por (10 × 10).
8. Vierte una gota del tubo anterior a los tubos 3 al 9. Anota las nuevas concentraciones.
9. Observa el agua en cada tubo de ensayo. Anota lo que observes. Si no ves ningún cambio de color, escribe "incoloro".

Analizar y concluir

1. ¿Cómo cambia el aspecto del agua de los tubos del 1 al 9?
2. El colorante vegetal contiene moléculas de tinte. ¿Se observan moléculas de colorante en el tubo 9? Explica tu respuesta.
3. ¿Qué significa "parte" en este experimento?
4. ¿Qué tubo tiene una concentración de 1 parte por millón? ¿Cuál tiene una concentración de 1 parte por cada mil millones?
5. **Piensa en esto** ¿Por qué la frase "partes por millón" es una forma útil de medir los valores relacionados con el ambiente?

Crear un experimento

¿Qué tiene mayor concentración: una mezcla de 5 partes por millón o una de 10 partes por cada 10 millones? ¿En qué son diferentes las dos mezclas? Analiza las ideas de este experimento para elaborar un plan e investigar más. Revisa el plan con tu maestro.

TABLA DE DATOS

Tubo de ensayo	Total de gotas añadidas	Concentración del colorante	Color
1			
2			

INTEGRAR LA TECNOLOGÍA

SECCIÓN 3 Soluciones a la contaminación

DESCUBRE ACTIVIDAD

¿Puedes recuperar el té?

1. Vierte un poco de té frío en una taza de plástico. Observa el color de la infusión.
2. Coloca un filtro de papel en un embudo. Vierte en el filtro pequeños trozos de carbón vegetal hasta la mitad. Pon el embudo sobre otra taza de plástico.
3. Vierte poco a poco el té por el embudo hasta que llegue a la taza.
4. Observa el líquido filtrado.

Reflexiona sobre
Desarrollar hipótesis Propón una explicación de los cambios que observaste en el té después de filtrarlo por el embudo.

Hace apenas 50 años todos evitaban acercarse al río French Broad, en Carolina del Norte. Su color cambiaba todos los días según los tintes utilizados en una fábrica de mantas. En esa época, las ciudades cercanas vertían sus aguas residuales en el río. Los sedimentos y fertilizantes de las granjas fluían al río cada vez que llovía. Los pocos peces que había estaban enfermos y cubiertos de llagas. Había demasiados residuos y bacterias en el río y, desde luego, no era un lugar de recreo. Hoy en día, sin embargo, el río French Broad es un popular sitio para navegar en balsa. Los peces abundan en la corriente clara. La fábrica de mantas y otras más han dejado de verter sus desechos al río. Las poblaciones cercanas cuentan con plantas de tratamiento de aguas residuales y los sedimentos de los campos se depositan en estanques en lugar del río.

Esta historia muestra que los problemas de contaminación pueden resolverse. Estas personas aún realizan las mismas actividades: cultivan la tierra, construyen casas y aun fabrican mantas. Pero al modificar la manera de realizar sus labores, han detenido la contaminación.

En Estados Unidos, las leyes regulan la cantidad de contaminantes liberados al ambiente. También hay reglamentos que determinan la manera de desecharlos. Las principales leyes federales que controlan la calidad del aire y el agua son la Ley del Aire Limpio y la Ley del Agua Limpia. Ambas fomentan nuevas tecnologías para reducir la contaminación.

GUÍA DE LECTURA

◆ ¿Cómo puede ayudar la tecnología a controlar la contaminación del aire?

◆ ¿Cómo puede ayudar la tecnología a controlar la contaminación del agua?

Sugerencia de lectura Antes de leer, elabora un esquema con los títulos de la sección. Deja espacio en tu esquema para hacer anotaciones.

Estos balseros disfrutan el agua limpia del río French Broad

Figura 13 Un depurador de chimeneas elimina contaminantes como el dióxido de azufre de las emisiones. Este gas pasa a través de un tubo que rocía pequeñas gotas de agua. Los contaminantes se disuelven en el agua y el gas limpio sale de la cámara. Ahora sólo falta eliminar el agua sucia en forma adecuada.

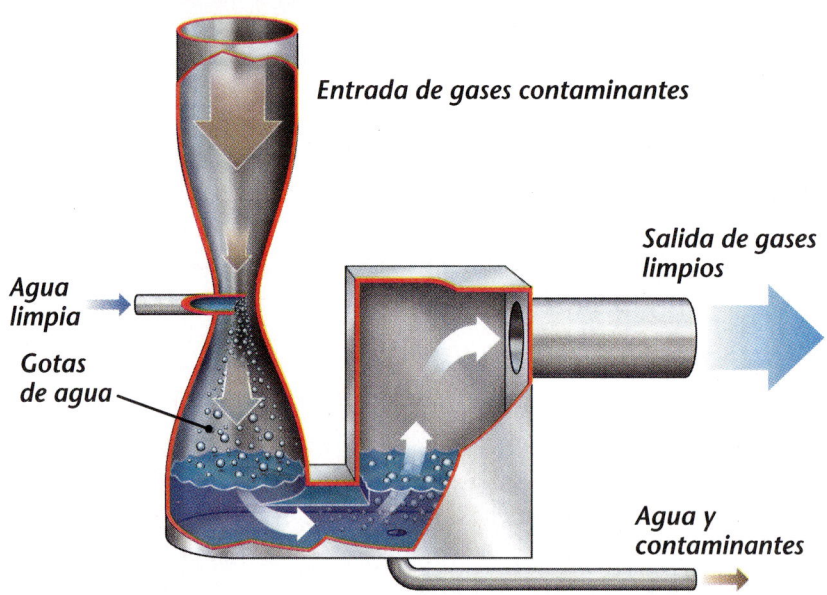

Reducción de la contaminación del aire

La Ley del Aire Limpio ha generado tecnologías que controlan la contaminación del aire. **El principal papel de la tecnología de control de la contaminación del aire es reducir las emisiones nocivas.**

Control de emisiones En un tiempo, las industrias construían chimeneas muy altas que liberaban las emisiones a mayor altura, donde el viento parecía alejarlas. Sin embargo, los contaminantes sólo se depositaban en algún otro lugar. Actualmente las fábricas colocan dispositivos en las chimeneas. Por ejemplo, algunos filtros atrapan partículas de ceniza. El dispositivo de la Figura 13 es un **depurador** que elimina por aspersión de agua los contaminantes de las emisiones; éstos se disuelven en el agua y son recolectados en un recipiente.

En la actualidad, los automóviles y camiones también cuentan con dispositivos que reducen la contaminación. Por ejemplo, el **convertidor catalítico** es un dispositivo que reduce las emisiones de monóxido de carbono, hidrocarburos y óxidos de nitrógeno. Este aparato hace que los gases reaccionen y formen menos dióxido de carbono nocivo y agua.

Las leyes pueden apoyar el uso de dispositivos. Por ejemplo, en varios estados los autos deben pasar pruebas de emisión de contaminantes. Estrictas leyes de control en California han ayudado a reducir el problema del smog en Los Ángeles en años recientes.

Sustitutos de los CFC Cuando la ley prohibe un contaminante, se tienen que buscar sustitutos para esas sustancias. Por ejemplo, en 1990 muchas naciones acordaron dejar de utilizar la mayoría de los CFC para el año 2000. Por esta razón los científicos empezaron a buscar sustitutos de estos químicos. Los refrigeradores y aparatos de aire acondicionado fueron rediseñados para utilizar sustancias menos nocivas. Los investigadores idearon nuevos métodos para fabricar plásticos espumosos sin utilizar los CFC. Como resultado, se espera que haya muchos menos CFC en la atmósfera después del año 2000 que en años anteriores.

Hacer gráficas

La siguiente tabla muestra la predicción científica de los niveles de cloro en la atmósfera con y sin la prohibición de los CFC. Usa los datos para hacer una gráfica de líneas de dos colores distintos. Redacta un breve párrafo con los resultados que obtengas.

Año	Nivel de cloro (partes por cada mil millones)	
	Con la prohibición	Sin la prohibición
1985	2.5	2.5
1990	3.5	4.0
1995	3.8	5.0
2000	3.6	7.5
2005	3.4	10.0

Limpieza del agua

La tecnología también puede ayudar a controlar la contaminación del agua. **Dos maneras de reducir la contaminación del agua son el tratamiento de los desechos para hacerlos menos nocivos y el uso de sustitutos de los contaminantes.**

Tratamiento de aguas residuales Muchas comunidades procesan las aguas residuales antes de devolverlas al ambiente. Una planta de tratamiento de aguas residuales típica maneja los residuos por etapas. En el **tratamiento primario** se eliminan los materiales sólidos; durante esta etapa el agua se filtra y luego se almacena en depósitos donde las partículas no filtradas se asientan. En el **tratamiento secundario** se utilizan bacterias que descomponen los desechos. Por último, se agrega cloro al agua para eliminar los organismos que causan enfermedades.

En Arcata, California, las aguas residuales son tratadas de una manera creativa. Las aguas residuales fluyen en lagunas con algas que descomponen los residuos. Luego, el agua penetra en pantanos artificiales con espadañas y aneas. Estas plantas y las bacterias del pantano filtran y limpian el agua. También se han creado hábitats para muchos moluscos, peces y aves. Además se han construido senderos para caminar y pasear en bicicleta. Después de dos meses de aplicar este sistema, ¡las aguas residuales son más limpias que las de la bahía en la que desembocan!

Petróleo y gasolina El petróleo es un contaminante que la naturaleza puede controlar en pequeñas cantidades. En el mar existen bacterias que descomponen el petróleo. Cuando encuentran partículas de petróleo en el agua, se alimentan de ellas y se multiplican rápidamente. Pero en el caso de grandes derrames muchos organismos se ven afectados antes de que el equilibrio del ecosistema se restablezca.

Es muy difícil eliminar la gasolina o el petróleo que escurren de los depósitos subterráneos. Si la contaminación no se ha extendido demasiado, es posible sacar la tierra de los alrededores. Pero si la contaminación llega a las aguas freáticas puede extenderse muy lejos. En algunos casos, las aguas freáticas se bombean para ser tratadas y devolverse a la tierra.

Figura 14 Quizá este ciclista en Arcata, California, ni siquiera sabe que esta apacible ciénaga es también un sistema natural de tratamiento de aguas residuales. *Aplicar los conceptos* ¿Cuáles son las dos etapas del tratamiento de las aguas residuales?

Figura 15 Estos trabajadores se esfuerzan por limpiar el petróleo en una playa rocosa.

Figura 16 Estos adolescentes plantan árboles en un parque de Austin, Texas. Plantar árboles es una manera de mejorar la calidad del aire, pues los árboles absorben el dióxido de carbono del aire y producen oxígeno.

Productos químicos industriales y agrícolas En lugar de liberar desechos al ambiente, las industrias pueden reciclarlos y recuperar materiales útiles. Al utilizar programas como estos, algunas industrias descubren que ahorran dinero y reducen la contaminación. Otras modifican sus procesos para producir menos residuos o desechos menos nocivos. Por ejemplo, ciertas industrias usan ácidos de frutas naturales como agentes de limpieza en lugar de solventes tóxicos. Del mismo modo, muchos agricultores están sustituyendo los pesticidas y fertilizantes en sus cultivos.

¿Qué puedes hacer?

Quizás pienses que no puedes hacer mucho para reducir la contaminación del aire y del agua; sin embargo, un pequeño cambio de conducta puede llegar a ser muy importante.

Puedes reducir la contaminación del aire disminuyendo el uso de ciertos tipos de energía. La mayor parte de la contaminación del aire es generada por los combustibles usados para generar electricidad y transportación. Emplear menos energía permite ahorrar combustible y reduce la contaminación. Cada vez que utilices el transporte público, camines o viajes en bicicleta, habrá un automóvil menos en la calle. Esto significa que se producirán menos emisiones y smog que causa el efecto invernadero. En el siguiente capítulo, aprenderás a utilizar menos energía en estos casos.

También es fácil prevenir la contaminación del agua en casa. Algunos contaminantes comunes del agua son la pintura y el diluyente de pintura, el aceite para lubricar motores y los productos químicos para jardín. Puedes evitar la contaminación del agua si no viertes estos productos por el desagüe y los guardas para el día de recolección de desechos caseros peligrosos que se realice en tu comunidad.

Repaso de la sección 3

1. ¿Qué papel desempeña la tecnología en el control de la contaminación del aire?
2. ¿Cuáles son las dos maneras básicas en que la tecnología puede ayudar a controlar la contaminación del agua?
3. Describe un dispositivo para chimenea que pueda ayudar a reducir las emisiones de las fábricas.
4. Explica cómo se pueden eliminar de manera natural los pequeños derrames de petróleo.
5. **Razonamiento crítico Hacer generalizaciones** Explica cómo pueden actuar las leyes en la reducción de la contaminación.

Comprueba tu aprendizaje

PROYECTO DEL CAPÍTULO 5

Ya estás listo para elaborar tu producto con la información que has reunido. Recuerda la edad de tu público cuando consideres la manera de expresarte, el número y estilo de las ilustraciones, la música y otras partes de tu proyecto. (*Sugerencia:* No olvides incluir actividades que tu público pueda realizar para participar en la solución. Asegúrate de que esas sugerencias sean apropiadas para su edad.)

GUÍA DE ESTUDIO

CAPÍTULO 5 REPASO

SECCIÓN 1 — Contaminación del aire

Ideas clave

- Los contaminantes del aire pueden tener la forma de partículas o gases.
- Las principales fuentes de smog fotoquímico son los gases que emiten los motores de los automóviles.
- Entre las fuentes de contaminación de interiores se encuentran el humo, el polvo, el pelaje de las mascotas, el asbesto y otras sustancias. Dos contaminantes muy peligrosos y difíciles de detectar son el monóxido de carbono y el radón.
- Algunos gases de la atmósfera terrestre evitan que el calor escape al espacio.
- La capa de ozono nos protege de los efectos del exceso de radiación ultravioleta.
- Las predicciones del clima se basan en modelos informáticos que calculan los efectos de los cambios en la atmósfera.

Términos clave

contaminación del aire
emisiones
smog fotoquímico
ozono
inversión térmica
lluvia ácida
capa de ozono
clorofluorocarbono
efecto invernadero
calentamiento global

SECCIÓN 3 — Soluciones a la contaminación

INTEGRAR LA TECNOLOGÍA

Ideas clave

- El papel principal de la tecnología en el control de la contaminación del aire es reducir las emisiones.
- Dos métodos básicos que reducen la contaminación del agua son el tratamiento de los desechos y el uso de productos sustitutos.

Términos clave

depurador
convertidor catalítico
tratamiento primario
tratamiento secundario

SECCIÓN 2 — El recurso del agua

Ideas clave

- La mayor parte del agua de la Tierra (casi el 97 por ciento) es agua salada.
- Los humanos y otros organismos requerimos agua dulce para realizar ciertos procesos vitales.
- Aunque existen fuentes naturales de contaminación del agua, la mayor parte de la contaminación es resultado de las actividades humanas. La agricultura, la industria, la construcción y la minería producen desechos que son arrojados al agua.

Términos clave

agua freática
sequía
contaminación del agua
aguas residuales
fertilizante
pesticida
sedimentos

USAR LA INTERNET — ACTIVIDAD
www.science-explorer.phschool.com

Capítulo 5 E ◆ 159

CAPÍTULO 5 REPASO

Repaso del contenido

 Para repasar los conceptos clave, consulta el Interactive Student Tutorial CD-ROM.

Opción múltiple

Elige la letra que complete mejor cada enunciado.

1. Las partículas y los gases liberados al aire son
   a. aguas residuales.   b. emisiones.
   c. depuradores.   d. lluvia ácida.
2. Un gas mortal que se forma cuando los combustibles no se queman por completo es el
   a. ozono.
   b. monóxido de carbono.
   c. smog fotoquímico.
   d. CFC.
3. ¿Cuál gas se considera que es la causa del calentamiento global?
   a. radón   b. ozono
   c. dióxido de carbono   d. monóxido de carbono
4. El agua y los materiales de desecho que se desechan por el inodoro y el lavabo se llaman
   a. pesticidas.
   b. aguas residuales.
   c. productos químicos industriales.
   d. fertilizantes.
5. El dispositivo que reduce las emisiones de monóxido de carbono de los vehículos es el
   a. depurador.
   b. convertidor catalítico.
   c. filtro.
   d. sustituto de CFC.

Falso o verdadero

Si el enunciado es verdadero, escribe verdadero. Si es falso, cambia la palabra o palabras subrayadas para hacer verdadero el enunciado.

6. La mayor parte del smog fotoquímico es producido por los <u>motores de los automóviles</u>.
7. La presencia de una capa de aire caliente que atrapa los contaminantes cercanos a la superficie de la Tierra se llama <u>inversión térmica</u>.
8. El ozono que hay en la <u>superficie</u> nos protege de la radiación ultravioleta.
9. Casi el 97 por ciento del agua terrestre es agua <u>dulce</u>.
10. El petróleo que hay en el océano puede ser descompuesto por <u>peces</u>.

Revisar los conceptos

11. Describe algunos posibles efectos del smog fotoquímico en la salud.
12. ¿Cómo se forma la lluvia ácida?
13. ¿Qué papel desempeñan el vapor de agua y el dióxido de carbono en el efecto invernadero?
14. ¿Qué es una sequía? ¿Qué efectos puede tener una sequía en una población?
15. Explica cómo los fertilizantes de una granja pueden contaminar un río cercano.
16. Menciona un método para reducir las emisiones de automóviles y camiones.
17. ¿Cómo se puede eliminar de manera natural un pequeño derrame de petróleo en el mar?
18. **Escribir para aprender** Escribe el guión de un noticiero de televisión en el que expliques cómo se relacionan los siguientes factores con las predicciones del clima: nubes, bosques, océanos, emisiones.

Razonamiento gráfico

19. **Red de conceptos** En una hoja de papel, copia la red de conceptos sobre contaminación del aire. Después complétala y ponle un título. (Para más información acerca de las redes de conceptos, consulta el Manual de destrezas.)

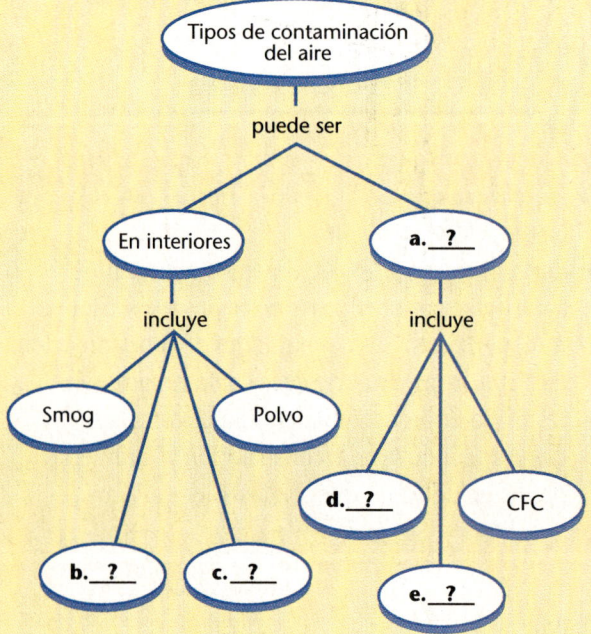

160 ◆ E

Aplicar las destrezas

Usa la gráfica para responder las Preguntas 20–22.

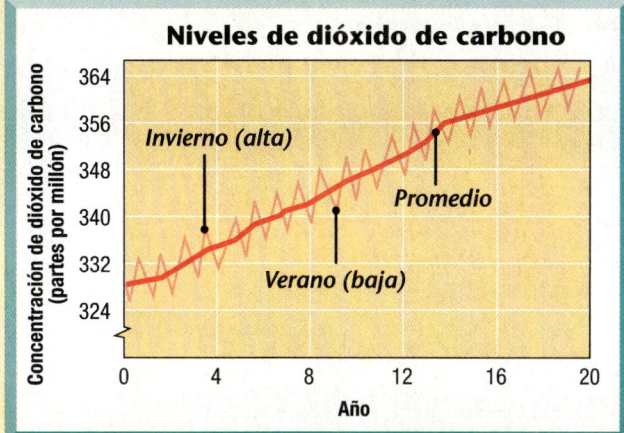

20. Interpretar datos ¿Cuál fue el nivel promedio de dióxido de carbono en la atmósfera al principio del estudio? ¿Cuál fue el nivel promedio de dióxido de carbono después de 20 años?

21. Calcular ¿Cuál fue el aumento del nivel de dióxido de carbono en el periodo estudiado?

22. Desarrollar hipótesis Cada año, el nivel de dióxido de carbono en invierno fue mayor que el del verano. Trata de explicar esto.

Razonamiento crítico

23. Comparar y contrastar ¿En qué se parecen el radón y el monóxido de carbono? ¿En qué son diferentes?

24. Predecir ¿Qué efecto podría tener el aumento repentino de partículas en la capa del ozono?

25. Hacer generalizaciones ¿Dónde esperarías que los niveles de smog fotoquímico fueran mayores: en las ciudades o en las áreas rurales? Explica tu respuesta.

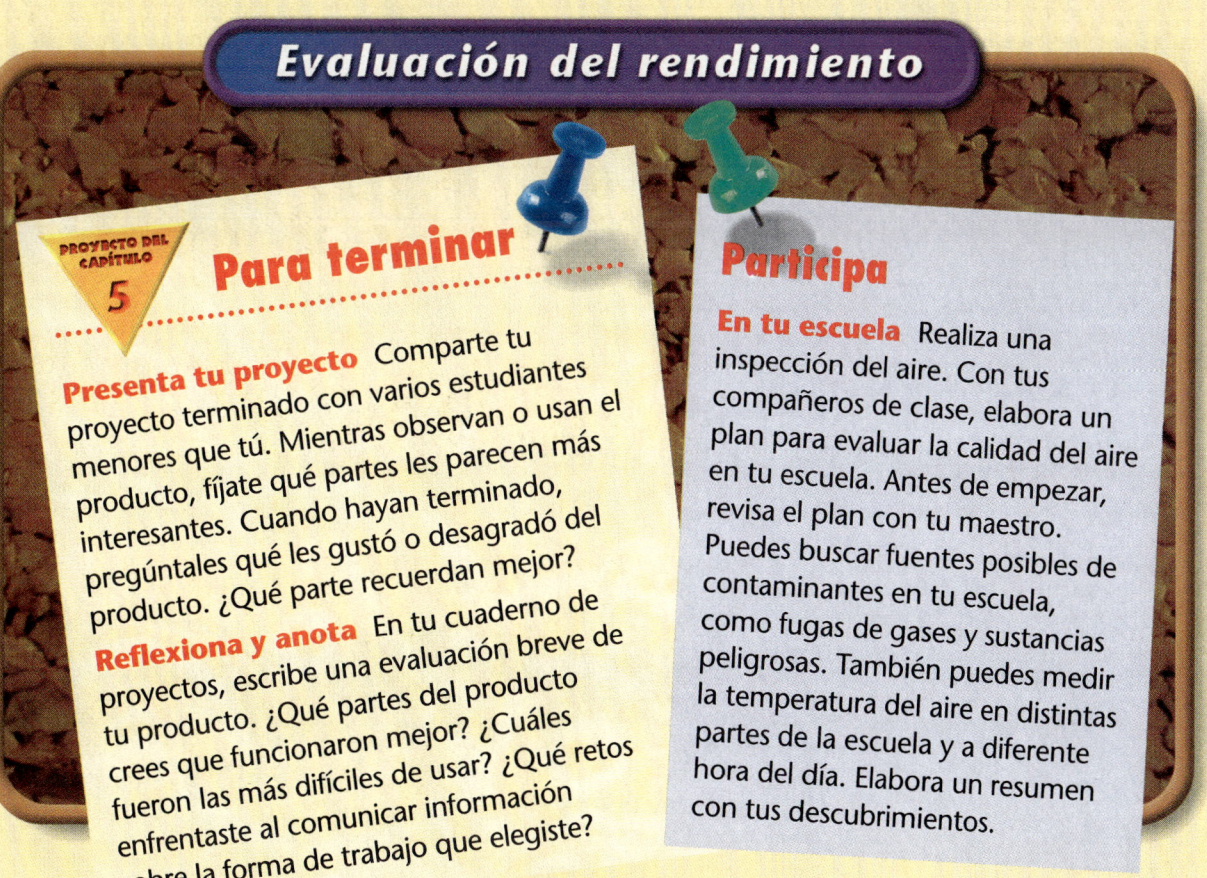

Evaluación del rendimiento

Para terminar

Presenta tu proyecto Comparte tu proyecto terminado con varios estudiantes menores que tú. Mientras observan o usan el producto, fíjate qué partes les parecen más interesantes. Cuando hayan terminado, pregúntales qué les gustó o desagradó del producto. ¿Qué parte recuerdan mejor?

Reflexiona y anota En tu cuaderno de proyectos, escribe una evaluación breve de tu producto. ¿Qué partes del producto crees que funcionaron mejor? ¿Cuáles fueron las más difíciles de usar? ¿Qué retos enfrentaste al comunicar información sobre la forma de trabajo que elegiste?

Participa

En tu escuela Realiza una inspección del aire. Con tus compañeros de clase, elabora un plan para evaluar la calidad del aire en tu escuela. Antes de empezar, revisa el plan con tu maestro. Puedes buscar fuentes posibles de contaminantes en tu escuela, como fugas de gases y sustancias peligrosas. También puedes medir la temperatura del aire en distintas partes de la escuela y a diferente hora del día. Elabora un resumen con tus descubrimientos.

CAPÍTULO

6 Fuentes de energía

Lo que encontrarás

 SECCIÓN 1 Combustibles fósiles
Descubre ¿Qué hay en un pedazo de carbón?
Mejora tus destrezas Hacer gráficas

 SECCIÓN 2 Fuentes renovables de energía
Descubre ¿Puedes captar la energía solar?
Laboratorio real Cocinar con energía solar

Integrar la química
 SECCIÓN 3 Energía nuclear
Descubre ¿Por qué caen?
Inténtalo Dispara al núcleo
Mejora tus destrezas Calcular

PROYECTO 6

Una revisión de la energía

El horizonte de la ciudad de Los Angeles cobra vida con las luces eléctricas al ocultarse el sol. Para abastecer a una ciudad entera se necesita una gran cantidad de energía. La energía refresca a los habitantes de Los Angeles, les brinda electricidad y los ayuda a transportarse. La energía también es necesaria para elaborar los productos que los visten, alimentan, informan y divierten. ¿Cuánta energía se consume en tu escuela? En este capítulo trabajarás en equipo para analizar el uso de energía en tu escuela.

Tu objetivo Escribir un informe sobre algún uso de la energía en tu escuela. Incluye algunas sugerencias para ahorrar energía.

Para completar el proyecto, tendrás que:
- examinar el tipo y la cantidad de energía que se utiliza en el área
- identificar una manera de ahorrar energía en esa área
- preparar un informe por escrito que resuma tus observaciones y sugerencias.

Para empezar Selecciona con tu grupo el área que van a estudiar; puede ser el salón de clases, la cafetería o los jardines de la escuela. También puedes considerar los sistemas de transporte y de calefacción y enfriamiento de aire. Enlista las maneras en que crees que se emplea la energía dentro y fuera de tu escuela.

Comprueba tu aprendizaje Trabajarás en este proyecto mientras estudias el capítulo. Para mantener tu proyecto en marcha, revisa los cuadros de Comprueba tu aprendizaje en los puntos siguientes:

Repaso de la Sección 1, página 170: Observa el área elegida y anota los tipos de energía utilizados.
Repaso de la Sección 2, página 178: Reúne información sobre la cantidad de energía utilizada y busca la forma de ahorrar energía.
Repaso de la Sección 3, página 185: Escribe un borrador con los datos.

Para terminar Al final del capítulo (página 193), presentarás las propuestas de tu grupo para lograr que en tu escuela se dé un uso más eficiente de la energía.

La electricidad ilumina el centro de Los Angeles al anochecer.

SECCIÓN 4 **Conservación de la energía**
Descubre ¿Cuál es más eficiente?
Laboratorio de destrezas Comodidad

SECCIÓN 1 Combustibles fósiles

DESCUBRE ACTIVIDAD

¿Qué hay en un pedazo de carbón?

1. Observa un trozo de carbón. Anota todos los detalles que puedas, como el color, la textura y la forma, entre otros.
2. Luego utiliza una lupa para observar el carbón con mayor detenimiento.
3. Examina el carbón en busca de fósiles, huellas de plantas o de restos de animales.

Reflexiona sobre
Observar En comparación con tus primeras observaciones, ¿qué descubriste con la lupa? ¿De qué crees que está hecho el carbón?

GUÍA DE LECTURA

◆ ¿Cómo proporcionan energía los combustibles?

◆ ¿Cuáles son los tres combustibles fósiles más importantes?

◆ ¿Por qué los combustibles fósiles se consideran recursos no renovables?

Sugerencia de lectura Al leer, haz una tabla que compare el carbón, el petróleo y el gas natural. Descríbelos y explica cómo se obtienen y usan.

El apagón ocurrió una tarde de noviembre de 1965, justo cuando empezaban las horas críticas de la noche. Una pequeña sección de una central eléctrica dejó de funcionar. Para reemplazar la energía perdida se activaron los controles automáticos para obtener electricidad de otra fuente; esto sobrecargó otra sección del sistema y provocó una falla. El problema aumentaba. ¡En cuestión de minutos, gran parte del noreste se encontraba sin electricidad! Las luces se apagaron y la penumbra envolvió la ciudad. Miles de personas se quedaron atrapadas a oscuras en los ascensores. Los semáforos dejaron de funcionar y causaron enormes embotellamientos. Las estufas eléctricas, los radios, los relojes... nada funcionaba. Transcurrieron 13 horas antes de que la energía se restableciera. Durante ese tiempo, más de 30 millones de personas se dieron cuenta de la gran importancia de la electricidad.

La producción de electricidad constituye un uso fundamental de los recursos energéticos. Otros usos son el transporte y la calefacción. Al leer sobre los recursos energéticos de la Tierra, piensa cómo cada uno satisface ciertas necesidades.

Combustibles y energía

 ¿Cómo llegas a la escuela? Ya sea en auto, en autobús, en bicicleta o caminando, utilizas alguna forma de energía. La fuente de esa energía es un combustible. **Un combustible es una sustancia que proporciona una forma de energía (calor, luz, electricidad o movimiento) como resultado de un cambio químico.**

◀ Estos cables del tendido eléctrico se extienden por el cielo al atardecer.

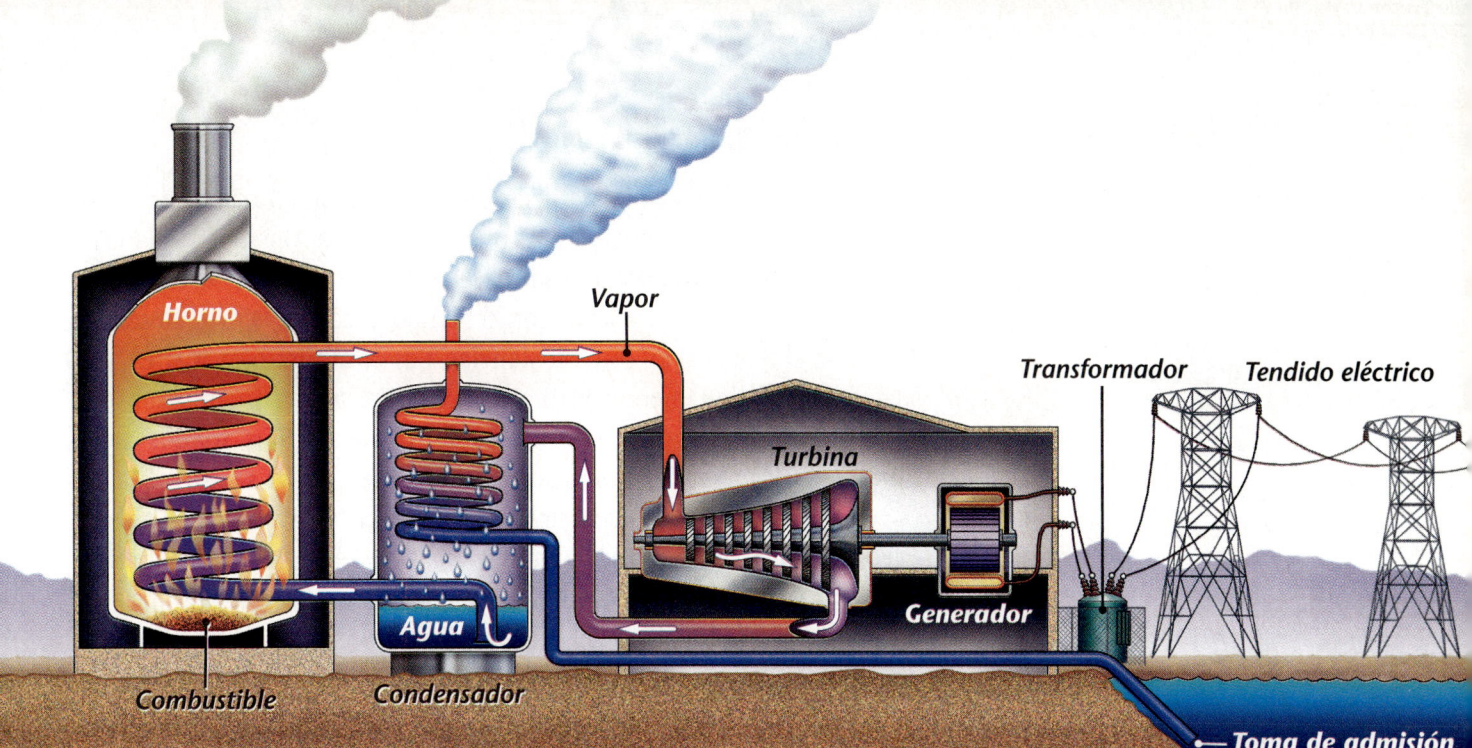

Figura 1 Las centrales eléctricas generan electricidad transformando una forma de energía a otra. El combustible se quema en el horno y libera energía térmica; ésta se utiliza para calentar agua y producir vapor. La energía mecánica del vapor impulsa las aspas de la turbina; ésta, a su vez, hace girar el generador que produce una corriente eléctrica.

La energía puede ser convertida de una forma a otra. Puedes comprobarlo si frotas tus manos con rapidez durante varios segundos. ¿Las sientes calientes? Si mueves tus manos, éstas generan energía mecánica, la energía del movimiento. La fricción de tus manos transformó la energía mecánica en energía térmica, que sentiste como calor.

Combustión Los combustibles almacenan energía química que puede ser liberada mediante la combustión. El proceso en el que se quema un combustible se llama **combustión**. Por ejemplo, el combustible empleado por muchos automóviles es la gasolina. Cuando la gasolina se quema en el motor de un automóvil, sufre un cambio químico; esto es, se combina con oxígeno y produce dióxido de carbono y agua. La combustión de la gasolina también convierte parte de la energía química almacenada en energía térmica. Esta energía térmica se transforma en energía mecánica que mueve el vehículo.

Producción de electricidad La energía almacenada en los combustibles también puede generar electricidad. En la mayoría de las centrales eléctricas, la energía térmica producida por la combustión se usa para calentar agua y producir vapor, como se muestra en la Figura 1. La energía mecánica del vapor impulsa las aspas de una turbina; éstas hacen girar el eje de la turbina conectada a un generador. Éste consta de potentes imanes en el interior de bobinas de alambre de cobre. Al moverse el eje de la turbina, los imanes giran dentro de la bobina y producen una corriente eléctrica; ésta fluye por los cables a los hogares e industrias.

☑ *Punto clave* ¿Cuáles son los tres tipos de conversión de energía que pueden observarse en una central eléctrica?

Hacer gráficas

Usa la información de la tabla para crear una gráfica circular que muestre los usos más comunes de la energía en Estados Unidos. (Para saber más sobre las gráficas circulares, consulta el Manual de destrezas.)

Uso final de la energía	Porcentaje del total
Transporte	26.5
Industria	38.1
Hogares y oficinas	35.4

¿Qué son los combustibles fósiles?

La mayor parte de la energía utilizada en la actualidad proviene de organismos que vivieron hace cientos de millones de años. Al morir las plantas, animales y otros organismos, sus restos se acumularon y fueron cubiertos por capas de arena, roca y lodo. Con el tiempo, el calor y la presión transformaron el material en otras sustancias. Los **combustibles fósiles** son sustancias ricas en energía, formadas con los restos de organismos que vivieron hace mucho tiempo. **Los tres combustibles fósiles más importantes son el carbón mineral, el petróleo y el gas natural.**

Los combustibles fósiles están hechos de hidrocarburos. Los **hidrocarburos** son compuestos químicos ricos en energía que contienen átomos de carbono e hidrógeno. Durante la combustión, el carbono y el hidrógeno se combinan con el oxígeno de la atmósfera y forman dióxido de carbono y agua. Este proceso libera energía en forma de calor y luz.

Los combustibles fósiles contienen más hidrocarburos por kilogramo que otros tipos de combustibles; por esta razón, constituyen una fuente extraordinaria de energía. Un kilogramo de carbón, por ejemplo, genera el doble de energía que un kilogramo de madera. El petróleo y el gas natural proporcionan el triple de energía que la madera.

Punto clave ¿Por qué los combustibles fósiles producen más energía que los demás combustibles?

Carbón

El carbón es un combustible fósil sólido formado con los restos de diversas plantas. Se ha usado para producir calor durante miles de años. Antes del siglo XIX, sólo era una fuente menor de energía comparado con la madera. Cuando se inició la revolución industrial en Europa y Estados Unidos, la demanda de combustible aumentó rápidamente.

Figura 2 El carbón mineral se formó con los restos de árboles y plantas que crecieron en los pantanos hace millones de años.

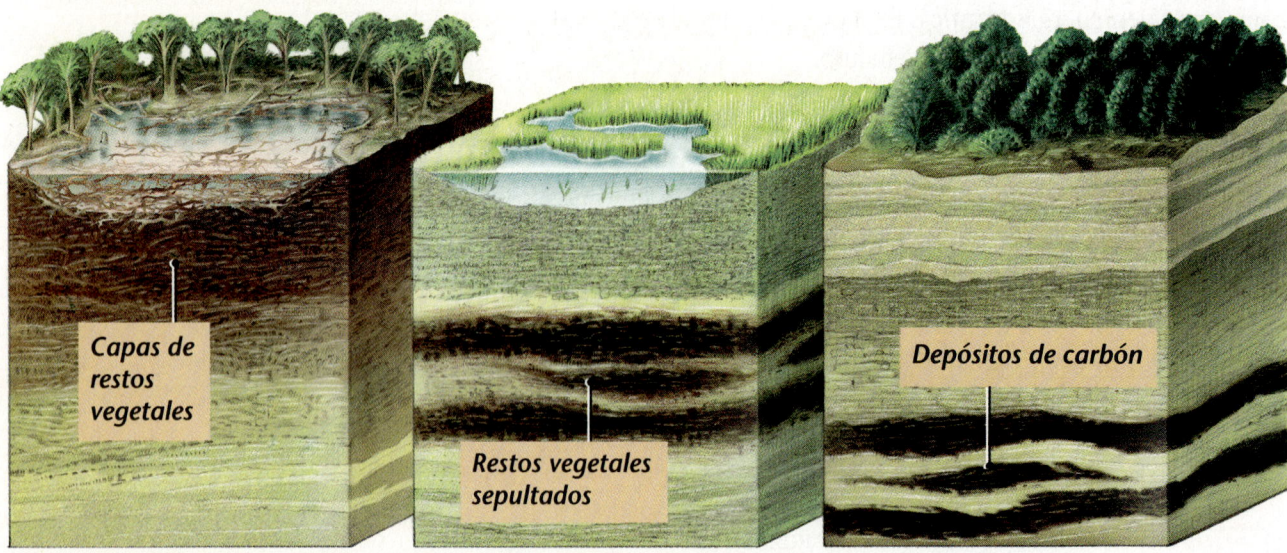

Capas de restos vegetales — **Hace 200 millones de años**

Restos vegetales sepultados — **Hace 50 millones de años**

Depósitos de carbón — **En la actualidad**

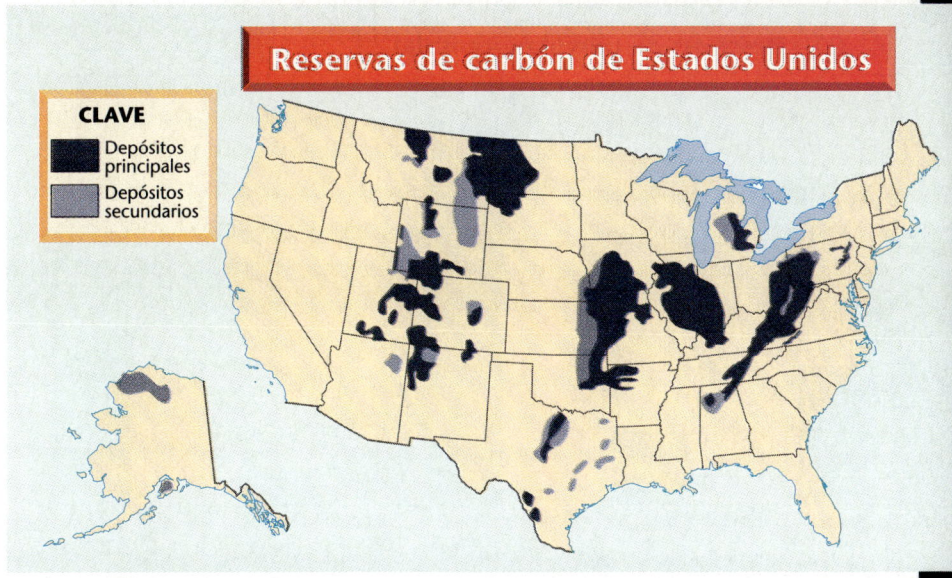

A medida que los bosques eran talados, la leña se volvió cada vez más costosa. Eso convirtió la extracción del carbón en un gran negocio. Gracias al carbón funcionaban las enormes máquinas de vapor de trenes, barcos y fábricas durante la Revolución Industrial.

Hoy en día, el carbón mineral proporciona alrededor del 23 por ciento de la energía que se consume en Estados Unidos. El principal uso del carbón es abastecer a las centrales eléctricas.

Extracción del carbón Antes de producir energía, el carbón debe extraerse. Algunos yacimientos están a gran profundidad bajo tierra o mezclados con otros materiales, lo que dificulta su obtención. Los yacimientos de carbón (y de otros combustibles fósiles) conocidos se llaman **reservas**.

En el siglo pasado, los mineros usaban herramientas manuales para extraer el carbón. Actualmente se utilizan máquinas para extraer el carbón y transportarlo a la superficie. Luego el carbón se limpia para remover rocas, arena y otros materiales no combustibles; esto aligera el carbón y reduce el costo del transporte.

El carbón como fuente de energía El carbón es el combustible fósil más abundante en Estados Unidos. Es fácil de transportar y proporciona una gran cantidad de energía. Pero también tiene desventajas. La extracción del carbón puede provocar erosión. Los desechos de las minas pueden contaminar el agua. Además, la combustión del carbón es más nociva para el aire que la de otros combustibles.

Por otra parte, la extracción del carbón puede ser peligrosa. Miles de mineros han muerto en accidentes dentro de las minas; muchos sufren de "pulmón negro", una enfermedad que se contrae al respirar polvo de carbón durante años. Por fortuna, la industria minera ha mejorado las condiciones de trabajo en las minas con nuevos procedimientos de seguridad y mejor equipo, entre ellos robots y barrenas que producen menos polvo.

Figura 3 Este mapa muestra la ubicación de las reservas de carbón de Estados Unidos. En la fotografía, un minero extrae antracita de un pozo profundo.
Interpretar mapas ¿En qué estados se localizan los yacimientos de carbón más abundantes?

Figura 4 Un agricultor irlandés voltea ladrillos hechos con turba. La turba es un tipo de carbón formado durante las primeras etapas de formación del carbón.

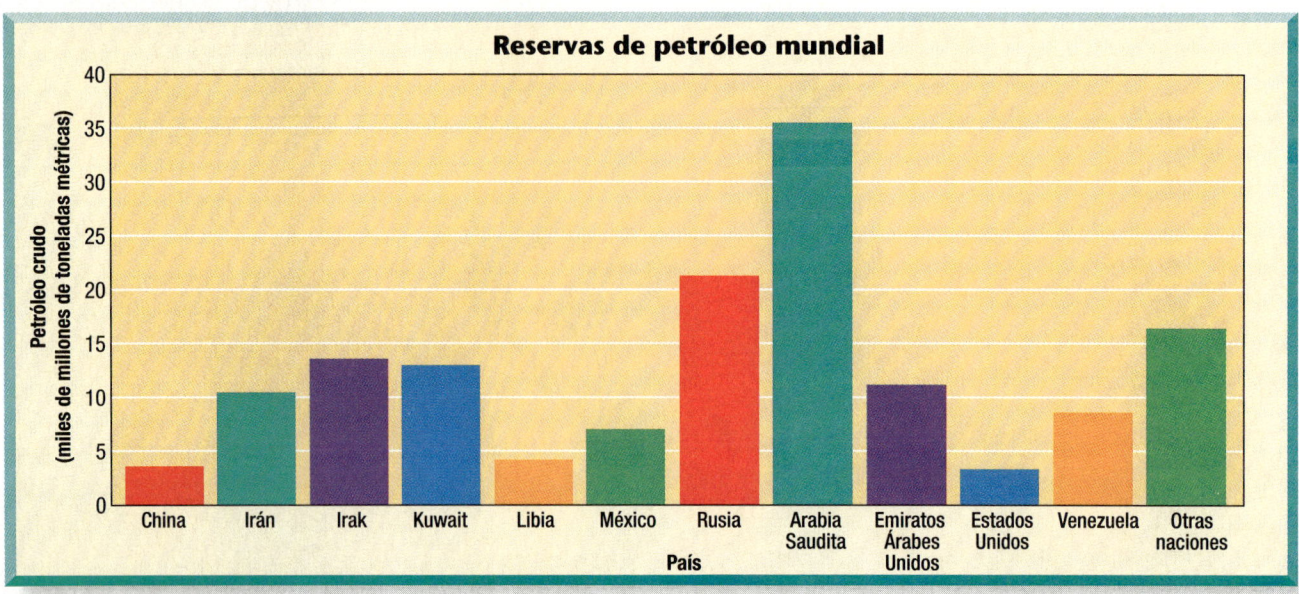

Figura 5 Los yacimientos de petróleo conocidos (reservas), están en diversas partes del mundo. *Interpretar gráficas* ¿Cuáles son las dos naciones con mayores reservas de petróleo?

Petróleo

El petróleo es un combustible fósil líquido, negro y espeso formado por los restos de pequeños animales, algas y protistos que habitaban en mares interiores, poco profundos, hace cientos de millones de años. La palabra **petróleo** es la forma latina de nombrar al aceite pues proviene de las palabras latinas *petra* (roca) y *oleum* (aceite). La mayoría de los yacimientos petroleros se ubican en diminutos orificios entre bancos de arenisca o caliza. El petróleo llena los orificios del terreno como las cavidades de una esponja atrapan el agua.

El petróleo representa más de la tercera parte de la energía producida en el mundo. El combustible que usan automóviles, aviones, trenes y barcos se elabora con este hidrocarburo.

Estados Unidos consume alrededor de una tercera parte del petróleo producido en el mundo. Pero sólo tres por ciento del suministro mundial se genera en este país; el resto debe importarse de países con mayor abundancia del hidrocarburo.

Ubicación de los yacimientos petroleros Por la profundidad de los yacimientos, extraer petróleo es difícil. Ahora, los científicos pueden usar ondas sonoras para rastrear los depósitos de petróleo sin perforar pozos. Esta técnica se basa en el uso de ondas sonoras que chocan contra los objetos y regresan en forma de ecos. Los científicos envían impulsos sonoros hacia las rocas subterráneas, luego miden el tiempo que el eco tarda en regresar. El tiempo depende de la propagación de las ondas en cada material, ya sea sólido o líquido. Esta información puede señalar los lugares con más probabilidades de contener petróleo. Sin embargo, sólo uno de cada seis pozos produce cantidades aprovechables del hidrocarburo.

Figura 6 Una plataforma de extracción bombea el petróleo en un campo de extracción en Texas.

Refinación del petróleo El petróleo recién extraído del suelo se llama petróleo crudo. El petróleo crudo es una sustancia líquida o espesa que necesita pasar por un proceso de refinación para ser transformado en productos útiles. Una planta en la que el petróleo crudo se separa y se procesa para elaborar combustibles y otros productos es una **refinería**.

Además de gasolina y combustible para calefacción, existen muchos otros productos comunes hechos con petróleo. Los **petroquímicos** son compuestos elaborados a partir del petróleo. Con estos se fabrican plásticos, pinturas, medicamentos y cosméticos.

✓ *Punto clave* ¿Cómo se utiliza el petróleo?

Gas natural

El tercer combustible fósil más importante es el gas natural, una mezcla de metano y otros gases. Al igual que el petróleo, el gas natural se forma con restos orgánicos. Como el gas natural es menos denso que el petróleo, puede elevarse sobre los yacimientos petroleros y formar bolsas entre las rocas.

Los gasoductos transportan el gas a los lugares donde se utiliza. Si conectáramos todos los gasoductos de Estados Unidos, la conexión llegaría hasta la luna y regresaría ¡dos veces! El gas natural también puede comprimirse en un líquido y almacenarse en depósitos como combustible para camiones y autobuses.

El gas natural tiene varias ventajas. Produce mayor cantidad de energía y menos contaminantes del aire que el carbón o el petróleo. También es fácil de transportar mediante redes de gasoductos. Sin embargo, tiene una desventaja, es altamente inflamable. Una fuga de gas puede causar un incendio y hasta una explosión violenta.

Las empresas que suministran gas doméstico pueden evitar explosiones por fugas de gas. Si en tu hogar se consume gas natural, quizá conozcas el típico olor a "gas", una señal que advierte de una fuga de gas en el ambiente. Por eso puede sorprenderte saber que el gas natural no tiene olor alguno. Entonces, ¿qué causa el olor a "gas"? Las compañías gaseras añaden al gas un producto químico que produce ese olor penetrante, a fin de facilitar la detección de fugas.

Figura 7 El petróleo crudo se refina para elaborar distintos productos. El proceso de refinación consiste en elevar la temperatura del crudo hasta que sus moléculas se separen, pues las sustancias que contiene se vaporizan a temperaturas específicas.

Figura 8 Durante la crisis de los energéticos, la gente tenía que hacer largas filas para comprar combustible.
Relacionar causa y efecto ¿Qué originó la escasez de combustibles?

Oferta y demanda

Debido a sus numerosas ventajas como fuente de energía, los combustibles fósiles se han vuelto esenciales en la vida moderna. **Pero recuerda que los combustibles fósiles tardan cientos de millones de años en formarse; por esta razón se consideran un recurso no renovable.** Por ejemplo, las reservas de petróleo en la Tierra necesitaron 500 millones de años para formarse; de éstas, una cuarta parte ya ha sido utilizada. Si continuamos utilizando combustibles fósiles con mayor rapidez de lo que pueden renovarse, los yacimientos pueden agotarse pronto.

Muchas naciones que consumen grandes cantidades de combustible disponen de reservas propias limitadas. Por eso tienen que comprar petróleo, gas natural y carbón a otras naciones que cuentan con yacimientos abundantes. Con frecuencia, la irregular distribución de las reservas de combustibles fósiles ha ocasionado problemas políticos en el mundo. Por ejemplo, en la década de los setenta, un grupo de países exportadores de petróleo decidió reducir sus envíos a Estados Unidos; esto generó escasez de gasolina y un rápido aumento de los precios y a veces la gente tenía que hacer largas filas para comprar gasolina. Este problema hizo que Estados Unidos recordara su dependencia del petróleo que importa de otras naciones.

Se necesitan nuevas fuentes de energía que sustituyan el uso de los combustibles fósiles, cuyas reservas son cada vez menores. En el resto del capítulo se describirán otras fuentes de energía y la manera de lograr que los recursos actuales duren más.

Repaso de la sección 1

1. Explica cómo proporcionan energía los combustibles.
2. Nombra los tres combustibles fósiles más importantes y descríbelos brevemente.
3. Explica por qué los combustibles fósiles se consideran recursos no renovables.
4. Menciona dos ventajas y una desventaja del gas natural como fuente de energía.
5. **Razonamiento crítico Aplicar los conceptos** ¿Por qué no es posible saber con exactitud la cantidad de petróleo que hay en las reservas mundiales?

Comprueba tu aprendizaje

PROYECTO DEL CAPÍTULO 6

Observa con tu equipo el área que eligieron. Determinen los usos de la energía en ese lugar: calefacción, refrigeración, iluminación, aparatos mecánicos, equipo electrónico o vehículos motorizados. Hagan una tabla de datos con los tipos de energía y las cantidades. Para calcular las cantidades, reúnan información de los medidores eléctricos o cualquier otro indicador. (*Sugerencia:* Observen el área en distintos momentos del día, pues el patrón de uso puede variar.)

SECCIÓN 2 Fuentes renovables de energía

DESCUBRE · ACTIVIDAD

¿Puedes captar la energía solar?

1. Vierte 250 mililitros de agua en dos bolsas de plástico transparente con cierre hermético.
2. Anota la temperatura del agua en cada bolsa y ciérralas.
3. Pon una de las bolsas en un lugar oscuro o sombreado. Coloca la otra bolsa en un lugar donde reciba la luz del sol directamente.
4. Predice qué temperatura tendrá el agua en cada bolsa después de 30 minutos.
5. Mide y anota las temperaturas finales.

Reflexiona sobre
Desarrollar hipótesis ¿Cómo cambió la temperatura del agua en cada bolsa? ¿Cómo explicas los resultados?

Cuando el Sol se asoma sobre el risco del cañón donde acampas con tu familia, sientes su calor en tu rostro. El frío de la noche desaparece rápidamente y una brisa sopla y arrastra el olor de la fogata. Quizá puedas darte un chapuzón en las aguas termales de un manantial cercano.

Esta apacible escena se desarrolla lejos del bullicio de automóviles, camiones, fábricas y plantas de energía eléctrica de la ciudad. Pero también aquí hay fuentes de energía en tu alrededor. El Sol calienta el aire, el viento sopla y el calor del interior de la Tierra calienta las aguas del manantial. Todas estas fuentes de energía son renovables, es decir, se reemplazan constantemente. Ahora sabes por qué los recursos renovables son preferibles a los combustibles fósiles. Al leer sobre los energéticos renovables, piensa cómo pueden satisfacer necesidades.

GUÍA DE LECTURA

◆ ¿Cómo proporciona energía el Sol?

◆ ¿Qué fuentes de energía renovables conoces?

Sugerencia de lectura Antes de leer, revisa los títulos de la sección. Predice si algunas fuentes de energía son renovables.

La energía del Sol

El calor que sientes en un día soleado se llama **energía solar** y proviene del Sol. **El Sol emite energía en forma de luz y calor.** La energía solar es fuente, directa o indirectamente, de casi todos los recursos renovables. En un solo día, la Tierra recibe suficiente energía solar como para satisfacer las necesidades energéticas de todo el mundo durante 40 años. Además, la energía solar no contamina y no se agotará en varios miles de millones de años.

Entonces, ¿por qué la energía solar no ha reemplazado los combustibles fósiles? Una razón es que sólo está disponible durante el día y sería necesario contar con una fuente adicional de

E ◆ 171

Figura 9 Orientados al Sol, estos espejos proporcionan energía a una central eléctrica en Nuevo Gales del Sur, Australia. *Inferir* ¿Por qué la forma de estos espejos los hace más eficaces?

energía para los días nublados y las noches. Otro problema es que la gran cantidad de energía que la Tierra recibe del Sol está muy dispersa. Para obtener energía suficiente, es necesario reunirla de una enorme área.

Tecnologías solares

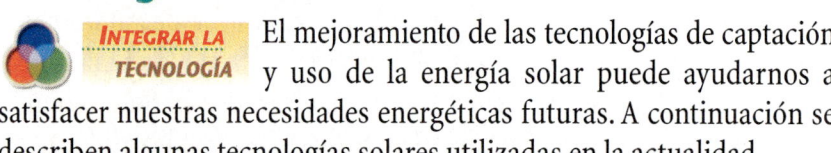 El mejoramiento de las tecnologías de captación y uso de la energía solar puede ayudarnos a satisfacer nuestras necesidades energéticas futuras. A continuación se describen algunas tecnologías solares utilizadas en la actualidad.

Plantas solares Una manera de aprehender energía solar implica el uso de espejos gigantes. En una planta solar, hileras de espejos concentran los rayos del Sol para calentar un depósito de agua. El agua hierve y produce vapor, que a su vez genera electricidad.

Celdas solares La energía solar puede convertirse directamente en electricidad en una celda solar. Una celda solar es una especie de "sándwich" con delgadas capas de silicón y otros materiales. Las cubiertas superior e inferior del sándwich tienen una terminal negativa y una positiva, como una batería. Cuando la luz llega a la celda, los electrones cruzan las capas, generando una corriente eléctrica.

La cantidad de electricidad generada por una celda solar depende de su superficie y de la cantidad de luz disponible. Las celdas solares son comunes en calculadoras, bombillas, teléfonos y otros dispositivos pequeños. Pero se necesitarían más de 5,000 celdas del tamaño de tu mano para producir la electricidad que necesita un hogar común. Además, construir celdas solares es muy costoso. Por tanto, sólo se usan en las áreas donde es difícil utilizar combustibles fósiles.

Punto clave ¿De qué están hechas las celdas solares y cómo funcionan?

Sistemas de calefacción solar La energía solar puede utilizarse para calentar edificios. Como se muestra en *Explorar una casa solar*, existen dos tipos de sistemas de calefacción solar: pasivos y activos.

Un **sistema pasivo de calefacción solar** convierte la luz del Sol en energía térmica sin usar bombas ni ventiladores. Cuando subes a un auto en un día soleado, experimentas un calentamiento solar pasivo. La energía solar atraviesa las ventanillas en forma de luz. Los rayos del Sol calientan los asientos y otras partes que transfieren su calor al aire. El aire caliente queda atrapado en el interior, por lo que el auto se calienta. Este principio puede aplicarse para calentar un hogar.

Un **sistema activo de calefacción solar** almacena la energía solar y después distribuye el calor con bombas y ventiladores. La luz solar choca contra el metal negro de la superficie del colector solar, donde la energía solar es convertida en energía térmica. Para absorber esta energía, se bombea agua por tuberías a través del colector solar. El agua caliente se almacena y el aire caliente se distribuye con ventiladores.

EXPLORAR *una casa solar*

Esta casa solar utiliza sistemas de calefacción pasiva y activa, así como celdas solares para convertir la energía solar en calor y electricidad.

Celdas solares
Las celdas solares del techo generan una corriente eléctrica. Una batería almacena la energía para utilizarla durante la noche.

Calentador solar de agua
El agua fresca se bombea de un tanque de almacenamiento a un colector solar activo colocado en el tejado. El sol calienta el agua de los paneles del colector. Luego el líquido se devuelve al tanque. Enseguida se conduce por tuberías a las habitaciones de la casa. El aire que rodea los tubos también se calienta.

Calefacción interior pasiva
Las paredes y los pisos absorben la luz solar que atraviesa la ventana y la convierten en calor. Por la noche, las persianas impiden que el calor escape al exterior.

Diseño de ventanas
Grandes ventanas en los costados sur y oeste actúan como recolectores solares pasivos. Permiten que la luz del sol penetre durante el invierno. Los aleros dan sombra a las ventanas durante el verano.

Fuente térmica de reserva
La casa cuenta con una estufa de leña como reserva de energía térmica, especialmente en los días nublados.

Figura 10 Esta granja eólica en el desierto de Mojave es una de muchas granjas que aprovechan la energía del viento en California. *Hacer generalizaciones* ¿Cuáles son algunas ventajas de la energía eólica?

Atrapar el viento

El Sol es una fuente de energía renovable. **Otras fuentes de energía renovable incluyen el viento, el agua, las olas, el material de biomasa, el interior de la Tierra y el hidrógeno.**

La energía eólica es una forma indirecta de energía solar. El sol no calienta de manera uniforme la superficie terrestre. Como resultado de este calentamiento irregular, cada zona de la atmósfera tiene distintas temperaturas y presión. La irregularidad de la presión genera vientos cuando el aire fluye de una región a otra.

El viento puede aprovecharse para impulsar una turbina y generar electricidad. Las centrales de energía eólica o "granjas eólicas" constan de muchos molinos de viento que generan grandes cantidades de energía.

Aunque el viento apenas genera el uno por ciento de la electricidad en el mundo, es la fuente energética de mayor desarrollo. La energía eólica es económica y no produce contaminación. En lugares donde los combustibles son difíciles de transportar, como en la Antártida, la energía eólica es la principal fuente de energía. En las lejanas praderas de Mongolia, la electricidad se obtiene con más de 70,000 turbinas de viento.

La energía eólica no es ideal en todo lugar. En pocas regiones el viento sopla tan ininterrumpidamente como para representar un recurso útil. Los generadores son ruidosos y si el viento sopla con demasiada fuerza puede destruirlos. No obstante, conforme los combustibles fósiles se vuelvan escasos y caros, los generadores eólicos serán más importantes.

Punto clave ¿Cómo genera electricidad el viento?

La energía del agua en movimiento

La energía solar también es fuente indirecta de energía hidráulica. Recuerda que en el ciclo del agua la energía del sol calienta el líquido en la superficie terrestre y forma vapor de agua. Luego, éste se condensa y vuelve a la Tierra en forma de lluvia o nieve. Cuando el agua fluye hacia lagos y océanos, proporciona otra fuente de energía.

El agua corriente puede hacer girar una turbina y generar electricidad, igual que el vapor o el viento. Cuando una presa es construida sobre un río, se obstruye el movimiento del agua y se crea entonces un lago artificial o represa. Cuando el agua corre por canales en el fondo de la presa, pone en movimiento varias turbinas conectadas a un generador.

La **energía hidroeléctrica** es la electricidad producida con corrientes de agua. En la actualidad, este tipo de energía es la fuente renovable más utilizada en el mundo. Una vez construidas la presa y la central hidroeléctrica, la producción de electricidad resulta económica. Una ventaja más de la energía hidroeléctrica es que no contamina el aire. A diferencia de la energía solar o eólica, el agua proporciona un abastecimiento continuo de energía.

Pero la energía hidroeléctrica también tiene limitaciones. En Estados Unidos, por ejemplo, la mayoría de los ríos caudalosos ya han sido embalsados. Además, las presas pueden tener efectos negativos en el ambiente. Puedes leer más sobre las ventajas y desventajas de las plantas hidroeléctricas en *Ciencias y sociedad*, en la página 180.

Figura 11 El agua en movimiento provee la energía que hace girar la rueda de este antiguo molino en Tennessee.

Energía de las mareas

Otra fuente de agua en movimiento son las olas. La fuerza de gravedad de la Luna y el Sol atrae el agua de la superficie terrestre, haciéndola subir y bajar con regularidad. En algunas costas, enormes cantidades de agua penetran en las bahías durante la marea alta. Luego, el agua regresa al mar durante la marea baja.

Se han construido algunas plantas de energía que aprovechan el flujo constante de la marea. Una presa situada en una bahía poco profunda retiene el agua. Cuando el agua fluye de regreso al mar, pasa por las turbinas de la presa y genera electricidad, como los ríos en las centrales hidroeléctricas.

No obstante, sólo algunas costas son apropiadas para construir plantas de este tipo. Al construir una presa en la bahía, también se impide el acceso de los botes y los peces. Por esta razón, es difícil que la energía de la marea se convierta en una fuente importante.

Punto clave ¿*En qué se parece una planta de energía por marea a una central hidroeléctrica? ¿En qué son diferentes?*

Estudios sociales
CONEXIÓN

Los antiguos pobladores del este de Estados Unidos construían molinos en las corrientes de agua. Los molinos aprovechaban la energía del agua en represas o cascadas para hacer girar ruedas con paletas y activar diversas máquinas. Muchas veces, el lugar donde se construía el molino originaba una nueva población.

En tu diario

Supón que vas a escribir un artículo sobre un antiguo molino. Comenta la importancia de este instrumento, cómo se originaban pueblos cerca de ellos y cómo se utilizan en la actualidad.

Combustibles de biomasa

El primer combustible utilizado para obtener calor y luz fue la madera. En la fotosíntesis, los árboles usan la energía solar para convertir dióxido de carbono y agua en moléculas más complejas. Al quemarse la madera, las moléculas vuelven a descomponerse y liberan energía.

La madera forma parte de un grupo de combustibles llamados **combustibles de biomasa**, formados a partir de seres vivos. Algunos de ellos son las hojas, los restos de comida y el estiércol. Con la escasez de los combustibles fósiles debemos prestar mayor atención a los combustibles de biomasa. Por ejemplo, cuando se elevaron los precios del petróleo, los agricultores hawaianos idearon una manera de aprovechar los residuos de la caña de azúcar. En lugar de tirarlos, los quemaron para generar electricidad. Hoy en día, casi la cuarta parte de la electricidad utilizada en la isla de Kauai se genera con materiales de biomasa.

Los materiales de biomasa también pueden convertirse en otro tipo de combustibles. Por ejemplo, con el maíz y la caña de azúcar puede elaborarse alcohol. Si se añade alcohol a la gasolina, se forma una mezcla llamada **gasohol.** El gasohol sirve como combustible para automóviles. Cuando las bacterias descomponen los desechos, se obtiene gas metano que puede aprovecharse como combustible de calefacción.

El alcohol y el metano son recursos renovables, pero producirlos resulta más costoso que usar combustibles fósiles. Aunque la madera es renovable, se necesita mucho tiempo para que los nuevos árboles crezcan y sustituyan a los árboles talados. Es por eso que los combustibles de biomasa casi no se utilizan en Estados Unidos. Pero ante la escasez de los combustibles fósiles, los combustibles de biomasa pueden ser más importante en la producción energética.

Figura 12 Este campo de maíz es una fuente rica de combustible de biomasa. Después de cosechar el maíz, los tallos y hojas pueden quemarse para obtener energía.
Comparar y contrastar ¿En qué se parecen los combustibles de biomasa a otras fuentes de energía como el viento y el agua? ¿En qué son diferentes?

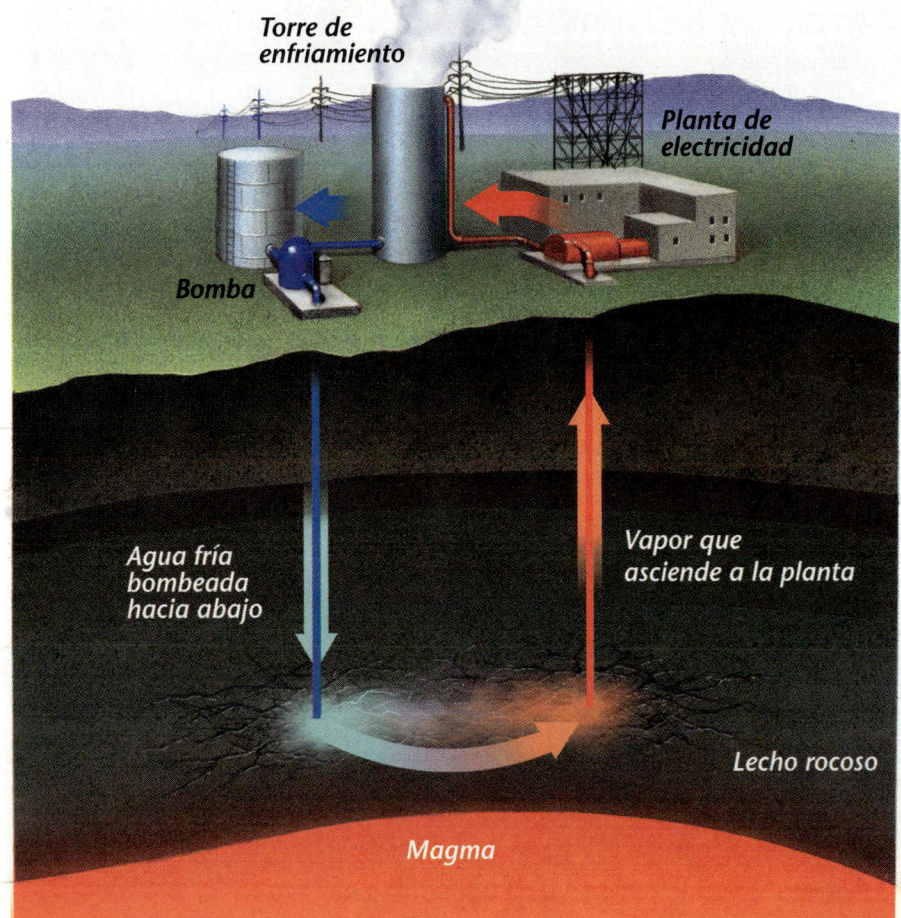

Figura 13 Una central geotérmica utiliza el calor del interior de la Tierra como fuente de energía. Se inyecta agua fría por medio de tubería a las profundidades del suelo, donde el magma la calienta. El vapor resultante puede usarse para generar calor o electricidad.

Aprovechamiento de la energía de la Tierra

Bajo la superficie terrestre hay una gruesa capa de roca líquida, muy caliente, llamada magma. En algunos lugares, el magma está cerca de la superficie e incluso puede brotar como lava volcánica. La energía que calienta el magma se llama **energía geotérmica**.

En algunas regiones, como Islandia y Nueva Zelanda, el magma calienta las aguas subterráneas hasta el punto de ebullición. El agua caliente y el vapor son fuentes valiosas de energía. En Reykjavik, Islandia, 90 por ciento de los hogares se calientan bombeando agua bajo la superficie. La energía geotérmica también permite generar electricidad, como se muestra en la Figura 13.

La energía geotérmica es una fuente ilimitada de energía a un costo accesible. Pero como las demás fuentes de energía, también tiene desventajas. En pocos lugares el magma se encuentra cerca de la superficie. En la mayor parte de la superficie terrestre sería necesario cavar pozos muy profundos para obtener la energía y esto es muy costoso. Aun así, es probable que la energía geotérmica desempeñe un papel importante en el futuro.

Punto clave ¿Cómo se utiliza la energía geotérmica para generar electricidad?

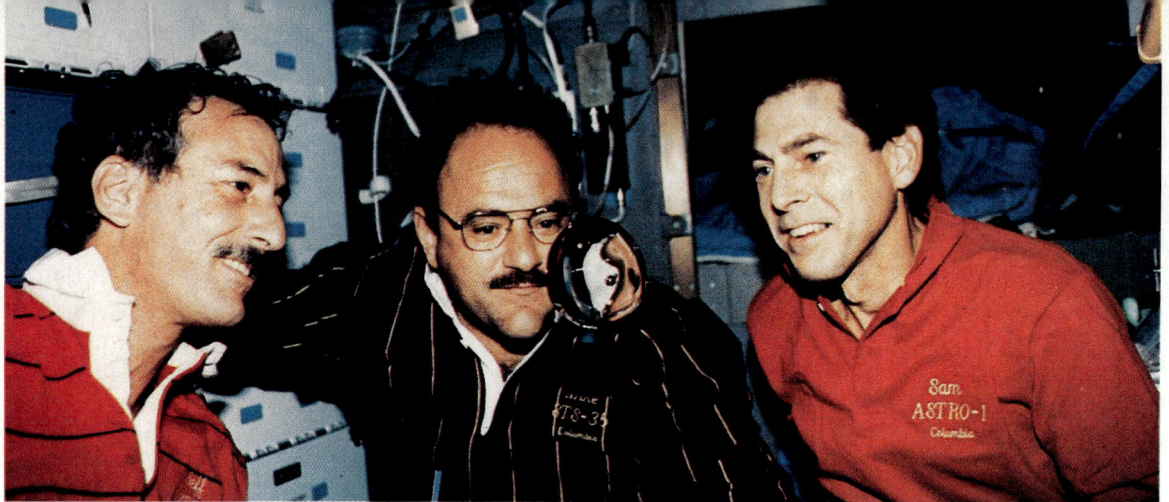

Figura 14 El objeto que maravilla a estos tres astronautas es una burbuja de agua, subproducto de las células del combustible de hidrógeno utilizadas en el transbordador espacial.

Energía del hidrógeno

Ahora que has leído tanto sobre fuentes de energía, piensa en un combustible con la siguiente descripción: se quema, no contamina y sólo produce agua como residuo. No produce ni humo, ni smog, ni lluvia ácida. Puede manejarse y transportarse mediante tuberías y es muy parecido al gas natural. Este combustible abunda en la Tierra.

Este idílico combustible es real, se trata del hidrógeno. Sin embargo, hay un obstáculo en su uso. Casi todo el hidrógeno que hay en la Tierra está combinado con oxígeno, se encuentra en forma de agua. El hidrógeno puede obtenerse al hacer pasar una corriente eléctrica a través de agua. Pero se utiliza más energía de la que se obtiene.

Los científicos no descartan al hidrógeno como combustible en el futuro. Actualmente, las centrales hidroeléctricas disminuyen su producción cuando la demanda es baja. Pero bien podrían operar a su máxima potencia todo el tiempo y utilizar el sobrante de energía para producir hidrógeno. De igual manera, las plantas solares generan más electricidad de la necesaria durante el día. Esta electricidad podría emplearse para producir hidrógeno. Si pudiera encontrarse una manera adecuada de generar hidrógeno, éste podría convertirse algún día en una fuente importante de energía.

Repaso de la sección 2

1. ¿Qué es la energía solar?
2. ¿Cómo se relacionan la energía del viento, del agua en movimiento y la energía solar?
3. ¿Cuál es la diferencia entre un sistema de calefacción solar activo y uno pasivo?
4. Menciona tres ejemplos de combustibles de biomasa.
5. ¿Qué limita el uso de la energía geotérmica?
6. **Razonamiento crítico Predecir** ¿Qué recurso renovable crees que se utilice en tu comunidad dentro de 100 años? Explica.

Comprueba tu aprendizaje

PROYECTO DEL CAPÍTULO 6

Reúne más información sobre la energía utilizada en el área que elegiste para investigar. Piensa en formas de ahorrar energía en esa área. Por ejemplo, ¿pueden usarse los aparatos eléctricos por periodos más cortos? (*Sugerencia:* Si entrevistas a los encargados del mantenimiento del edificio, quizás obtengas buenas ideas. Consulta con tu maestro antes de entrevistar a alguien.)

Cómo funciona

Cocinar con energía solar

¿Crees que en el futuro se cocine con el calor del Sol en vez de usar electricidad? En este experimento, investigarás cómo usar la energía solar para preparar alimentos.

Problema

¿Qué forma debe tener una estufa solar?

Enfoque en las destrezas

hacer predicciones, crear experimentos, formular definiciones operativas

Materiales sugeridos

tijeras
pegamento
3 termómetros
3 taquetes
cinta adhesiva
malvaviscos
3 hojas de papel aluminio
reloj
3 hojas de cartoncillo

Procedimiento

Parte 1 Captar la energía solar

1. Lee el procedimiento completo. Predice en qué hoja se producirá mayor temperatura al ponerla bajo el sol.
2. Pega el papel aluminio, con el lado brillante hacia arriba, sobre el cartoncillo. Elimina las arrugas antes de que seque el pegamento.
3. Dobla una hoja en forma de "V" y otra hoja en forma de "U". No dobles la tercera hoja.
4. Coloca las hojas bajo el sol. Usa bloques grandes o libros para evitar que las hojas pierdan su forma.
5. Con la cinta adhesiva, fija un taquete a cada termómetro. Anota la temperatura inicial de cada termómetro.
6. Usa los taquetes para sujetar los termómetros al centro de cada hoja. Después de 15 minutos, anota la temperatura final de cada termómetro.

Parte 2 Diseñar una estufa solar

7. Con los resultados del Paso 6 diseña una estufa solar en la que puedas asar un malvavisco. Prepara una descripción por escrito de tu plan y pide autorización a tu maestro. Incluye la definición operativa de un "malvavisco asado".
8. Cuando tu maestro haya aprobado tu plan, prueba tu diseño colocando un malvavisco sobre un pedazo de madera. Anota el tiempo que tarda el malvavisco en tostarse.

Analizar y concluir

1. ¿Cuál es la función del papel aluminio en tu investigación? ¿Qué otros materiales podrías haber usado? Explica tu respuesta.
2. ¿Cuál de las tres formas ("V", "U" o plana) produjo el mayor incremento de temperatura? Trata de explicar el resultado.
3. ¿Qué otras variables pueden afectar los resultados? Explica tu respuesta.
4. **Aplicar** ¿Cuáles son las posibles ventajas de tu diseño de una estufa solar? ¿Cuáles son las posibles desventajas?

Explorar más

Trata de adaptar tu diseño para calentar agua. Muestra el proyecto a tu maestro antes de ponerlo a prueba.

Capítulo 6

CIENCIAS Y SOCIEDAD

Presas hidroeléctricas: ¿Llegaron para quedarse?

Existen cientos de presas hidroeléctricas en Estados Unidos. Éstas proporcionan electricidad a millones de personas y son fuentes de energía limpia, económica y renovable. Por eso son una buena fuente de energía.

Sin embargo, hace poco se descubrió que las presas pueden afectar los ecosistemas fluviales. Incluso se ha propuesto eliminar algunas. ¿Es esto razonable? ¿En qué casos las ventajas superan los inconvenientes?

Temas de debate

¿Cómo afectan las presas al ambiente? Ya que las presas pueden modificar la profundidad y el flujo del agua, también pueden alterar la temperatura de un río: puede bajar o aumentar demasiado y afectar a los peces. El cambio de temperatura también puede afectar a las algas. Esto alteraría la cadena alimenticia del lugar.

Algunos peces como el salmón, el arenque y el sábalo, depositan sus huevecillos en los ríos para después volver al mar, o sea que para reproducirse, deben regresar al río. Las presas pueden obstruir estos procesos. Por ejemplo, en la cuenca del río Columbia, donde hay más de 50 presas, de casi 10 millones de salmones que había, sólo quedan unos 2 millones.

¿Qué efecto tendría eliminar presas? Hay quienes dicen que la única manera de restablecer los ecosistemas es eliminar las presas. Sin embargo, éstas suministran parte de la electricidad que requiere la nación. Eliminarlas podría obligarnos a utilizar más combustibles fósiles. Recuerda que los combustibles fósiles contaminan más que las centrales hidroeléctricas.

El agua de las represas en las plantas hidroeléctricas se utiliza para beber y en el riego de cultivos. Este suministro sería muy difícil de reemplazar. Además, las presas de un río pueden reducir la corriente durante la época de lluvias.

¿Qué se puede hacer? Eliminar las presas podría restablecer algunos ecosistemas fluviales. Por ejemplo, se planea destruir la presa Edwards, localizada en el río Kennebec, en Maine, para permitir que varias especies de peces amenazadas desoven. Pero la presa Edwards sólo proporciona un pequeño porcentaje de la energía utilizada en Maine y esa energía es muy fácil de reemplazar por presas más grandes.

Existen otros métodos para proteger a los peces migratorios. Las escalas para peces, por ejemplo, los ayudan a cruzar las presas. Incluso se les puede transportar en camiones; sin embargo, ambos métodos son costosos y no siempre tienen éxito.

El gobierno autoriza la construcción de las plantas hidroeléctricas, pero antes de renovar una licencia, los funcionarios examinan el impacto sobre el ambiente y la producción energética.

Tú decide

1. Identifica el problema En tus propias palabras, explica algunos temas de debate sobre las presas hidroeléctricas.

2. Analiza las opciones Examina las ventajas y desventajas de eliminar presas. ¿Cuáles son los beneficios? ¿Cuáles son los costos? ¿A quién afectará el cambio?

3. Encuentra una solución Supón que debe renovarse la licencia de una presa que genera electricidad, pero obstruye la migración de los peces. ¿Qué propones?

INTEGRAR LA QUÍMICA

SECCIÓN 3 Energía nuclear

DESCUBRE — ACTIVIDAD

¿Por qué caen?

1. Acomoda 15 fichas de dominó y forma un triángulo como el que se muestra.
2. Empuja la primera ficha, de modo que caiga sobre la segunda hilera de fichas. Observa los resultados.
3. Vuelve a ordenar las fichas, pero retira la tercera hilera.
4. Vuelve a empujar la primera ficha. Observa lo que sucede.

Reflexiona sobre

Inferir Supón que cada ficha produce una gran cantidad de energía al caer. ¿De qué serviría quitar una hilera de fichas, como hiciste en el Paso 3?

¡No sería maravilloso usar el mismo método del Sol para producir energía? ¡De cierta manera, eso es posible! La clase de reacciones que alimentan al Sol se producen en el interior de los átomos. La parte de un átomo que contiene los protones y neutrones se llama **núcleo**. Las reacciones relacionadas con esta parte, es decir, las reacciones nucleares, generan asombrosas cantidades de energía. Dos tipos de reacciones nucleares son la fisión y la fusión.

Fisión nuclear y energía

Las reacciones nucleares transforman la materia en energía. En 1905, Albert Einstein desarrolló una fórmula que describía la relación entre la energía y la materia. Tal vez has visto la famosa ecuación: $E = mc^2$. En esta ecuación, la E representa la energía y la m la masa. La c, que representa la velocidad de la luz, es una cifra muy grande. Esta ecuación determina que cuando la materia se transforma en energía, libera una enorme cantidad de energía.

La **fisión nuclear** consiste en la división del núcleo de un átomo en dos núcleos más pequeños. El combustible de una reacción nuclear son los átomos grandes que tienen núcleos inestables, como el uranio-235 (U-235). La reacción se produce al disparar un neutrón contra el átomo de U-235. **Cuando el neutrón choca contra el núcleo del U-235, éste se divide y forma dos núcleos más pequeños, con dos o más neutrones cada uno.** La masa total de esas partículas es un poco menor que la masa del núcleo original. La pequeña cantidad de masa que constituye la diferencia se ha transformado en energía, una enorme cantidad de energía, como explica la ecuación de Einstein.

GUÍA DE LECTURA

◆ ¿Qué sucede durante las reacciones de fisión y fusión?

◆ ¿Cómo se produce electricidad en una planta nuclear?

Sugerencia de lectura Al leer, haz un diagrama de Venn en el que compares y contrastes la fisión nuclear con la fusión nuclear.

Figura 15 Albert Einstein, quien aparece en esta foto de 1930, describió la relación entre la energía y la materia.

E ◆ 181

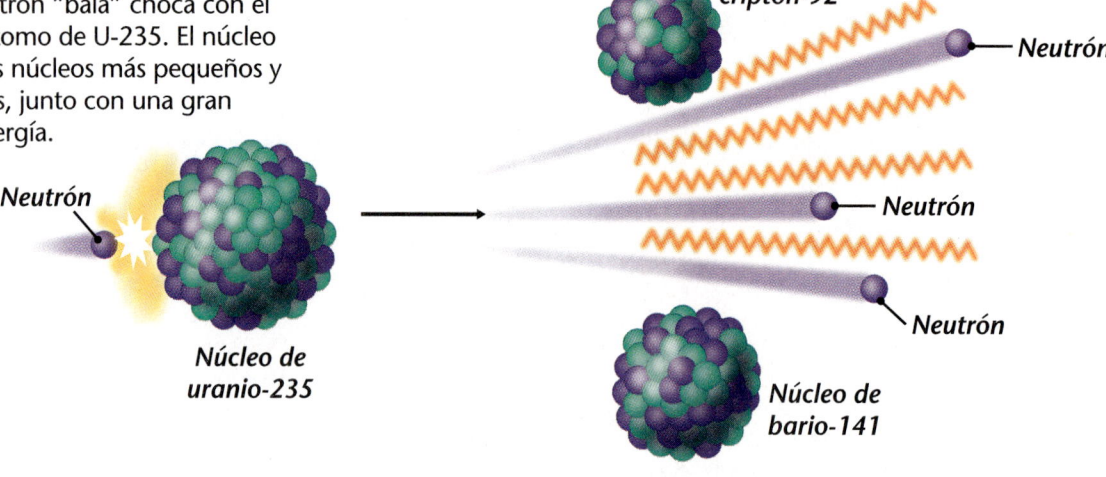

Figura 16 En una reacción de fisión nuclear, un neutrón "bala" choca con el núcleo de un átomo de U-235. El núcleo se divide en dos núcleos más pequeños y libera neutrones, junto con una gran cantidad de energía.

Mientras tanto, la reacción de fisión produjo tres neutrones más. Si uno de estos neutrones golpea otro núcleo, entonces la fisión se repetirá y liberará más neutrones y energía. En caso de existir suficientes núcleos cerca del anterior, el proceso continuará formando una reacción en cadena, parecida al efecto de las fichas de dominó. En una reacción nuclear en cadena, la cantidad de energía liberada aumenta con gran rapidez en cada etapa.

¿Qué ocurre con la energía liberada por las reacciones de fisión? Si una reacción nuclear en cadena no es controlada, la energía liberada puede causar una enorme explosión. La explosión de una bomba atómica es una reacción nuclear sin control. Algunos kilogramos de material inestable pueden explotar con mayor violencia que miles de toneladas de dinamita. No obstante, si la reacción en cadena es controlada, la energía se libera en forma de calor que puede aprovecharse para generar electricidad.

Plantas nucleares

Las reacciones de fisión nuclear controladas se realizan en plantas nucleares. **En una planta nuclear, el calor liberado por las reacciones transforma el agua en vapor. Al igual que otras fuentes de energía, el vapor hace girar turbinas que generan electricidad.** Observa el diagrama de una planta nuclear en la Figura 17. Además del generador, la planta tiene dos partes fundamentales: la nave del reactor y el extractor de calor.

Nave del reactor La **nave del reactor** es la sección donde se lleva a cabo la fisión nuclear. El reactor contiene en su interior varillas de U-235 conocidas como **varillas de combustible**. Cuando varias varillas de combustible se colocan juntas, ocurre una reacción en cadena. Las reacciones se controlan colocando **varillas de control** de cadmio entre las varillas de combustible. El cadmio absorbe los neutrones liberados

INTÉNTALO

Dispara al núcleo

ACTIVIDAD

En un área libre del salón de clases, representa con una maqueta la fisión nuclear. Coloca en el piso un montón de canicas, sin dejar espacio entre ellas. Párate a medio metro de las canicas. Lanza una canica al conjunto.

Hacer modelos ¿Qué representa la canica que lanzaste? ¿Qué efecto produjo en el conjunto? ¿En qué se parece esto a la fisión nuclear?

durante la fisión. Al retirar las varillas de control, la fisión se acelera. Si la nave del reactor se calienta demasiado, las barras reguladoras retardan la reacción en cadena.

Extractor de calor El calor se extrae de la nave usando agua u otro fluido que es bombeado al reactor. El líquido pasa por un extractor de calor. Allí, el líquido caliente hace hervir agua para producir el vapor que activa el generador eléctrico. Luego, el vapor se condensa y es bombeado de nuevo al extractor de calor.

✓ *Punto clave* *¿Cómo se controlan las reacciones de fisión?*

Riesgos de la fisión nuclear

En un principio se pensó que la fisión nuclear proporcionaría una fuente casi ilimitada de energía limpia y segura. Hoy en día las plantas nucleares generan gran parte de la electricidad usada en el mundo: casi 20 por ciento en Estados Unidos y más del 70 por ciento en Francia. Pero estas plantas enfrentan algunos problemas.

En 1986, en Chernobyl, Ucrania, la nave de un reactor nuclear se sobrecalentó. Las varillas de combustible generaron tanto calor que se fundieron, provocando la **fusión** del núcleo. El exceso de calor incrementó la presión en el generador. Una serie de explosiones destruyó partes del techo e hirió y mató a muchos trabajadores de la planta y a algunos bomberos. Los materiales radiactivos escaparon al ambiente. En Chernobyl aún se encuentra contaminación en un área del tamaño de Florida. Este y otros accidentes similares nos han llevado a pensar si las plantas nucleares realmente son seguras.

Calcular

Una sola bolita de U-235 del tamaño de una pastilla de menta puede producir tanta energía como 615 litros de petróleo. Un hogar promedio requiere 5,000 litros de petróleo al año. ¿Cuántas bolitas de U-235 se necesitarían para proporcionar esa cantidad de energía?

Figura 17 En una planta nuclear, el uranio se somete a la fisión y produce calor. Este calor hace hervir el agua y el vapor resultante mueve las turbinas que generan electricidad. *Interpretar diagramas ¿Qué parte de la planta libera calor al ambiente?*

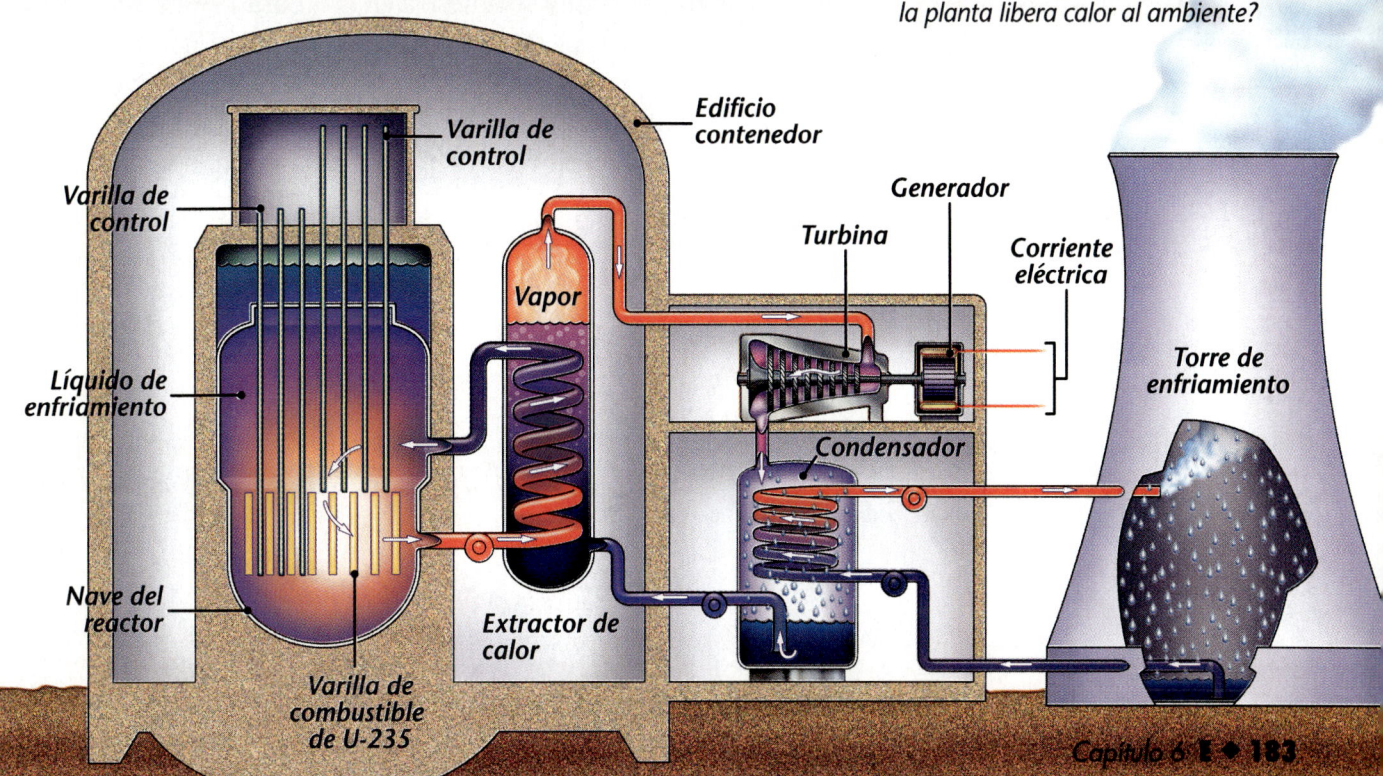

Figura 18 Un problema que enfrentan las plantas nucleares es la eliminación de las varillas de combustible radiactivas que ya fueron utilizadas. En esta planta en Francia, las varillas se almacenan en un depósito de agua a gran profundidad.

El peligro de que ocurra una fusión en un reactor representa un grave problema. Sin embargo, la fusión puede evitarse con una planeación cuidadosa. Un problema más difícil es eliminar los residuos radiactivos de las plantas nucleares pues los desechos radiactivos se mantienen activos durante miles de años. Los científicos tratan de encontrar una manera segura de almacenar estos residuos a largo plazo. En resumen, la energía nuclear ha resultado más costosa de lo que se esperaba en un principio. Las exigencias de seguridad aumentan en gran medida el costo de las plantas nucleares.

✓ *Punto clave* ¿Cuáles son los tres problemas que presenta la fisión nuclear como fuente de energía?

La lucha por controlar la fusión

Un segundo tipo de reacción nuclear es la fusión. La **fusión nuclear** consiste en la combinación de dos núcleos atómicos para producir un núcleo más grande. **Como se muestra en la Figura 19, dos núcleos de hidrógeno se unen en una reacción de fusión.** Uno de ellos (el hidrógeno-2) tiene un protón y un neutrón, el otro (el hidrógeno-3) posee un protón y dos neutrones. El calor y la presión los obligan a combinarse, creando un núcleo de helio con dos protones y dos neutrones. Este núcleo

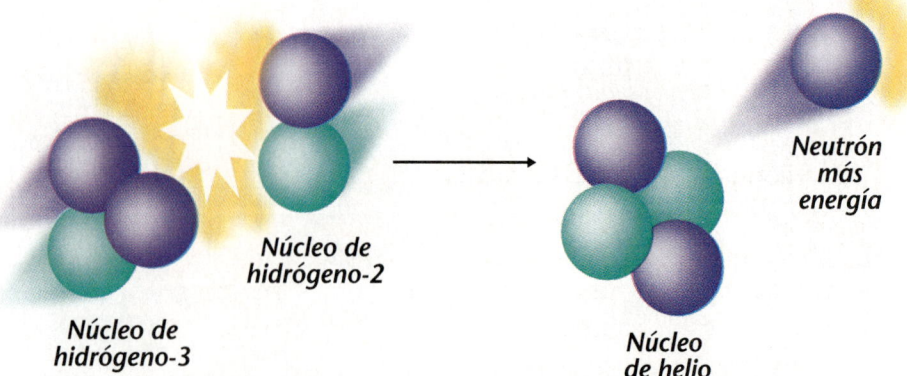

Figura 19 En la fusión nuclear, dos núcleos se combinan para formar un núcleo más grande. *Interpretar diagramas* ¿Qué se libera durante una reacción de fusión?

de helio posee una masa ligeramente menor a la masa total de los dos núcleos de hidrógeno originales. La masa faltante se convirtió en energía.

La fusión nuclear tendría muchas ventajas como fuente de energía. Una es que la fusión puede producir mucha más energía que la fisión y otra que el combustible de la fusión es más fácil de obtener. El agua, que abunda en los océanos, contiene uno de los tipos de hidrógeno necesarios en la fusión; además de que ésta puede ser menos nociva y contaminante que la fisión nuclear. ¡Ahora entiendes por qué los científicos están impacientes por encontrar la manera de construir un reactor de fusión!

Aunque se han fabricado bombas de fusión nuclear, los científicos aún no han podido controlar las reacciones de fusión en cadena. La temperatura representa el mayor problema. En el Sol, la fusión nuclear ocurre a 15 millones de grados centígrados; una temperatura casi imposible de crear en la Tierra. La fusión también requiere una enorme cantidad de presión, pero no se ha encontrado ningún material que pueda soportar una presión tan elevada. Aunque algunos campos magnéticos extremadamente potentes pueden contener una reacción de fusión, el gasto de energía para generarlos es mayor que la energía que se obtiene de la fusión.

Aunque aún falta mucho por investigar, algunos científicos opinan que tarde o temprano podrán controlar las reacciones de fusión. Si lo logran, quizá concluya la hasta ahora interminable búsqueda de una fuente de energía limpia y accesible.

Figura 20 Los investigadores del Laboratorio Nacional de Los Álamos, Nuevo México, estudian la fusión como fuente de energía. Esta máquina crea fuertes campos magnéticos que permiten realizar fusiones durante breves periodos.

Repaso de la sección 3

1. Haz un diagrama sencillo de una reacción de fisión. Usa estas leyendas: núcleo de U-235, neutrones, núcleos más pequeños, energía.
2. ¿Cómo puede usarse la energía de una reacción de fisión para producir electricidad?
3. Explica el uso de las varillas de control.
4. Menciona dos razones que impiden el uso de la fusión nuclear como fuente de energía.
5. **Razonamiento crítico Clasificar** ¿Es la fisión nuclear una fuente de energía renovable o no renovable? Explica tu respuesta.

Comprueba tu aprendizaje

PROYECTO DEL CAPÍTULO 6

Tu equipo deberá preparar un informe escrito con sus descubrimientos sobre el uso de la energía en el área estudiada. Incluyan los aspectos principales sobre el uso de la energía. También deben incluir recomendaciones para ahorrar energía.

Laboratorio de destrezas

Crear experimentos

Comodidad

Dos maneras de utilizar menos energía son: evitar que el calor entre a tu casa cuando afuera la temperatura es alta y mantenerlo dentro cuando hace frío. Vas a comparar varios materiales que puedes usar para lograr lo anterior.

Problema
¿Cómo evitan la transferencia de calor distintos materiales?

Materiales sugeridos
termómetros   agua helada   agua caliente
reloj   vasos de precipitados
recipientes y tapas de papel, unicel, plástico, vidrio y metal

Preparar un plan

Parte 1 Medir los cambios de temperatura

1. Con un lápiz haz un orificio en la tapa de un vaso de papel. Vierte agua fría hasta la mitad.
2. Tapa el vaso. Inserta un termómetro en el orificio. Cuando la temperatura se estabilice, coloca el vaso dentro de un vaso de precipitados. Añade agua caliente hasta un centímetro debajo de la tapa del vaso de papel.
3. Anota la temperatura del agua cada minuto, hasta que aumente 5°C. El tiempo que tarda en aumentar 1°C indicará qué tan bien el vaso evita la transferencia de calor.

Parte 2 Comparar materiales

4. Con las instrucciones de la Parte 1 planea un experimento controlado para determinar la eficacia de distintos materiales para evitar la transferencia de calor.

5. Apóyate en estas preguntas para planear tu experimento:
   - ¿Qué hipótesis probarás?
   - ¿Qué materiales crees que evitarán más o menos la transferencia de calor? ¿Cómo definirás esos términos?
   - ¿Cuál será tu variable manipulada? ¿Cuál será tu variable de respuesta?
   - ¿Qué variables debes controlar? ¿Cómo?
   - ¿Qué procedimientos usarás paso por paso?
   - ¿Qué tipo de tabla de datos utilizarás?
6. Cuando tu maestro haya revisado tu plan, revísalo y haz las modificaciones necesarias. Luego inicia tu experimento.

Analizar y concluir

1. En la Parte 1, ¿cuál fue la temperatura inicial del agua caliente? ¿Cuál fue la temperatura inicial del agua fría? ¿En qué dirección fluyó el calor? ¿Cómo lo sabes?
2. Si usaras los materiales de la Parte 1 para hacer una representación de tu casa en un día caluroso, ¿qué material haría las veces de las habitaciones? ¿Cuál sería el clima? ¿Cuál representaría las paredes?
3. ¿Qué material fue más eficaz para impedir la transferencia de calor? ¿Cuál fue el menos eficaz? Explica tu respuesta.
4. **Piensa en esto** ¿Puedes usar experimentos como éste para obtener información y elegir los materiales adecuados para construir una casa? Explica tu respuesta.

Explorar más

Trata de determinar cómo funcionarían los materiales si el agua caliente estuviera dentro del vaso y el agua fría afuera. Pide autorización a tu maestro para realizar tu proyecto.

SECCIÓN 4 Conservación de la energía

DESCUBRE

¿Cuál es más eficiente?

1. Registra la luminosidad (en lumenes) de una bombilla incandescente de 60 vatios y de una fluorescente de 15 vatios.
2. Coloca la bombilla fluorescente en un portalámparas. **PRECAUCIÓN:** *Asegúrate de que la lámpara esté desconectada.*
3. Conecta la lámpara y enciéndela. Coloca un termómetro a 8 centímetros de la bombilla.
4. Anota la temperatura después de 5 minutos.
5. Apaga y desconecta la lámpara. Cuando esté fría, quita la bombilla. Repite los pasos 2, 3 y 4 con la bombilla incandescente.

Reflexiona sobre
Inferir Con base en la cantidad de lumenes, ¿cuál es la diferencia entre la luminosidad de los dos tipos de bombillas? La bombilla incandescente utiliza 5 veces más energía. ¿Por qué crees que ocurre esto?

Imagina qué sucedería si el mundo se quedara sin combustibles fósiles. Ochenta por ciento de la energía eléctrica desaparecería. La mayoría de los edificios no tendría calefacción ni aire frío. Los bosques desaparecerían pues la gente empezaría a usar leña para calentarse y cocinar. Muchos tipos de transporte dejarían de funcionar. Los automóviles, autobuses, trenes, aeroplanos y barcos se detendrían donde su combustible se agotara. Debido a que la radio, la televisión, las computadoras y los teléfonos dependen de la electricidad, la comunicación también se vería reducida.

Aunque los combustibles fósiles no se acabarán demasiado pronto, tampoco son inagotables. Muchas personas han empezado a ahorrar energía para evitar una escasez de combustibles en el futuro. **Una solución a este problema es encontrar nuevas fuentes de energía. Otra es lograr que los combustibles existentes no se agoten al menos mientras se encuentran otras formas de energía.**

GUÍA DE LECTURA

◆ ¿Qué métodos permiten saber que habrá suficiente energía en el futuro?

◆ ¿Cómo ayuda el aislamiento a ahorrar energía?

Sugerencia de lectura Antes de leer, enlista varias maneras de ahorrar energía. Mientras lees, incrementa la lista.

Conservación y eficiencia

Reducir el consumo de energía es algo que se conoce como **conservación de la energía**. Por ejemplo, si caminas a la tienda en lugar de usar tu automóvil, ahorrarás gasolina. Reducir el consumo de energía es una solución que podemos empezar a usar, sin importar cuál será la forma de energía que se utilizará en el futuro.

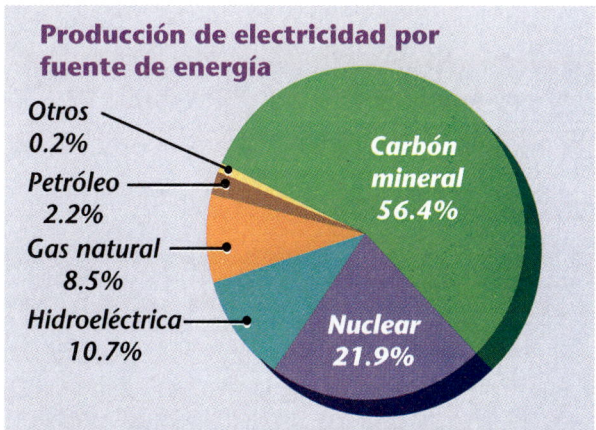

Figura 21 Los combustibles fósiles generan más de dos terceras partes de la electricidad del país.

Capítulo 6 **E ◆ 187**

Una manera de obtener el mayor provecho posible de los combustibles es usarlos más eficientemente. La **eficiencia** es el porcentaje real de energía que realiza un trabajo; el resto de la energía se "pierde" en el entorno, usualmente en forma de calor. Existen muchos métodos que aumentan la eficiencia en el uso de la energía.

Alumbrado Las lámparas pueden emplear hasta 10 por ciento de la electricidad en tu hogar, pero gran parte de esa energía se desperdicia. Una bombilla incandescente convierte en luz menos del 10 por ciento de la electricidad que consume, el resto se transforma en calor. Compruébalo poniendo tu mano cerca de una bombilla encendida. ¡Pero no la toques! Las bombillas fluorescentes compactas, por otra parte, emplean sólo una cuarta parte de esa energía para emitir la misma cantidad de luz.

✓ *Punto clave* ¿Qué tipo de bombilla utiliza la energía de manera más eficiente?

CIENCIAS e Historia

Dispositivos de consumo eficiente de energía

Científicos e ingenieros han creado diversas tecnologías que aumentan la eficiencia en el uso de energía y reducen su consumo.

1932 Aislamiento de fibra de vidrio

Largos filamentos de fibras de vidrio atrapan al aire y evitan la pérdida de calor. Se usa menos combustible para la calefacción.

1958 Celdas solares

Hace más de 150 años, los científicos descubrieron que el silicón puede convertir la luz en electricidad. La primera aplicación útil de las celdas solares fue la activación de una radio en un satélite. Hoy en día, se emplean en automóviles experimentales.

1930 — **1940** — **1950**

1936 Alumbrado fluorescente

Las bombillas fluorescentes se presentaron durante la celebración del centenario de la Oficina de Patentes de Estados Unidos. Debido a que utilizan menos energía que las incandescentes, se usan en la mayoría de las oficinas y escuelas.

Calefacción y refrigeración Un método que aumenta la eficiencia de los sistemas de calefacción y refrigeración es el aislamiento. El **aislamiento** consiste en utilizar una capa de material que retarda la transferencia de calor entre el aire del interior y el exterior de un edificio. Tal vez has visto materiales aislantes hechos de fibra de vidrio. Éstos tienen una apariencia esponjosa parecida al algodón de azúcar. El tejido de fibras retiene el aire. **La capa de aire retenido evita que el edificio pierda o gane calor del exterior.** Una capa de fibra de vidrio de 15 centímetros de espesor produce el mismo efecto que una pared de ladrillos de 2 metros de grosor o ¡un muro de piedra de 6 metros de espesor!

Los edificios pierden mucho calor a través de las ventanas. Echa un vistazo a las ventanas de tu escuela o de tu hogar. ¿El edificio fue construido después de 1980? ¿Se reemplazaron las ventanas hace poco? Si es así, es probable que las ventanas tengan dos cristales separados. El aire entre los cristales actúa como aislante.

En tu diario

Crea un anuncio para uno de los inventos de ahorro energético de la línea cronológica. Puedes hacer un mensaje impreso para la radio o la televisión. Asegúrate de que explique con claridad los beneficios del invento.

1967
Horno de microondas
Se crea el horno de microondas doméstico. Estos hornos cocinan el alimento calentando el agua que contiene. El horno sólo calienta la comida, no el aire, las rejillas o las paredes, como los hornos convencionales. Tampoco es necesario precalentar el horno, lo que permite ahorrar aún más energía.

1997
Carreteras inteligentes
El Departamento de Transporte demostró que los autos pueden controlarse por computadora. Los sensores instalados en las carreteras controlan el tráfico de vehículos. Así se utiliza menos energía.

1970   1980   1990   2000

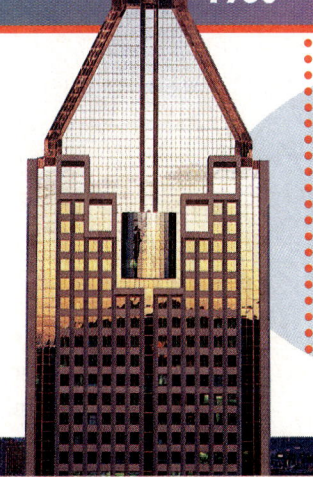

1981
Revestimientos de alta eficiencia para ventanas
Los materiales que reflejan la luz solar se usaron por primera vez como revestimiento de ventanas a principios de los ochenta. Este tipo de revestimiento mantiene fresco el interior de un edificio sin usar demasiado aire acondicionado.

Figura 22 Un solo autobús puede transportar a muchas personas, lo que reduce el tráfico y ahorra energía. *Aplicar los conceptos* ¿Cómo ayuda a ahorrar energía viajar en autobús?

Transportación Los ingenieros han aumentado la eficiencia energética de los autos al diseñar mejores motores y neumáticos. Otra manera de ahorrar energía es reducir el número de vehículos que circulan. En muchas comunidades, el transporte público es una alternativa adecuada. En otras ciudades se pide a grupos de personas que usen un solo vehículo. Si cuatro personas viajan juntas, utilizarán menos energía que por separado. Ahora muchas ciudades reservan carriles para los autos que transportan dos o más personas.

En el futuro, los autos que operan con electricidad podrían representar un mayor ahorro de energía. Las centrales eléctricas podría convertir el combustible en electricidad mejor de lo que un motor de auto convierte la gasolina en movimiento. Así un auto eléctrico puede ser más eficiente que uno de gasolina.

Qué puedes hacer

Puedes reducir tu consumo personal de energía modificando ciertas conductas muy sencillas.

- Mantén tu casa fresca en el invierno y caliente en el verano. En lugar de aumentar la temperatura de la calefacción, ponte un suéter. Usa un ventilador en lugar del aire acondicionado.
- Siempre que sea posible, utiliza luz natural en lugar de luz eléctrica.
- Apaga las luces y la televisión cuando no las utilices.
- Camina o usa bicicleta en viajes cortos. Usa el autobús y el tren.
- Recicla productos. ¡Al reciclar una lata de aluminio se usa sólo 5% de la energía consumida en la fabricación de una lata nueva!

Estas actividades no parecen importantes, pero si las realizan millones de personas se ahorraría bastante energía.

Repaso de la sección 4

1. ¿Qué métodos puedes usar para que los recursos energéticos duren más?
2. Explica cómo aislar edificios ayuda a ahorrar energía.
3. ¿Cómo se ahorra energía al trasladarse varias personas en un solo automóvil?
4. **Razonamiento crítico** **Predecir** Un edificio de oficinas sólo tiene lámparas incandescentes. El edificio vecino tiene lámparas fluorescentes. Predice en qué edificio se consume más electricidad. Explica tu respuesta.

Las ciencias en casa

Pide a un miembro de tu familia que te ayude a realizar una auditoría de la energía consumida en tu hogar. Busca posibles fugas, como grietas en ventanas y puertas. Busca también la manera de reducir su consumo, como utilizar la lavavajillas sólo cuando esté llena. Prepara una lista de sugerencias que les permita ahorrar energía. Coloca la lista donde todos puedan verla.

GUÍA DE ESTUDIO

SECCIÓN 1 — Combustibles fósiles

Ideas clave
- Un combustible es una sustancia que genera energía como resultado de un cambio químico.
- La energía puede sufrir varios tipos de conversiones.
- Los tres combustibles fósiles más importantes son el carbón mineral, el petróleo y el gas natural. En su combustión, liberan más energía que otros.
- Debido a que los combustibles fósiles tardan cientos de millones de años en formarse, se consideran recursos no renovables.

Términos clave
combustión
combustibles fósiles
hidrocarburos
reservas
petróleo
refinería
petroquímicos

SECCIÓN 2 — Fuentes renovables de energía

Ideas clave
- La energía solar es abundante, renovable y no produce contaminación. Sin embargo, sólo puede utilizarse con una fuente alterna.
- En vista de que el Sol provoca vientos y genera el ciclo del agua, la energía eólica y la hidráulica se consideran forma indirecta de la energía solar.
- Los combustibles de biomasa, la energía geotérmica y la energía del hidrógeno son otras fuentes de energía renovables poco utilizadas en la actualidad.

Términos clave
energía solar
sistema pasivo de calefacción solar
sistema activo de calefacción solar
energía hidroeléctrica
combustibles de biomasa
gasohol
energía geotérmica

SECCIÓN 3 — Energía nuclear

INTEGRAR LA QUÍMICA

Ideas clave
- Las reacciones nucleares incluyen la fisión y la fusión.
- En la fisión, el impacto de un neutrón contra el núcleo de un átomo divide a este último en dos núcleos más pequeños y dos o más neutrones. Este proceso también libera una gran cantidad de energía.
- En una planta nuclear, la energía térmica liberada en la fisión controlada se utiliza para generar electricidad.
- Dos de las desventajas del uso de la energía nuclear son el riesgo de la fusión accidental y los desechos radiactivos.
- Los científicos no han logrado aún controlar la fusión nuclear en cadena.

Términos clave
núcleo
fisión nuclear
nave del reactor
varillas de combustible
varillas de control
fusión del núcleo
fusión nuclear

SECCIÓN 4 — Conservación de la energía

Ideas clave
- Para evitar la escasez de energía en el futuro, es necesario encontrar nuevas fuentes de energía y conservar los combustibles existentes.
- El uso de aislantes evita que un edificio pierda calor o lo obtenga del exterior.
- Algunos métodos de conservación de energía en el transporte son fabricar vehículos más eficientes, trasladar varias personas en un solo automóvil y usar el transporte público.

Términos clave
conservación de energía   aislante   eficiencia

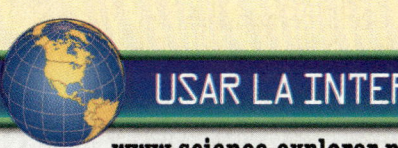 

www.science-explorer.phschool.com

CAPÍTULO 6 REPASO

CAPÍTULO 6 REPASO

Repaso del contenido

Para repasar los conceptos clave, consulta el Interactive Student Tutorial CD-ROM.

Opción múltiple
Elige la letra de la respuesta correcta.

1. ¿Cuál no es un combustible fósil?
   a. carbón
   b. madera
   c. petróleo
   d. gas natural
2. La energía eólica y la energía hidráulica son formas indirectas de la
   a. energía nuclear.
   b. energía eléctrica.
   c. energía solar.
   d. energía geotérmica.
3. ¿Cuál no es un combustible de biomasa?
   a. metano
   b. gasohol
   c. hidrógeno
   d. residuos de caña de azúcar
4. La partícula que inicia una reacción de fisión nuclear es el
   a. neutrón.
   b. núcleo.
   c. protón.
   d. átomo.
5. La parte de una planta nuclear en la que se realizan las reacciones de fisión se llama
   a. turbina.
   b. varilla de control.
   c. extractor de calor.
   d. varilla de combustible.

Falso o verdadero
Si el enunciado es verdadero, escribe verdadero. Si es falso, cambia la palabra o palabras subrayadas para hacer verdadero el enunciado.

6. Los productos elaborados a partir del petróleo se llaman <u>hidrocarburos</u>.
7. El proceso de quemar un combustible para obtener energía es la <u>combustión</u>.
8. La energía geotérmica es un ejemplo de fuente de energía <u>no renovable</u>.
9. La energía solar se aprovecha para hacer funcionar calculadoras mediante <u>satélites solares</u>.
10. La mayoría de la energía usada en Estados Unidos proviene de <u>combustibles fósiles</u>.

Revisar los conceptos

11. Explica por qué la extracción del carbón es una labor difícil.
12. Describe cómo se forma el carbón.
13. Describe tres características de una casa solar. (Tu respuesta puede incluir sistemas solares pasivos o activos.)
14. Explica cómo puede aprovecharse el viento para generar electricidad.
15. ¿Qué factores limitan el uso de las mareas como fuente de energía?
16. ¿Cómo se controla una reacción de fisión en una planta nuclear?
17. Define la *eficiencia energética*. Da tres ejemplos de inventos que aumenten la eficiencia energética.
18. **Escribir para aprender** Supón que no existe la electricidad. En tu diario, describe un día de actividades comunes. Explica cómo se harían esas labores sin electricidad.

Razonamiento gráfico

19. **Tabla para comparar y contrastar** En una hoja de papel, copia la tabla sobre los tipos de energía. Después complétala y ponle un título. La primera línea ya fue completada. (Para más información acerca de las tablas para comparar y contrastar, consulta el Manual de destrezas.)

Tipo de energía	Ventajas	Desventajas
Carbón	Produce gran cantidad de energía; fácil de transportar	Su combustión genera contaminación del aire; es difícil de extraer
Petróleo		
Solar		
Eólica		
Hidráulica		
Geotérmica		
Nuclear		

192 ◆ E

Aplicar las destrezas

La siguiente tabla muestra cómo cambió la producción de energía en el mundo entre 1973 y 1995. Úsala para responder las Preguntas 20–23.

Fuente de energía	Unidades de energía producidas 1973	Unidades de energía producidas 1995
Carbón	1,498	2,179
Gas	964	1,775
Hidroeléctrica	107	242
Nuclear	54	646
Petróleo	2,730	3,228
TOTAL Unidades de energía	5,353	8,070

20. **Interpretar datos** ¿Cómo cambió la producción total de energía entre 1973 y 1995?
21. **Calcular** ¿Qué porcentaje de la producción mundial representó la energía nuclear en 1973? ¿En 1995?
22. **Clasificar** Clasifica los tipos de energía que conoces como renovables y no renovables. ¿Qué importancia tuvo la energía renovable en la producción mundial de 1995?
23. **Sacar conclusiones** ¿Qué fuente de energía fue la más importante en 1995?

Razonamiento crítico

24. **Comparar y contrastar** Analiza las semejanzas y diferencias entre los tres tipos de combustibles fósiles más importantes.
25. **Clasificar** Determina si las siguientes fuentes de energía son renovables o no: carbón, energía solar, metano, hidrógeno. Justifica cada respuesta.
26. **Formular juicios** Escribe un párrafo breve donde expliques por qué estás de acuerdo o en desacuerdo con esta afirmación: "Estados Unidos debe construir más plantas nucleares para enfrentar la futura escasez de combustibles fósiles."

Evaluación del rendimiento

Para terminar

Presenta tu proyecto Compartan su informe con otro equipo. Revisen el informe para asegurarse de que muestre claridad, organización y detalles. Revisen su trabajo con base en los comentarios del otro equipo. Comenten con la clase los descubrimientos de cada equipo. Preparen una propuesta con las mejores formas de ahorrar energía en su escuela.

Reflexiona y anota En tu cuaderno de proyectos, explica qué usos de la energía fueron más difíciles de medir. ¿Qué información te habría gustado obtener para elaborar tus recomendaciones? Anota tu opinión sobre la eficiencia del consumo energético en tu escuela.

Participa

En tu comunidad Investiga qué fuentes de energía proveen de electricidad a tu comunidad. Elabora un anuncio o cartel con información sobre estas fuentes de energía. Explica en el cartel la importancia de la conservación de la energía. Incluye algunas sugerencias prácticas para que todos participen.

EXPLORACIÓN INTERDISCIPLINARIA

Selvas africanas
Preservar la biodiversidad

¿En qué selva…

vive un escarabajo con alas más grandes que las de un gorrión?

vive una rana que mide 30 centímetros de largo?

viven los gorilas, chimpancés e hipopótamos enanos?

▲ Pitón

▲ Polilla cometa

Estamos en una selva africana. Miles de plantas y animales viven aquí, desde las coloridas orquídeas, hasta los murciélagos frugívoros, las ranas de árbol y los elefantes.

Las selvas de África forman una franja localizada casi a la altura del ecuador. Casi el 80 por ciento de las selvas se encuentran en África central, en la extensa cuenca del río Congo. En algunas regiones del África central la selva es tan densa que no ha sido explorada. En África oriental, la parte más seca y más poblada del continente, existen sólo algunas selvas en zonas dispersas.

En las selvas tropicales de todo el mundo existen formas de vida y nichos similares. Pero también en las selvas de cada continente habitan especies muy diferentes.

Selvas africanas

Las zonas más grandes de selva tropical, coloreadas de verde, cubren apenas el 7 por ciento de África.

Chimpancé bonobo ▶

194 ◆ E

Capas de la selva tropical

Si pudieras ver la selva tropical desde un avión, podría parecerte un racimo de brócoli. Pero en realidad son muchas selvas en una, como los niveles de un edificio de departamentos.

Cada capa, desde el suelo hasta la capa superior, tiene un clima diferente del resto y es hábitat de diversas plantas y animales. La capa superior recibe mayor cantidad de lluvia, luz solar, calor y viento. Los monos colobus se columpian en las enredaderas y ramas de esta capa. En los árboles más altos viven numerosas aves.

Con el tiempo, las plantas y animales de la selva africana han desarrollado inusitadas adaptaciones para vivir en las distintas capas. Algunos monos que habitan en el sotobosque tienen piernas largas y musculosas para correr y saltar de una rama a otra. Los cercopitecos y babuinos tienen dientes y quijadas muy fuertes que les permiten masticar frutos, nueces y semillas. Otros monos que viven cerca del suelo, tienen cola corta pero patas delanteras más largas.

En el sotobosque "vuelan" ranas y ardillas. Estos animales poseen en sus extremidades membranas que les permiten planear de rama en rama.

Abajo, el suelo es oscuro, húmedo y quieto. Las termitas se alimentan de las hojas y la maleza muertas. Muchas plantas tienen hojas grandes que les permiten captar la luz escasa que penetra hasta esa capa. Hay animales de tamaño gigante, como ranas e insectos. Otros son pequeños, como el hipopótamo pigmeo que corre entre la maleza.

Actividad de ciencias

Diseña un animal de la selva con adaptaciones para vivir en cierta capa de la selva. Piensa cómo vive, cómo se desplaza y cómo se alimenta. Resume sus características y explica cómo le ayuda a sobrevivir cada adaptación. Haz un boceto del animal.

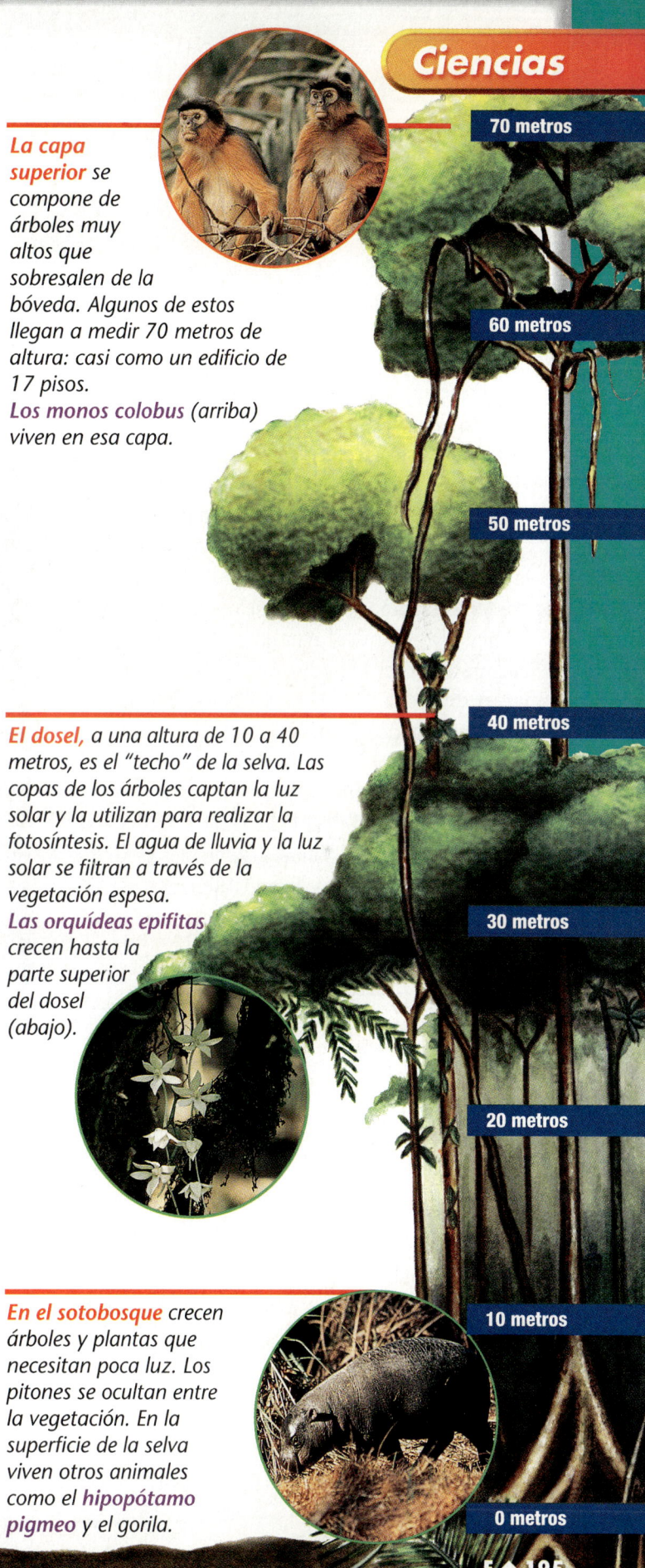

Ciencias

La capa superior se compone de árboles muy altos que sobresalen de la bóveda. Algunos de estos llegan a medir 70 metros de altura: casi como un edificio de 17 pisos.
Los monos colobus (arriba) viven en esa capa.

El dosel, a una altura de 10 a 40 metros, es el "techo" de la selva. Las copas de los árboles captan la luz solar y la utilizan para realizar la fotosíntesis. El agua de lluvia y la luz solar se filtran a través de la vegetación espesa.
Las orquídeas epifitas crecen hasta la parte superior del dosel (abajo).

En el sotobosque crecen árboles y plantas que necesitan poca luz. Los pitones se ocultan entre la vegetación. En la superficie de la selva viven otros animales como el *hipopótamo pigmeo* y el gorila.

Matemáticas

En busca de luz solar

La mayoría de los árboles de la selva tropical son de hojas anchas, resistentes y perennes. Algunos, como el pino amarillo africano, son coníferas. Debido a la densidad de la selva, los troncos de los árboles crecen rectos y muy alto para alcanzar la luz solar en las alturas del dosel.

En el suelo y el sotobosque, a la orilla de los ríos, crece una maraña de plantas. Los primeros exploradores que viajaron por los ríos a través de la selva supusieron que la vegetación era abundante en toda la selva. Pero en realidad, el suelo de la selva tiene una vegetación pobre.

Los árboles que forman el dosel, impiden que la luz del sol llegue a las plantas que están abajo. Por tanto, el sotobosque y el suelo de la selva son húmedos y oscuros. El agua gotea de las hojas por encima del dosel. Los árboles jóvenes pueden crecer sólo cuando caen otros árboles y abren claros por donde se filtra el sol.

Las selvas tropicales de África occidental son ricas en árboles maderables. La caoba y la teca se aprovechan para fabricar muebles, herramientas y botes. El aceite de las palmeras se emplea para elaborar jabones, velas y algunos alimentos. El ébano crece lentamente a la sombra; su madera es oscura, resistente y durable.

Árboles de la selva tropical

Árbol	Altura máxima
Palmera de aceite africana	18 m
Pino amarillo africano	20 m
Higo del Cabo	7 m
Ébano	30 m
Capoc	70 m
Palmera de rafia	12 m
Teca	46 m

Actividad de matemáticas

La tabla de esta página muestra la altura de algunos árboles de la selva tropical. Usa la tabla para hacer una gráfica de barras. Al eje horizontal ponle el título "árboles". En el eje vertical anota la altura de cada tipo de árbol.

- ¿Cuál es el árbol más alto? ¿Cuál es el menos alto?
- ¿Cuál es la diferencia de altura entre el más alto y el más bajo?
- ¿Cuál es la altura promedio de los árboles mostrados en la gráfica?

▲ Las palmeras de aceite africanas crecen en Nigeria.

◄ Esta escultura está hecha con madera de la selva tropical africana.

Estudios sociales

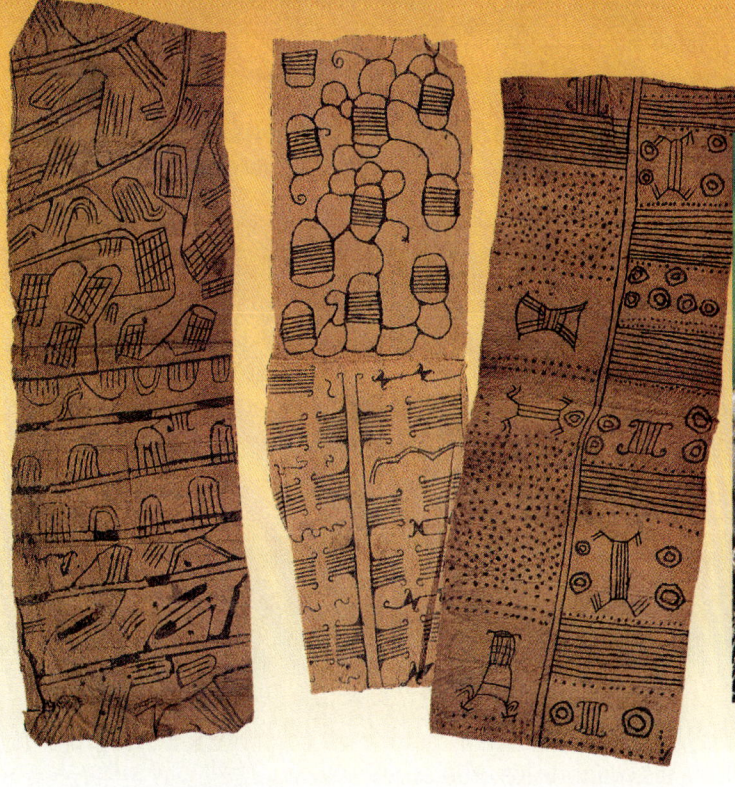

Los mbuti (arriba) cazan y pescan en el río Congo. Su vestimenta está hecha de corteza de árboles (izquierda).

Una tribu de la selva Ituri

Los nativos de la selva tropical africana viven de la caza y la recolección, igual que lo hacían hace miles de años. La selva les ofrece todo lo que necesitan: alimento, agua, madera, materiales de construcción y medicamentos.

Los mbuti son una tribu que habita en la selva tropical Ituri de la República Democrática del Congo. La estatura de los mbuti suele ser bastante baja. Los hombres cazan gacelas y antílopes. Las mujeres recogen frutas silvestres, nueces y verduras. Confeccionan su vestimenta tradicional, para cubrir su cintura, con corteza de árboles que ablandan a golpes. Luego la decoran con diseños geométricos.

La mayoría de los mbuti son nómadas. Pasados unos cuantos meses de estar en un lugar, se establecen en nuevos territorios de cacería. Construyen chozas temporales con ramas y hojas. Suelen vivir en grupos de 10 a 15 familias, dividiendo la zona entre las familias. En ocasiones especiales, se reúnen en grupos más grandes para realizar ceremonias con danzas y música ritual.

La modernización en África ha traído cambios para los habitantes de la selva, sobre todo para quienes viven cerca de los límites de ésta. Durante algunos meses del año los mbuti trabajan como peones para los agricultores de las aldeas localizadas en los límites de la selva. Cuando terminan su labor, regresan a la selva Ituri. A los mbuti no les gusta cultivar su propia tierra. En vista de que los agricultores no son cazadores, intercambian bienes por carne. Así, los mbuti intercambian con ellos carne por herramientas, ollas, ropa, plátanos y otros productos agrícolas.

Actividad de estudios sociales

Haz una lista de los productos que intercambian los habitantes de la selva con los agricultores. Piensa que no tienen artículos modernos como tractores y estufas. Escribe un párrafo donde describas el intercambio. Asigna un valor a cada producto, según las necesidades de cada grupo. Por ejemplo: determina cuánta carne debe pagar un agricultor por medicamentos que se consiguen en la selva. ¿Cómo cambiaría el proceso de intercambio si se utilizara dinero?

Artes del lenguaje

En lo alto del dosel

Gran parte de la selva tropical sigue siendo un misterio, pues es difícil para los científicos estudiar el dosel. Los nativos pueden trepar a los árboles más altos por medio de gruesas enredaderas llamadas lianas. Pero los científicos necesitan métodos distintos. El naturalista Gerald Durrell logró encontrar otra manera de estudiar el dosel de la selva tropical africana. Esta es su descripción:

Aunque el dosel es una de las regiones más densamente pobladas del bosque, es también la que causa mayor frustración al naturalista. Él está abajo, en la penumbra, entre los gigantescos troncos, escuchando los sonidos de la vida silvestre en lo alto y recibiendo una lluvia de frutas, flores y semillas medio comidas que dejan caer los muchos animales que habitan en las alturas, en su dominio iluminado por el sol… que el estudioso no puede ver. En esas circunstancias, el naturalista desarrolla un muy mal carácter y sufre de tortícolis.

Sin embargo, hubo una ocasión en que logré llegar hasta el dosel del bosque. Fue una experiencia mágica. Ocurrió en África occidental, mientras acampaba en las laderas de una montaña llamada N'da Ali. Cierto día caminaba por la selva y descubrí que me encontraba en una saliente de la montaña. El precipicio, cubierto de enredaderas, se encontraba a unos 45 metros debajo de mí, y aunque caminaba por la selva, un poco más abajo se podía ver el dosel junto al risco. Éste tenía más de un kilómetro y medio de largo y me ofrecía un balcón natural desde donde podía observar la vida en las copas de los árboles con sólo colocarme al borde del barranco, oculto entre la maleza.

Durante una semana, pasé muchas horas allá arriba, observando un verdadero espectáculo de vida silvestre. La cantidad de aves era increíble, desde los diminutos y relucientes pájaros Nectariniidae con los colores del arco iris, que zumbaban como helicópteros al volar de flor en flor bebiendo el néctar, hasta las parvadas de enormes cálaos negros con sus monstruosos picos amarillos, que volaban con gran torpeza y alboroto mientras recogían los frutos del bosque.

Desde las primera horas de la mañana hasta el atardecer, cuando la oscuridad me impedía continuar, observaba este desfile de criaturas. Grupos de monos pasaban a toda velocidad, seguidos por parvadas de aves que se alimentaban ansiosas de insectos que los monos alborotaban con su escandaloso paso por los árboles. Ardillas que se perseguían unas a otras o lagartijas que correteaban simplemente yacían sobre las ramas, con las extremidades extendidas, disfrutando del sol.

Actividad de las artes del lenguaje

◆ Además de naturalista experimentado y escritor, Gerald Durrell es también un observador cuidadoso. En este fragmento describe con detalles la "experiencia mágica" de observar el dosel. Vuelve a leer la descripción de Durrell. Con un compañero, escribe y diseña un folleto que anime a los turistas a visitar una selva africana. Redacta descripciones coloridas y vívidas de lo que podrían ver, escuchar y experimentar. Sé persuasivo.

Relaciónalo

Celebrar la biodiversidad

Las selvas tropicales poseen la mayor biodiversidad —variedad de vida animal y vegetal— de todos los ecosistemas de la Tierra. ¡Muchas especies aún no se han descubierto! Planea una exposición escolar para celebrar la biodiversidad de los bosques tropicales. Incluye dibujos, fotos y textos detallados.

◆ En un mapa grande señala las selvas tropicales del mundo. En grupos, elijan una región de selva tropical, por ejemplo, África, Brasil, Costa Rica, Hawai, Indonesia o Borneo e investiguen más sobre ella.

◆ Anima a tu equipo a estudiar varias especies de animales y plantas de la selva tropical que eligieron. Pueden escoger monos, mariposas, aves, orquídeas o plantas medicinales.

◆ Describan la apariencia de cada especie, en qué parte de la selva habita, su papel en el ecosistema y su utilidad para los seres humanos.

El conservacionista británico Gerald Durrell escribió sobre sus aventuras con la vida silvestre. Durrell fundó un zoológico en la isla británica de Jersey y trabajó en la conservación de las especies amenazadas. En la foto, Durrell sostiene a un oso hormiguero.

Manual de destrezas

Piensa como científico

Tal vez no lo sepas, pero todos los días piensas como científico. Cada vez que te haces una pregunta y examinas las respuestas posibles aplicas muchas de las mismas destrezas que los científicos. Algunas de esas destrezas se describen en esta página.

Observar

Observas cada vez que reúnes información sobre el mundo con uno o más de tus cinco sentidos. Oír que ladra un perro, contar doce semillas verdes y oler el humo son observaciones. Para aumentar el alcance de los sentidos, los científicos tienen microscopios, telescopios y otros instrumentos con los que hacen observaciones más detalladas.

Las observaciones deben referirse a los hechos y ser precisas, un informe exacto de lo que tus sentidos detectan. Es importante escribir o dibujar cuidadosamente en un cuaderno las observaciones en la clase de ciencias. La información reunida en las observaciones se llama evidencia o dato.

Inferir

Cuando explicas o interpretas una observación, **infieres**, o haces una inferencia. Por ejemplo, si oyes que tu perro ladra, infieres que hay alguien en la puerta. Para hacer esta inferencia, combinas las evidencias (tu perro ladra) con tu experiencia o conocimientos (sabes que el perro ladra cuando se acerca un desconocido) para llegar a una conclusión lógica.

Advierte que las inferencias no son hechos, sino solamente una de tantas explicaciones de tu observación. Por ejemplo, quizá tu perro ladra porque quiere ir de paseo. A veces resulta que las inferencias son incorrectas aun si se basan en observaciones precisas y razonamientos lógicos. La única manera de averiguar si una inferencia es correcta, es investigar más a fondo.

Predecir

Cuando escuchas el pronóstico del tiempo, oyes muchas predicciones sobre las condiciones meteorológicas del día siguiente: cuál será la temperatura, si lloverá o no y si habrá mucho viento. Los meteorólogos pronostican el tiempo basados en sus observaciones y conocimientos de los sistemas climáticos. La destreza de **predecir** consiste en hacer una inferencia sobre un acontecimiento futuro basada en pruebas actuales o en la experiencia.

Como las predicciones son inferencias, a veces resultan falsas. En la clase de ciencias, puedes hacer experimentos para probar tus predicciones. Por ejemplo, digamos que predices que los aviones de papel más grandes vuelan más lejos que los pequeños. ¿Cómo pondrías a prueba tu predicción?

ACTIVIDAD Estudia la fotografía para responder las preguntas siguientes.

Observar Mira con atención la fotografía. Anota por lo menos tres observaciones.

Inferir Con tus observaciones, haz una inferencia de lo que sucedió. ¿Qué experiencias o conocimientos aprovechaste para formular tu inferencia?

Predecir Predice lo que ocurrirá a continuación. ¿En qué evidencias o experiencias basas tu predicción?

Clasificar

¿Te imaginas cómo sería buscar un libro en la biblioteca si todos los tomos estuvieran puestos en los estantes sin ningún orden? Tu visita a la biblioteca sería cosa de todo un día. Por fortuna, los bibliotecarios agrupan los libros por tema o por autor. Agrupar los elementos que comparten algún parecido se llama **clasificar**. Puedes clasificar las cosas de muchas maneras: por tamaño, por forma, por uso y por otras características importantes.

Como los bibliotecarios, los científicos aplican la destreza de clasificar para organizar información y objetos. Cuando las cosas están distribuidas en grupos, es más fácil entender sus relaciones.

ACTIVIDAD
Clasifica los objetos de la fotografía en dos grupos, de acuerdo con la característica que tú escojas. Luego, elige otra característica y clasifícalos en tres grupos.

Hacer modelos

¿Alguna vez has hecho un dibujo para que alguien entienda mejor lo que le dices? Ese dibujo es una especie de modelo. Los modelos son dibujos, diagramas, imágenes de computadora o cualquier otra representación de objetos o procesos complicados. **Hacer modelos** nos ayuda a entender las cosas que no vemos directamente.

Los científicos representan con modelos las cosas muy grandes o muy pequeñas, como los planetas del sistema solar o las partes de las células. En estos casos se trata de modelos físicos, dibujos o cuerpos sólidos que se parecen a los objetos reales. En otros casos son modelos mentales: ecuaciones matemáticas o palabras que describen el funcionamiento de algo.

ACTIVIDAD
Esta estudiante demuestra con un modelo las causas del día y la noche en la Tierra. ¿Qué representan la lámpara y la pelota de tenis?

Comunicar

Te comunicas cuando hablas por teléfono, escribes una carta o escuchas al maestro en la escuela. **Comunicar** es el acto de compartir ideas e información con los demás. La comunicación eficaz requiere de muchas destrezas: escribir, leer, hablar, escuchar y hacer modelos.

Los científicos se comunican para compartir resultados, información y opiniones. Acostumbran comunicar su trabajo en publicaciones, por teléfono, en cartas y en la Internet. También asisten a reuniones científicas donde comparten sus ideas en persona.

ACTIVIDAD
En un papel, escribe con claridad las instrucciones detalladas para amarrarse las agujetas. Luego, intercámbialas con un compañero o compañera. Sigue exactamente sus instrucciones. ¿Qué tan bien pudiste amarrarte el zapato? ¿Cómo se hubiera comunicado con más claridad tu compañero o compañera?

Hacer mediciones

Cuando los científicos hacen observaciones, no basta decir que algo es "grande" o "pesado". Por eso, miden con sus instrumentos qué tan grandes o pesados son los objetos. Con las mediciones, los científicos expresan con mayor exactitud sus observaciones y comunican más información sobre lo que observan.

Mediciones SI

La forma común de medir que utilizan los científicos de todo el mundo es el *Sistema Internacional de Unidades*, abreviado SI. Estas unidades son fáciles de usar porque se basan en múltiplos de 10. Cada unidad es 10 veces mayor que la inmediata anterior y un décimo del tamaño de la siguiente. En la tabla se anotan los prefijos de las unidades del SI más frecuentes.

Prefijos comunes SI

Prefijo	Símbolo	Significado
kilo-	k	1,000
hecto-	h	100
deka-	da	10
deci-	d	0.1 (un décimo)
centi-	c	0.01 (un centésimo)
mili-	m	0.001 (un milésimo)

Longitud Para medir la longitud, o la distancia entre dos puntos, la unidad de medida es el **metro (m)**. Un metro es la distancia aproximada del suelo al pomo de la puerta. Las distancias mayores, como entre ciudades, se miden en kilómetros (km). Las longitudes más pequeñas se miden en centímetros (cm) o milímetros (mm). Para medir la longitud, los científicos usan reglas métricas.

Conversiones comunes

1 km = 1,000 m
1 m = 100 cm
1 m = 1,000 mm
1 cm = 10 mm

ACTIVIDAD En la regla métrica de la ilustración, las líneas largas son divisiones en centímetros, mientras que las cortas que no están numeradas son divisiones en milímetros. ¿Cuántos centímetros de largo tiene esta concha? ¿A cuántos milímetros equivale?

Volumen líquido Para medir el volumen de los líquidos, o la cantidad de espacio que ocupan, utilizamos una unidad de medida llamada **litro (L)**. Un litro es aproximadamente el volumen de un cartón de leche de tamaño mediano. Los volúmenes menores se miden en mililitros (mL). Los científicos tienen cilindros graduados para medir el volumen líquido.

Conversión común

1 L = 1,000 mL

ACTIVIDAD El cilindro graduado de la ilustración está marcado con divisiones en mililitros. Observa que la superficie del agua del cilindro es curva. Esta curvatura se llama *menisco*. Para medir el volumen, tienes que leer el nivel en el punto más bajo del menisco. ¿Cuál es el volumen del agua en este cilindro graduado?

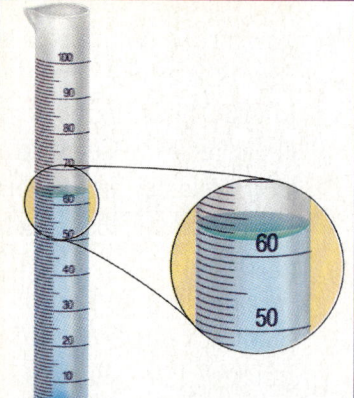

Masa Para medir la masa, o la cantidad de materia de los objetos, tomamos una unidad de medida conocida como **gramo (g)**. Un gramo es aproximadamente la masa de un sujetador de papeles. Las masas más grandes se miden en kilogramos (kg). Los científicos miden con básculas la masa de los objetos.

Conversión común
1 kg = 1,000 g

ACTIVIDAD
La báscula electrónica muestra la masa de una manzana en kilogramos. ¿Cuál es la masa de la manzana? Supón que una receta de puré requiere un kilogramo de manzanas. ¿Cuántas manzanas necesitarías?

Temperatura
Para medir la temperatura de las sustancias, usamos la **escala Celsius**. La temperatura se mide con un termómetro en grados Celsius (°C). El agua se congela a 0°C y hierve a 100°C.

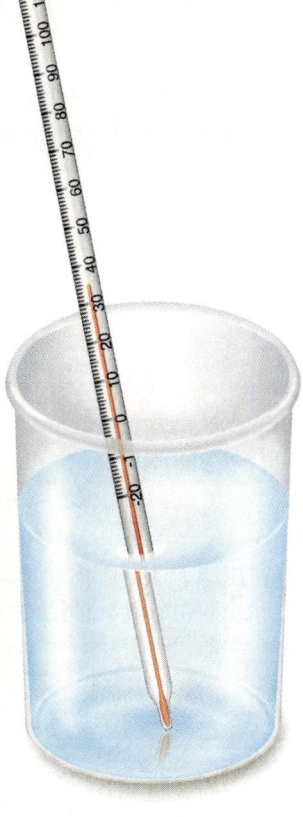

ACTIVIDAD
¿Cuál es la temperatura del líquido en grados Celsius?

Conversión de unidades SI

Para trabajar con el sistema SI, debes saber cómo convertir de unas unidades a otras. Esto requiere la destreza de **calcular**, o realizar operaciones matemáticas. Convertir unidades SI es igual que convertir dólares y monedas de 10 centavos, porque los dos sistemas se basan en múltiplos de diez.

Digamos que quieres convertir en metros una longitud de 80 centímetros. Sigue estos pasos para convertir las unidades.

1. Comienza por escribir la medida que quieres convertir; en este ejemplo, 80 centímetros.
2. Escribe el factor de conversión que representa la relación entre las dos unidades. En este ejemplo, la relación es *1 metro = 100 centímetros*. Escribe el factor como fracción. Asegúrate de poner en el denominador las unidades de las que conviertes (en este ejemplo, centímetros).
3. Multiplica la medición que quieres convertir por la fracción. Las unidades de esta primera medición se cancelarán con las unidades del denominador. Tu respuesta estará en las unidades a las que conviertes.

Ejemplo

80 centímetros = __?__ metros

$$80 \text{ centímetros} \times \frac{1 \text{ metro}}{100 \text{ centímetros}} = \frac{80 \text{ metros}}{100}$$

$$= 0.8 \text{ metros}$$

ACTIVIDAD
Convierte las unidades siguientes.
1. 600 milímetros = _?_ metros
2. 0.35 litros = _?_ mililitros
3. 1,050 gramos = _?_ kilogramos

Realizar una investigación científica

En cierta forma, los científicos son como detectives que unen claves para entender un proceso o acontecimiento. Una forma en que los científicos reúnen claves es realizar experimentos. Los experimentos prueban las ideas en forma cuidadosa y ordenada. Sin embargo, no todos los experimentos siguen los mismos pasos en el mismo orden, aunque muchos tienen un esquema parecido al que se describe aquí.

Plantear preguntas

Los experimentos comienzan planteando una pregunta científica. Las preguntas científicas son las que se pueden responder reuniendo pruebas. Por ejemplo, la pregunta "¿qué se congela más rápidamente, el agua dulce o el agua salada?" es científica, porque puedes realizar una investigación y reunir información para contestarla.

Desarrollar una hipótesis

El siguiente paso es formular una hipótesis. Las **hipótesis** son predicciones acerca de los resultados de los experimentos. Como todas las predicciones, las hipótesis se basan en tus observaciones y en tus conocimientos o experiencia. Pero, a diferencia de muchas predicciones, las hipótesis deben ser algo que se pueda poner a prueba. Las hipótesis bien enunciadas adoptan la forma *Si... entonces...* y en seguida el planteaminto. Por ejemplo, una hipótesis sería "*si añado sal al agua dulce, entonces tardará más en congelarse*". Las hipótesis enunciadas de esta manera son un boceto aproximado del experimento que debes realizar.

Crear un experimento

Enseguida, tienes que planear una forma de poner a prueba tu hipótesis. Debes redactarla en forma de pasos y describir las observaciones o mediciones que harás.

Dos pasos importantes de la creación de experimentos son controlar las variables y formular definiciones operativas.

Controlar variables En los experimentos bien planeados, tienes que cuidar que todas las variables sean la misma excepto una. Una **variable** es cualquier factor que pueda cambiarse en un experimento. El factor que modificas se llama **variable manipulada**. En nuestro experimento, la variable manipulada es la cantidad de sal que se añade al agua. Los demás factores son constantes, como la cantidad de agua o la temperatura inicial.

El factor que cambia como resultado de la variable manipulada se llama **variable de respuesta** y es lo que mides u observas para obtener tus resultados. En este experimento, la variable de respuesta es cuánto tarda el agua en congelarse.

Un **experimento controlado** es el que mantiene constante todos los factores salvo uno. Estos experimentos incluyen una prueba llamada de **control**. En este experimento, el recipiente 3 es el de control. Como no se le añade sal, puedes comparar con él los resultados de los otros experimentos. Cualquier diferencia en los resultados debe obedecer en exclusiva a la adición de sal.

Formular definiciones operativas

Otro aspecto importante de los experimentos bien planeados es tener definiciones operativas claras. Las **definiciones operativas** son enunciados que describen cómo se va a medir cierta variable o cómo se va a definir. Por ejemplo, en este experimento, ¿cómo determinarás si el agua se congeló? Quizá decidas meter un palito en los recipientes al comienzo del experimento. Tu definición operativa de "congelada" sería el momento en que el palito dejara de moverse.

PROCEDIMIENTO EXPERIMENTAL

1. Llena 3 recipientes con agua fría de la llave.
2. Añade 10 gramos de sal al recipiente 1 y agita. Añade 20 gramos de sal al recipiente 2 y agita. No añadas sal al recipiente 3.
3. Coloca los tres recipientes en el congelador.
4. Revisa los recipientes cada 15 minutos. Anota tus observaciones.

Interpretar datos

Las observaciones y mediciones que haces en los experimentos se llaman datos. Debes analizarlos al final de los experimentos para buscar regularidades o tendencias. Muchas veces, las regularidades se hacen evidentes si organizas tus datos en una tabla o una gráfica. Luego, reflexiona en lo que revelan los datos. ¿Apoyan tu hipótesis? ¿Señalan una falla en el experimento? ¿Necesitas reunir más datos?

Sacar conclusiones

Las conclusiones son enunciados que resumen lo que aprendiste del experimento. Cuando sacas una conclusión, necesitas decidir si los datos que reuniste apoyan tu hipótesis o no. Tal vez debas repetir el experimento varias veces para poder sacar alguna conclusión. A menudo, las conclusiones te llevan a plantear preguntas nuevas y a planear experimentos nuevos para responderlas.

ACTIVIDAD

Al rebotar una pelota, ¿influye la altura de la cual la arrojas? De acuerdo con los pasos que acabamos de describir, planea un experimento controlado para investigar este problema.

Razonamiento crítico

¿Alguien te ha pedido consejo acerca de un problema? En tal caso, es probable que hayas ayudado a esa persona a pensar en el problema a fondo y de manera lógica. Sin saberlo, aplicaste las destrezas del razonamiento crítico, que consiste en reflexionar y emplear la lógica para resolver problemas o tomar decisiones. A continuación se describen algunas destrezas de razonamiento crítico.

Comparar y contrastar

Cuando buscas las semejanzas y las diferencias de dos objetos, aplicas la destreza de **comparar y contrastar**. Comparar es identificar las semejanzas, o características comunes. Contrastar significa encontrar las diferencias. Analizar los objetos de este modo te servirá para descubrir detalles que en otro caso quizá omitirías.

ACTIVIDAD
Compara y contrasta los dos animales de la foto. Anota primero todas las semejanzas que veas y luego todas las diferencias.

Aplicar los conceptos

Cuando recurres a tus conocimientos de una situación para entender otra parecida, empleas la destreza de **aplicar los conceptos**. Ser capaz de transferir tus conocimientos de una situación a otra demuestra que realmente entiendes el concepto. Con esta destreza respondes en los exámenes las preguntas que tienen problemas distintos de los que estudiaste en clase.

ACTIVIDAD
Acabas de aprender que el agua tarda más en congelarse si se le mezclan otras sustancias. Con este conocimiento, explica por qué en invierno necesitamos poner en el radiador de los autos una sustancia llamada anticongelante.

Interpretar ilustraciones

En los libros hay diagramas, fotografías y mapas para aclarar lo que lees. Estas ilustraciones muestran procesos, lugares e ideas de forma visual. La destreza llamada **interpretar ilustraciones** te sirve para aprender de estos elementos visuales. Para entender una ilustración, date tiempo para estudiarla junto con la información escrita que la acompañe. Las leyendas indican los conceptos fundamentales de la ilustración. Los nombres señalan las partes importantes de diagramas y mapas, en tanto que las claves explican los símbolos de los mapas.

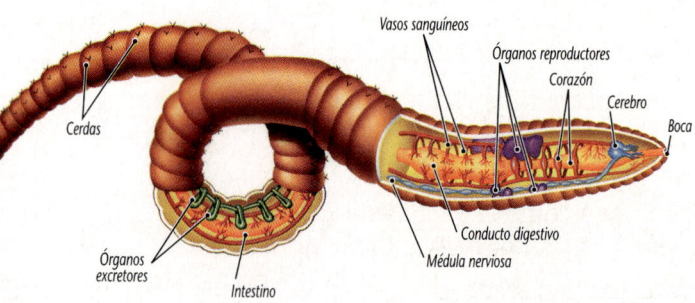

▲ Anatomía interna de la lombriz de tierra

ACTIVIDAD
Estudia el diagrama de arriba. Luego, escribe un párrafo breve donde expliques lo que aprendiste.

Relacionar causa y efecto

Si un suceso es la causa de que otro ocurra, se dice que ambos tienen una relación de causa y efecto. Cuando determinas que hay tal relación entre dos sucesos, muestras una destreza llamada **relacionar causa y efecto**. Por ejemplo, si observas en tu piel una hinchazón roja y que te causa irritación, infieres que te picó un mosquito. La picadura es la causa y la hinchazón el efecto.

Es importante aclarar que aunque dos sucesos ocurran al mismo tiempo, no necesariamente generan una relación de causa y efecto. Los científicos se basan en la experimentación y en experiencias pasadas para determinar la existencia de una relación de causa y efecto.

> **ACTIVIDAD**
> Estás en un campamento y tu linterna dejó de funcionar. Haz una lista de las causas posibles del desperfecto. ¿Cómo determinarías la relación de causa y efecto que te ha dejado a oscuras?

Hacer generalizaciones

Cuando sacas una conclusión acerca de todo un grupo basado en la información de sólo algunos de sus miembros, aplicas una destreza llamada **hacer generalizaciones**. Para que las generalizaciones sean válidas, la muestra que escojas debe ser lo bastante grande y representativa de todo el grupo. Por ejemplo, puedes ejercer esta destreza en un puesto de frutas si ves un letrero que diga "Pruebe algunas uvas antes de comprar". Si tomas unas uvas dulces, concluyes que todas las uvas son dulces y compras un racimo grande.

> **ACTIVIDAD**
> Un equipo de científicos necesita determinar si es potable el agua de un embalse grande. ¿Cómo aprovecharían la destreza de hacer generalizaciones? ¿Qué deben hacer?

Formular juicios

Cuando evalúas algo para decidir si es bueno o malo, correcto o incorrecto, utilizas una destreza llamada **formular juicios**. Por ejemplo, formulas juicios cuando prefieres comer alimentos saludables o recoges la basura de un parque. Antes de formular el juicio, tienes que meditar en las ventajas y las desventajas de la situación y mostrar los valores y las normas que sostienes.

> **ACTIVIDAD**
> ¿Hay que exigir a niños y adolescentes que porten casco al ir en bicicleta? Explica las razones de tu opinión.

Resolver problemas

Cuando te vales de las destrezas de razonamiento crítico para resolver un asunto o decidir una acción, practicas una destreza llamada **resolver problemas**. Algunos problemas son sencillos, como la forma de convertir fracciones en decimales. Otros, como averiguar por qué dejó de funcionar tu computadora, son complicados. Algunos problemas complicados se resuelven con el método de ensayo y error: ensayas primero una solución; si no funciona, intentas otra. Entre otras estrategias útiles para resolver problemas se encuentran hacer modelos y realizar una lluvia de ideas con un compañero en busca de soluciones posibles.

Organizar la información

A medida que lees este libro, ¿cómo puedes comprender toda la información que contiene? En esta página se muestran herramientas útiles para organizar la información. Se denominan *organizadores gráficos* porque te dan una imagen de los temas y de la relación entre los conceptos.

Redes de conceptos

Las redes de conceptos son herramientas útiles para organizar la información en temas generales. Comienzan con un tema general que se descompone en conceptos más concretos. De esta manera, se facilita la comprensión de las relaciones entre los conceptos.

Para trazar una red de conceptos, se anotan los términos (por lo regular sustantivos) dentro de óvalos y se conectan con palabras de enlace. El concepto más general se pone en la parte superior. Conforme se desciende, los términos son cada vez más específicos. Las palabras de enlace, que se escriben sobre una línea entre dos óvalos, describen las relaciones de los conceptos que unen. Si sigues hacia abajo cualquier encadenamiento de conceptos y palabras de enlace, suele ser fácil leer una oración.

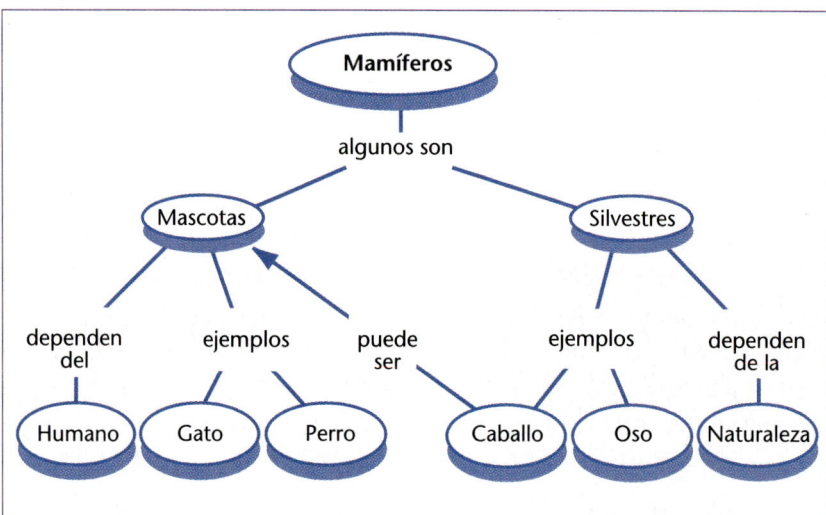

Algunas redes de conceptos comprenden nexos que vinculan un concepto de una rama con otro de una rama distinta. Estos nexos, llamados cruzados, muestran relaciones más complicadas entre conceptos.

Tablas para comparar y contrastar

Las tablas para comparar y contrastar son herramientas útiles para clasificar las semejanzas y las diferencias entre dos o más objetos o sucesos. Las tablas proporcionan un esquema organizado para realizar comparaciones de acuerdo con las características que identifiques.

Para crear una tabla para comparar y contrastar, anota los elementos que vas a comparar en la parte superior. Enseguida, haz en la columna izquierda una lista de las características que formarán la base de tus comparaciones. Para terminar tu tabla,

Característica	Béisbol	Baloncesto
Núm. de jugadores	9	5
Campo de juego	Diamante de béisbol	Cancha de baloncesto
Equipo	Bates, pelotas, manoplas	Canasta, pelota

asienta la información sobre cada característica, primero de un elemento y luego del siguiente.

Diagramas de Venn

Los diagramas de Venn son otra forma de mostrar las semejanzas y las diferencias entre elementos. Estos diagramas constan de dos o más círculos que se superponen parcialmente. Cada círculo representa un concepto o idea. Las características comunes, o semejanzas, se anotan en la parte superpuesta de ambos círculos. Las características únicas, o diferencias, se escriben en las partes de los círculos que no pertenecen a la zona de superposición.

Para trazar un diagrama de Venn, dibuja dos círculos superpuestos. Encabézalos con los nombres de los elementos que vas a comparar. En cada círculo, escribe las características únicas en las partes que no se superponen. Luego, anota en el área superpuesta las características compartidas.

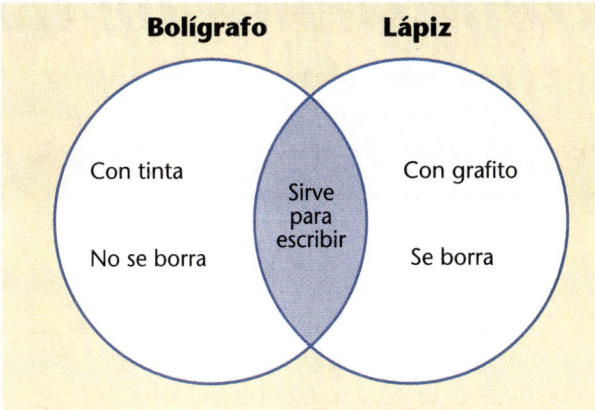

Diagramas de flujo

Los diagramas de flujo ayudan a entender el orden en que ciertos sucesos ocurren o deben ocurrir. Sirven para esbozar las etapas de un proceso o los pasos de un procedimiento.

Para hacer un diagrama de flujo, escribe en un recuadro una descripción breve de cada suceso. Anota el primero en la parte superior de la hoja, seguido por el segundo, el tercero, etc. Para terminar, dibuja una flecha que conecte cada suceso en el orden en que ocurren.

Preparación de pasta

Hervir agua → Cocer la pasta → Escurrir el agua → Añadir la salsa

Diagramas de ciclos

Los diagramas de ciclos muestran secuencias de acontecimientos continuas, o ciclos. Las secuencias continuas no tienen final, porque cuando termina el último suceso, el primero se repite. Como los diagramas de flujo, permiten entender el orden de los sucesos.

Para crear el diagrama de un ciclo, escribe en un recuadro una descripción breve de cada suceso. Coloca uno en la parte superior de la hoja, al centro. Luego, sobre un círculo imaginario y en el sentido de las manecillas del reloj, escribe cada suceso en la secuencia correcta. Dibuja flechas que conecten cada suceso con el siguiente, de modo que se forme un círculo continuo.

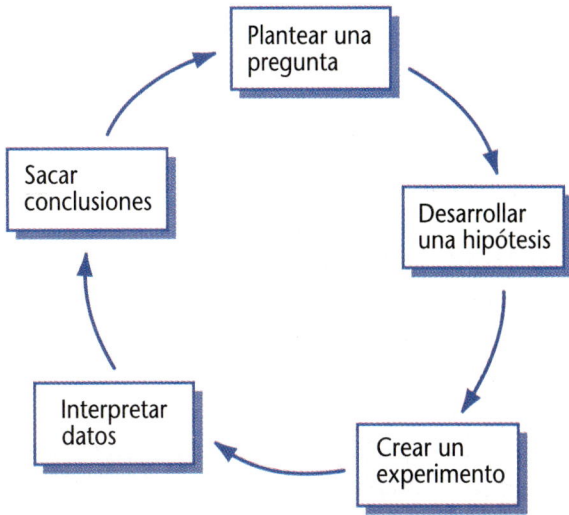

Crear tablas de datos y gráficas

¿Cómo se entiende el significado de los datos de los experimentos científicos? El primer paso es organizarlos para comprenderlos. Para ello, son útiles las tablas de datos y las gráficas.

Tablas de datos

Ya reuniste los materiales y preparaste el experimento. Pero antes de comenzar, necesitas planificar una forma de anotar lo que ocurre durante el experimento. En una tabla de datos puedes escribir tus observaciones y mediciones de manera ordenada.

Por ejemplo, digamos que un científico realizó un experimento para saber cuántas calorías queman sujetos de diversas masas corporales al realizar varias actividades. La tabla de datos muestra los resultados.

Observa en la tabla que la variable manipulada (la masa corporal) es el encabezado de una columna. La variable de respuesta (en el experimento 1, las calorías quemadas al andar en bicicleta) encabeza la siguiente columna. Las columnas siguientes se refieren a experimentos relacionados.

CALORÍAS QUEMADAS EN 30 MINUTOS DE ACTIVIDAD			
Masa corporal	Experimento 1 Ciclismo	Experimento 2 Baloncesto	Experimento 3 Ver televisión
30 kg	60 calorías	120 calorías	21 calorías
40 kg	77 calorías	164 calorías	27 calorías
50 kg	95 calorías	206 calorías	33 calorías
60 kg	114 calorías	248 calorías	38 calorías

Gráficas de barras

Para comparar cuántas calorías se queman al realizar varias actividades, puedes trazar una gráfica de barras. Las gráficas de barras muestran los datos en varias categorías distintas. En este ejemplo, el ciclismo, el baloncesto y ver televisión son las tres categorías. Para trazar una gráfica de barras, sigue estos pasos.

1. En papel cuadriculado, dibuja un eje horizontal, o eje *x*, y uno vertical, o eje *y*.
2. En el eje horizontal, escribe los nombres de las categorías que vas a graficar. Escribe también un nombre para todo el eje.
3. En el eje vertical anota el nombre de la variable de respuesta. Señala las unidades de medida. Para crear una escala, marca el espacio equivalente a los números de los datos que reuniste.
4. Dibuja una barra por cada categoría, usando el eje vertical para determinar la altura apropiada. Por ejemplo, en el caso del ciclismo, dibuja la barra hasta la altura de la marca 60 en el eje vertical. Haz todas las barras del mismo ancho y deja espacios iguales entre ellas.
5. Agrega un título que describa la gráfica.

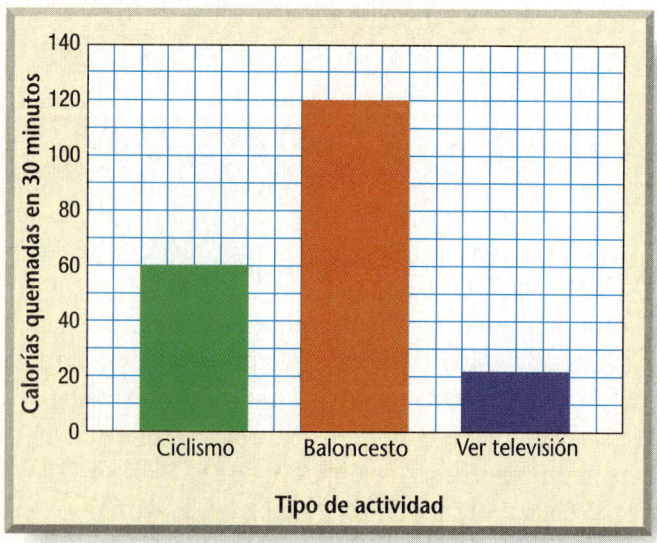
Calorías quemadas por una persona de 30 kilos en diversas actividades

Gráficas de líneas

Puedes trazar una gráfica de líneas para saber si hay una relación entre la masa corporal y la cantidad de calorías quemadas al andar en bicicleta. En estas gráficas, los datos muestran los cambios de una variable (la de respuesta) como resultado de los cambios de otra (la manipulada). Conviene trazar una gráfica de líneas cuando la variable manipulada es *continua*, es decir, cuando hay otros puntos entre los que estás poniendo a prueba. En este ejemplo, la masa corporal es una variable continua porque hay otros pesos entre los 30 y los 40 kilos (por ejemplo, 31 kilos). El tiempo es otro ejemplo de variable continua.

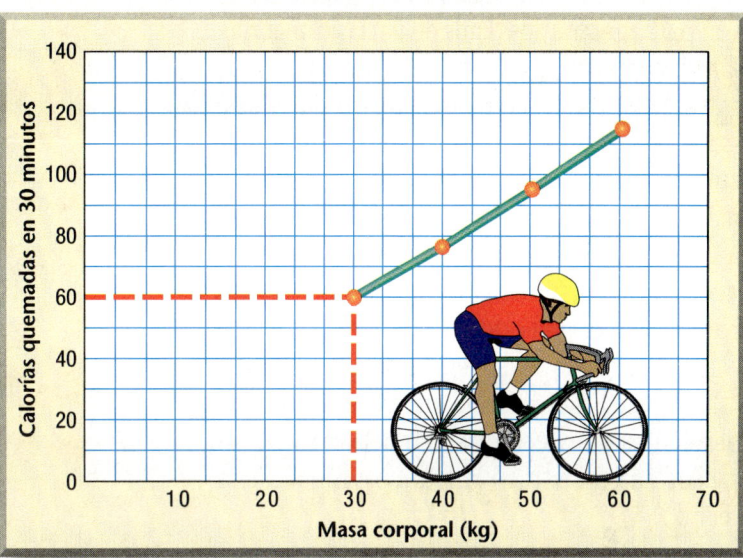

Efecto de la masa corporal en las calorías quemadas al practicar el ciclismo

Las gráficas de líneas son herramientas poderosas, pues con ellas calculas las cifras de condiciones que no probaste en el experimento. Por ejemplo, con tu gráfica puedes estimar que una persona de 35 kilos quemaría 68 calorías al andar en bicicleta.

Para trazar una gráfica de líneas, sigue estos pasos.

1. En papel cuadriculado, dibuja un eje horizontal, o eje *x*, y uno vertical, o eje *y*.
2. En el eje horizontal, escribe el nombre de la variable manipulada. En el vertical, anota el nombre de la variable de respuesta y añade las unidades de medida.
3. Para crear una escala, marca el espacio equivalente a los números de los datos que reuniste.
4. Marca un punto por cada dato. En la gráfica de esta página, las líneas punteadas muestran cómo marcar el punto del primer dato (30 kilogramos y 60 calorías). En el eje horizontal, sobre la marca de los 30 kilos, proyecta una línea vertical imaginaria. Luego, dibuja una línea horizontal imaginaria que se proyecte del eje vertical en la marca de las 60 calorías. Pon el punto en el sitio donde se cruzan las dos líneas.
5. Conecta los puntos con una línea continua. (En algunos casos, tal vez sea mejor trazar una línea que muestre la tendencia general de los puntos graficados. En tales casos, algunos de los puntos caerán arriba o abajo de la línea.)
6. Escribe un título que identifique las variables o la relación de la gráfica.

> **ACTIVIDAD**
> Traza gráficas de líneas con los datos de la tabla de los experimentos 2 y 3.

> **ACTIVIDAD**
> Acabas de leer en el periódico que en la zona donde vives cayeron 4 centímetros lluvia en junio, 2.5 centímetros en julio y 1.5 centímetros en agosto. ¿Qué gráfica escogerías para mostrar estos datos? Traza tu gráfica en papel cuadriculado.

Gráficas circulares

Como las gráficas de barras, las gráficas circulares sirven para mostrar los datos en varias categorías separadas. Sin embargo, a diferencia de las gráficas de barras, sólo se trazan cuando tienes los datos de *todas* las categorías que comprende tu tema. Las gráficas circulares se llaman a veces gráficas de pastel, porque parecen un pastel cortado en rebanadas. El pastel representa todo el tema y las rebanadas son las categorías. El tamaño de cada rebanada indica qué porcentaje tiene cada categoría del total.

La tabla de datos que sigue muestra los resultados de una encuesta en la que se pidió a 24 adolescentes que declararan su deporte favorito. Con esos datos, se trazó la gráfica circular de la derecha.

Deportes que prefieren los adolescentes

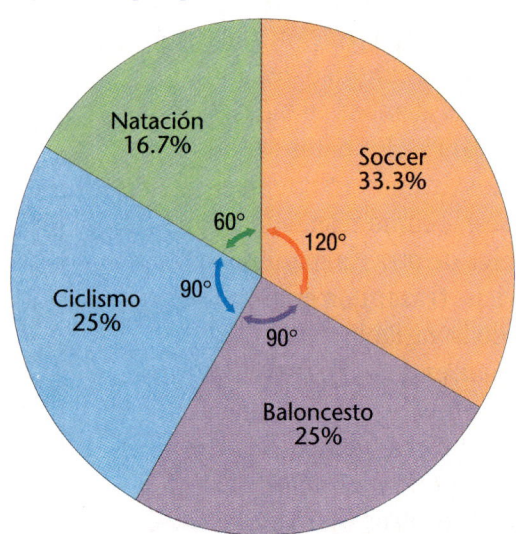

DEPORTES FAVORITOS

Deporte	Número de estudiantes
Soccer	8
Baloncesto	6
Ciclismo	6
Natación	4

Para trazar una gráfica circular, sigue estos pasos.

1. Dibuja un círculo con un compás. Marca el centro con un punto. Luego, traza una línea del centro a la parte superior.
2. Para determinar el tamaño de cada "rebanada", establece una proporción en la que x sea igual al número de grados de la rebanada (NOTA: Los círculos tienen 360 grados). Por ejemplo, para calcular el número de grados de la rebanada del "soccer", plantea la relación siguiente:

$$\frac{\text{estudiantes que prefieren el soccer}}{\text{número total de estudiantes}} = \frac{x}{\text{número total de grados del círculo}}$$

$$\frac{8}{24} = \frac{x}{360}$$

Haz la multiplicación cruzada y resuelve x.
$$24x = 8 \times 360$$
$$x = 120$$
La rebanada de "soccer" tendrá 120 grados.

3. Mide con un transportador el ángulo de la primera rebanada. La línea de 0° es la que trazaste hasta la parte superior del círculo. Dibuja una línea que vaya del centro del círculo al extremo del ángulo que mediste.
4. Prosigue alrededor del círculo, midiendo cada rebanada con el transportador. Comienza en el borde de la rebanada anterior para que no se superpongan. Cuando termines, el círculo debe estar completo.
5. Determina el porcentaje del círculo que representa cada rebanada. Para ello, divide el número de grados de cada rebanada entre los grados del círculo (360) y multiplica por 100. En el caso de la rebanada del "soccer", calcula el porcentaje como sigue:

$$\frac{120}{360} \times 100\% = 33.3\%$$

6. Colorea cada rebanada. Escribe el nombre de la categoría y el porcentaje que representa.
7. Escribe el título de la gráfica circular.

ACTIVIDAD

En un salón de 28 estudiantes, 12 van a la escuela en autobús, 10 caminan y 6 van en bicicleta. Traza una gráfica circular para mostrar estos datos.

Seguridad en el laboratorio

APÉNDICE A

Símbolos de seguridad

Estos símbolos te alertan de posibles daños en el laboratorio y te recuerdan que trabajes con cuidado.

Gafas de protección Usa siempre estas gafas para protegerte los ojos en cualquier actividad que requiera sustancias químicas, flamas o calor o bien la posibilidad de que se rompan cristales.

Delantal Ponte el delantal para proteger de daños tu piel y tu ropa.

Frágil Trabajas con materiales que se pueden romper, como recipientes de cristal, tubos de vidrio, termómetros o embudos. Maneja estos materiales con cuidado. No toques los vidrios rotos.

Guantes térmicos Ponte un guante de cocina o alguna otra protección para las manos cuando manipules materiales calientes. Las parrillas, el agua o los cristales calientes pueden causar quemaduras. No toques objetos calientes con las manos desnudas.

Caliente Toma los objetos de vidrio calientes con abrazaderas o tenazas. No toques objetos calientes con las manos desnudas.

Objeto filoso Las tijeras puntiagudas, los escalpelos, las navajas, las agujas, los alfileres y las tachuelas son filosos. Pueden cortar o pincharte la piel. Dirige siempre los bordes filosos lejos de ti y de los demás. Usa instrumentos afilados según las instrucciones.

 Descarga eléctrica Evita la posibilidad de descargas eléctricas. Nunca uses equipo eléctrico cerca del agua ni cuando el equipo o tus manos estén húmedos. Verifica que los cables no estén enredados ni que puedan hacer que alguien tropiece. Desconecta el equipo cuando no esté en uso.

Corrosivo Trabajas con ácido u otra sustancia química corrosiva. No dejes que salpique en tu piel, ropa ni ojos. No inhales los vapores. Cuando termines la actividad, lávate las manos.

Veneno No permitas que ninguna sustancia química tenga contacto con la piel ni inhales los vapores. Cuando termines la actividad, lávate las manos.

Ten cuidado Cuando un experimento requiere actividad física, toma tus precauciones para que no te lastimes ni lesiones a los demás. Sigue las instrucciones del maestro. Avísale si hay alguna razón por la que no puedas participar en la actividad.

Precaución con los animales Trata con cuidado a los animales vivos para no hacerles daño ni que te lastimes. El trabajo con partes de animales o animales conservados también requiere cuidados. Cuando termines la actividad, lávate las manos.

Precaución con las plantas Maneja las plantas en el laboratorio o durante el trabajo de campo sólo como te lo indique el maestro. Avísale si eres alérgico a ciertas plantas que se van a usar en una actividad. No toques las plantas nocivas, como la hiedra, el roble o el zumaque venenosos ni las que tienen espinas. Cuando termines la actividad, lávate las manos.

Flamas Es posible que trabajes con flamas de mecheros, velas o cerillos. Anudate por atrás el cabello y la ropa sueltos. Sigue las instrucciones de tu maestro sobre cómo encender y extinguir las flamas.

No flamas Es posible que haya materiales inflamables. Verifica que no haya flamas, chispas ni otras fuentes expuestas de calor.

Vapores Cuando haya vapores venenosos o desagradables, trabaja en una zona ventilada. No inhales los vapores directamente. Prueba los olores sólo cuando el maestro lo indique y efectúa un movimiento de empuje para dirigir el vapor hacia tu nariz.

Desechos Es preciso desechar en forma segura las sustancias químicas y los materiales de la actividad. Sigue las instrucciones de tu maestro.

Lavarse las manos Cuando termines la actividad, lávate muy bien las manos con jabón antibacteriano y agua caliente. Frota los dos lados de las manos y entre los dedos. Enjuaga por completo.

Normas generales de seguridad Es posible que veas este símbolo cuando ninguno de los anteriores aparece. En este caso, sigue las instrucciones concretas que te proporcionen. También puede ser que veas el símbolo cuando te pidan que establezcas tu propio procedimiento de laboratorio. Antes de proseguir, pide a tu maestro que apruebe tu plan.

E ◆ 213

APÉNDICE A

Reglas de seguridad en ciencias

Para que estés preparado y trabajes con seguridad en el laboratorio, repasa las siguientes reglas de seguridad. Luego, vuélvelas a leer. Asegúrate de entenderlas y seguirlas todas. Pide a tu maestro que te explique las que no comprendas.

Normas de atuendo

1. Para evitar lesiones oculares, ponte las gafas de protección siempre que trabajes con sustancias químicas, mecheros, objetos de vidrio o cualquier cosa que pudiera entrar en los ojos. Si usas lentes de contacto, avísale a tu maestro o maestra.
2. Ponte un delantal o una bata cuando trabajes con sustancias corrosivas o que manchen.
3. Si tienes el cabello largo, anúdalo por atrás para alejarlo de sustancias químicas, flamas o equipo.
4. Quítate o anuda en la espalda cualquier prenda o adorno que cuelgue y que pueda entrar en contacto con sustancias químicas, flamas o equipo. Súbete o asegura las mangas largas.
5. Nunca lleves zapatos descubiertos ni sandalias.

Precauciones generales

6. Lee varias veces todas las instrucciones de los experimentos antes de comenzar la actividad. Sigue con cuidado todas las directrices escritas y orales. Si tienes dudas sobre alguna parte de un experimento, pide a tu maestro que te ayude.
7. Nunca realices actividades que no te hayan encargado o que no estén autorizadas por el maestro. Antes de "experimentar" por tu cuenta, pide permiso. Nunca manejes ningún equipo sin autorización explícita.
8. Nunca realices las actividades de laboratorio sin supervisión directa.
9. Nunca comas ni bebas en el laboratorio.
10. Conserva siempre limpias y ordenadas todas las áreas del laboratorio. Lleva al área de trabajo nada más que cuadernos, manuales o procedimientos escritos de laboratorio. Deja en la zona designada cualesquiera otros artículos, como bolsas y mochilas.
11. No juegues ni corretees.

Primeros auxilios

12. Informa siempre de todos los incidentes y lesiones a tu maestros no importa si son insignificantes. Notifica de inmediato sobre cualquier incendio.
13. Aprende qué debes hacer en caso de accidentes concretos, como que te salpique ácido en los ojos o la piel (enjuaga los ácidos con abundante agua).
14. Averigua la ubicación del botiquín de primeros auxilios, pero no lo utilices a menos que el maestro te lo ordene. En caso de una lesión, él deberá aplicar los primeros auxilios. También puede ser que te envíe por la enfermera de la escuela o a llamar a un médico.
15. Conoce la ubicación del equipo de emergencia, como el extintor y los artículos contra incendios y aprende a usarlos.
16. Conoce la ubicación del teléfono más cercano y a quién llamar en caso de emergencia.

Medidas de seguridad con fuego y fuentes de calor

17. Nunca uses ninguna fuente de calor, como velas, mecheros y parrillas, sin gafas de protección.
18. Nunca calientes nada a menos que te lo indiquen. Sustancias que frías son inofensivas, pueden volverse peligrosas calientes.
19. No acerques al fuego ningún material combustible. Nunca apliques una flama ni una chispa cerca de una sustancia química combustible.
20. Nunca pases las manos por las flamas.
21. Antes de usar los mecheros de laboratorio, verifica que conoces los procedimientos adecuados para encenderlos y graduarlos, según te enseñó tu maestro. Nunca los toques, pues pueden estar calientes, y nunca los descuides ni los dejes encendidos.
22. Las sustancias químicas pueden salpicar o salirse de tubos de ensayo calientes. Cuando calientes una sustancia en un tubo de ensayo, fíjate que la boca del tubo no apunte hacia alguien.
23. Nunca calientes líquidos en recipientes tapados. Los gases se expanden y pueden hacer estallar el recipiente.
24. Antes de tomar un recipiente que haya sido calentado, acércale la palma de la mano. Si sientes el calor en el dorso, el recipiente está demasiado caliente para asirlo. Usa un guante de cocina para levantarlo.

Uso seguro de sustancias químicas

25. Nunca mezcles sustancias químicas "por diversión". Puedes producir una mezcla peligrosa y quizás explosiva.
26. Nunca acerques la cara a un recipiente que contiene sustancias químicas. Nunca toques, pruebes ni aspires una sustancia a menos que lo indique el maestro. Muchas sustancias químicas son venenosas.
27. Emplea sólo las sustancias químicas que requiere la actividad. Lee y verifica dos veces las etiquetas de las botellas de suministro antes de vaciarlas. Toma sólo lo que necesites. Cuando no uses las sustancias, cierra los recipientes que las contienen.
28. Desecha las sustancias químicas según te instruya tu maestro. Para evitar contaminarlas, nunca las devuelvas a sus recipientes originales. Nunca te concretes a tirar por el fregadero o en la basura las sustancias químicas y de otra clase.
29. Presta atención especial cuando trabajes con ácidos y bases. Vierte las sustancias sobre el fregadero o un recipiente, nunca sobre tu superficie de trabajo.
30. Si las instrucciones son que huelas una sustancia, efectúa un movimiento giratorio con el recipiente para dirigir los vapores a tu nariz; no los inhales directamente.
31. Cuando mezcles un ácido con agua, vacía primero el agua al recipiente y luego agrega el ácido. Nunca pongas agua en un ácido.
32. Extrema los cuidados para no salpicar ningún material del laboratorio. Limpia inmediatamente todos los derrames y salpicaduras de sustancias químicas con mucha agua. Enjuaga de inmediato con agua todo ácido que caiga en tu piel o ropa y notifica enseguida a tu maestro de cualquier derrame de ácidos.

Uso seguro de objetos de vidrio

33. Nunca fuerces tubos ni termómetros de vidrio en topes de hule y tapones de corcho. Si lo requiere la actividad, pide a tu maestro que lo haga.
34. Si usas un mechero de laboratorio, coloca una malla de alambre para impedir que las flamas toquen los utensilios de vidrio. Nunca los calientes si el exterior no está completamente seco.
35. Recuerda que los utensilios de vidrio calientes parecen fríos. Nunca los tomes sin verificar primero si están calientes. Usa un guante de cocina. Repasa la regla 24.
36. Nunca uses objetos de vidrio rotos o astillados. Si algún utensilio de vidrio se rompe, díselo a tu maestra y deséchalo en el recipiente destinado a los vidrios rotos. Nunca tomes con las manos desnudas ningún vidrio roto.
37. Nunca comas ni bebas en un artículo de vidrio de laboratorio.
38. Limpia a fondo los objetos de vidrio antes de guardarlos.

Uso de instrumentos filosos

39. Maneja con mucho cuidado los escalpelos y demás instrumentos filosos. Nunca cortes el material hacia ti, sino en la dirección opuesta.
40. Si te cortas al trabajar en el laboratorio, avisa de inmediato a tu maestra o maestro.

Precauciones con animales y plantas

41. Nunca realices experimentos que causen dolor, incomodidad o daños a mamíferos, aves, reptiles, peces y anfibios. Esta regla se aplica tanto en la escuela como en casa.
42. Los animales se manipulan sólo si es absolutamente indispensable. Tu maestro te dará las instrucciones sobre cómo manejar las especies llevadas a la clase.
43. Si eres alérgico a ciertas plantas, mohos o animales, díselo a tu maestro antes de iniciar la actividad.
44. Durante el trabajo de campo, protégete con pantalones, mangas largas, calcetines y zapatos cerrados. Aprende a reconocer las plantas y los hongos venenosos de tu zona, así como las plantas con espinas, y no las toques.
45. Nunca comas parte alguna de plantas u hongos desconocidos.
46. Lávate bien las manos después de manipular animales o sus jaulas. Lávate también después de las actividades con partes de animales, plantas o tierra.

Reglas al terminar experimentos

47. Cuando termines un experimento, limpia tu área de trabajo y devuelve el equipo a su lugar.
48. Elimina materiales de desecho de acuerdo con las instrucciones de tu maestro.
49. Lávate las manos después de cualquier experimento.
50. Cuando no los uses, apaga siempre los quemadores y las parrillas. Desconecta las parrillas y los equipos eléctricos. Si usaste un mechero, ve que también esté cerrada la válvula de alimentación del gas.

Glosario

A

acuicultura Cría de peces y otros organismos acuáticos para consumo humano. (p. 95)

adaptación Comportamientos y características físicas de especies que les permiten vivir en su medio ambiente. (p. 32)

agotamiento de nutrientes Situación que se da cuando se usa mayor cantidad de nutrientes del suelo de la que los descomponedores pueden restituir. (p. 117)

agua freática Agua almacenada bajo tierra en capas de suelo y roca. (p. 149)

aguas residuales Agua y residuos humanos que son desechados por lavabos y sanitarios. (p. 151)

aislamiento Material de construcción que impide transferir calor entre interior y exterior. (p. 189)

árboles caducifolios Árboles cuyas hojas caen anualmente pero vuelven a crecerles. (p. 66)

B

barbechar Pedazo de tierra sin cultivar. (p. 117)

biodegradable Se desintegra por bacterias y otros descomponedores naturales. (p. 124)

biodiversidad Cantidad de especies diferentes en un área. (p. 97)

biogeografía Estudio del sitio donde viven los organismos. (p. 56)

bioma Grupo de ecosistemas con climas y organismos similares. (p. 62)

C

cadena alimenticia Conjunto de relaciones entre organismos en el que uno se come a otro. (p. 47)

calentamiento global Teoría según la cual al aumentar el dióxido de carbono se elevará la temperatura promedio de la Tierra. (p. 146)

capa de ozono Capa atmosférica que contiene mayor concentración de ozono que el resto de la atmósfera. (p. 144)

capacidad portadora La mayor población que un área puede sustentar. (p. 27)

carnívoro Consumidor que come animales. (p. 46)

carroñero Carnívoro que se alimenta con los cuerpos de animales muertos. (p. 46)

caza ilegal Cacería furtiva de fauna silvestre. (p. 102)

ciclo del agua Proceso continuo a través del cual el agua pasa de la superficie de la Tierra a la atmósfera y viceversa. (p. 52)

clima Patrón típico del tiempo en un área durante un largo periodo. (p. 59)

clorofluorocarbonos Gases que contienen cloro y flúor (también llamados CFC). (p. 145)

combustible de biomasa Combustible formado a partir de seres vivos. (p. 176)

combustible fósil Sustancia rica en energía (como carbón, petróleo y gas natural) formada a partir de restos de organismos. (p. 166)

combustión Quema de un combustible. (p. 165)

comensalismo Relación entre dos especies donde una se beneficia y otra no recibe ayuda ni daño. (p. 37)

competencia Lucha entre organismos por los recursos limitados en un hábitat. (p. 33)

comunidad Diferentes poblaciones que viven juntas en un área. (p. 20)

condensación Proceso por el cual un gas se convierte en líquido. (p. 53)

coníferas Árboles que producen sus semillas en conos y sus hojas tienen forma de agujas. (p. 67)

conservación de la energía Práctica de reducir el uso de energía. (p. 187)

consumidor Organismo que obtiene energía alimentándose de otros organismos. (p. 46)

contaminación Cambio en el medio ambiente que tiene efectos negativos en los seres vivos. (p. 85)

contaminación del agua Cambio en el agua que tiene un efecto nocivo. (p. 150)

contaminación del aire Cambio en la atmósfera que tiene efectos nocivos. (p. 140)

convertidor catalítico Dispositivo que reduce las emisiones de monóxido de carbono de los vehículos. (p. 156)

corrosivo Capaz de disolver o desintegrar muchas otras sustancias, como un ácido. (p. 131)

D

densidad de población Número de individuos en un área específica. (p. 23)

depredación Interacción en la cual un organismo mata y se come a otro. (p. 34)

depredador Organismo que mata en la depredación. (p. 34)

depurador Artefacto que usa gotas de agua para limpiar las emisiones de las chimeneas. (p. 156)

deriva continental Movimiento muy lento de los continentes. (p. 56)

descomponedor Organismo que desintegra desechos y organismos muertos. (p. 47)

desechos peligrosos Materiales que pueden ser dañinos si no se desechan adecuadamente. (p. 131)

desechos sólidos municipales Desechos producidos en hogares, oficinas y escuelas. (p. 122)

desertificación Avance de condiciones semejantes a las del desierto en áreas que anteriormente fueron fértiles. (p. 118)

desierto Región que recibe menos de 25 cm de precipitación al año. (p. 64)

destrucción del hábitat Pérdida de un hábitat natural. (p. 101)

dispersión Movimiento de organismos de un lugar a otro. (p. 57)

dosel Techo frondoso de árboles altos. (p. 63)

ecología Estudio de cómo interactúan los seres vivos entre sí y con su medio ambiente. (p. 20)

ecosistema Todos los seres vivos y sin vida que interactúan en un área. (p. 16)

efecto invernadero Calor atrapado por ciertos gases en la atmósfera. (p. 146)

eficiencia Porcentaje de energía usada por un aparato para realizar un trabajo. (p. 188)

emigración Abandonar una población. (p. 26)

emisiones Partículas y gases liberados al aire por una chimenea o un vehículo de motor. (p. 141)

energía geotérmica Calor del interior de la Tierra. (p. 177)

energía hidroeléctrica Electricidad producida al usar la energía de una corriente de agua. (p. 175)

erosión Proceso por el cual el agua, viento o hielo mueven partículas de roca o suelo. (p. 116)

especie Grupo de organismos que son semejantes, se aparean y producen descendencia fértil. (p. 19)

especie clave Especie que influye en la supervivencia de otras en un ecosistema. (p. 99)

especies amenazadas Especies que pueden llegar a estar en peligro de extinción en un futuro próximo. (p. 100)

especies en peligro de extinción Especies en peligro de extinguirse en un futuro cercano. (p. 100)

especies exóticas Especies que son llevadas por la gente a un nuevo lugar. (p. 58)

especies nativas Especies que han evolucionado de manera natural en una región. (p. 58)

especies pioneras Primeras especies en poblar una región. (p. 77)

estimación Cálculo aproximado de un número basado en supuestos razonables. (p. 24)

estuario Hábitat en el que el agua dulce de un río se encuentra con el agua salada del mar. (p. 71)

evaporación Proceso por el cual las moléculas de un líquido absorben energía y pasan al estado gaseoso. (p. 52)

experimento controlado Experimento en que todos los factores excepto uno se mantienen constantes. (p. 205)

explosivo Material que puede reaccionar con rapidez cuando entra en contacto con el aire o el agua y explota si se le agita. (p. 131)

extinción Desaparición de la Tierra de todos los miembros de una especie. (p. 100)

factor abiótico Parte sin vida de un ecosistema. (p. 18)

factor biótico Parte viva de un ecosistema. (p. 17)

factor limitante Factor ambiental que impide el crecimiento de una población. (p. 27)

fertilizante Sustancia química que provee de nutrientes para mejorar los cultivos. (p. 151)

fijación del nitrógeno Proceso de conversión del gas nitrógeno libre en una forma aprovechable. (p. 55)

fisión nuclear División del núcleo de un átomo en núcleos más pequeños. (p. 181)

fotosíntesis Proceso en el cual los organismos usan agua, así como luz solar y dióxido de carbono para producir alimentos. (p. 18)

fragmentación del hábitat Desintegración de un hábitat en porciones aisladas más pequeñas. (p. 101)

fusión Estado peligroso ocasionado por sobrecalentamiento del interior de un reactor nuclear. (p. 183)

fusión nuclear Combinación de dos núcleos atómicos en un núcleo más grande. (p. 184)

gasohol Mezcla de gasolina y alcohol. (p. 176)

gene Estructura celular de un organismo que contiene la información hereditaria. (p. 100)

H

hábitat Lugar donde vive un organismo y encuentra las cosas que necesita. (p. 17)

hacer composta Ayudar al proceso de descomposición natural a desintegrar ciertos desechos. (p. 127)

herbívoro Consumidor que come sólo plantas. (p. 46)

hibernar Estado de baja energía similar al sueño, en algunos mamíferos durante el invierno. (p. 67)

hidrocarburo Compuesto que contiene átomos de carbono y de hidrógeno. (p. 166)

hipótesis Predicción acerca del resultado de un experimento. (p. 204)

huésped Organismo por dentro o por fuera del cual vive un parásito en parasitismo. (p. 38)

I

incineración Quema de desechos sólidos. (p. 123)

índice de mortalidad Número de muertes en una población en un tiempo dado. (p. 25)

índice de natalidad Número de nacimientos en una población en un tiempo dado. (p. 25)

inflamable Capaz de encenderse fácilmente y arder a bajas temperaturas. (p. 131)

inmigración Ingreso en una población. (p. 26)

inversión térmica Estado en el cual una capa de aire caliente atrapa aire contaminado cerca de la superficie de la Tierra. (p. 142)

L

lecho rocoso Roca que forma la corteza de la Tierra. (p. 116)

lixiviado Agua que ha pasado por los desechos enterrados en un relleno sanitario. (p. 123)

lluvia ácida Precipitación que es más ácida de lo normal. (142)

M

mantillo Capa de hierba y hojas secas sobre el suelo. (p. 116)

mutualismo Relación entre dos especies de la cual ambas se benefician. (p. 37)

N

nave del reactor Parte del reactor nuclear en donde tiene lugar la fisión. (p. 182)

nicho Papel propio de un organismo en un ecosistema, o cómo vive. (p. 32)

nódulos Abultamientos en raíces de ciertas plantas que alojan bacterias fijadoras de nitrógeno. (p. 55)

núcleo Parte central de un átomo que contiene protones y neutrones. (p. 181)

O

omnívoro Consumidor que come tanto plantas como animales. (p. 46)

ozono Forma tóxica del oxígeno. (p. 141)

P

parasitismo Relación en la cual un organismo vive sobre o dentro de otro y lo daña. (p. 38)

parásito Organismo que se beneficia de vivir dentro o sobre un huésped en parasitismo. (p. 38)

permafrost Suelo congelado todo el año. (p. 68)

pesquería Zona con una gran población de valiosos organismos marinos. (p. 94)

pesticida Sustancia química que elimina los organismos que dañan los cultivos. (p. 151)

petróleo Combustible fósil líquido. (p. 168)

petroquímico Compuesto obtenido del petróleo. (p. 169)

pirámide de la energía Diagrama que muestra la cantidad de energía que se mueve de un nivel de alimentación a otro en una red alimenticia. (p. 49)

población Todos los miembros de una especie en un área particular. (p. 19)

pradera Área poblada de pastos que recibe de 20 a 75 cm anuales de lluvia. (p. 65)

precipitación Lluvia, nieve o granizo. (p. 53)

presa Organismo muerto en la depredación. (p. 34)

productor Organismo que puede elaborar su propio alimento. (p. 45)

punto de vista de la conservación Idea de que la gente debería usar recursos naturales sólo en tanto no los destruya. (p. 88)

punto de vista de la preservación Idea de que todas las partes del medio ambiente son importantes sin contar su utilidad a los humanos. (p. 88)

punto de vista del desarrollo Idea de que los humanos deberían poder usar a su antojo y aprovechar todos los recursos de la Tierra. (p. 88)

radiactivo Que contiene átomos inestables. (p. 131)

reciclaje Proceso de regenerar y volver a usar materias primas. (p. 124)

recuperación de la tierra Proceso de devolver la tierra a un estado más natural. (p. 119)

recurso no renovable Recurso natural que no se restaura una vez usado. (p. 85)

recurso renovable Recurso restituido de manera natural en un lapso relativamente corto. (p. 85)

red alimenticia Patrón de cadenas alimentarias sobrepuestas dentro de un ecosistema. (p. 47)

refinería Planta en donde el petróleo crudo se fracciona en combustibles y otros productos. (p. 169)

relleno sanitario Relleno que contiene basura inocua como los desechos municipales sólidos y escombros de la construcción. (p. 123)

rendimiento sustentable Cantidad constante de un recurso renovable que pueden ser recolectado sin reducir el abastecimiento a futuro. (p. 92)

reproducción en cautiverio Apareamiento de animales en peligro de extinción en reservas. (p. 104)

reserva Depósito conocido de combustibles. (p. 167)

resina Material sólido obtenido en la refinación del petróleo, se usa para hacer plásticos. (p. 125)

rotación de cultivos Plantar en un campo cultivos diferentes cada año. (p. 118)

sabana Tierra de pastos próxima al ecuador. (p. 65)

sedimentos Partículas de roca y arena. (p. 152)

selección natural Proceso por el cual los individuos mejor adaptados al medio ambiente tienen más probabilidades de sobrevivir y reproducirse que otros. (p. 32)

sequía Periodo de menor lluvia que lo normal. (p. 150)

simbiosis Relación estrecha entre especies de la que se beneficia al menos una de ellas. (p. 37)

sistema activo de calefacción solar Método para captar la energía solar y distribuirla usando bombas. (p. 173)

sistema pasivo de calefacción solar Método de convertir energía solar en calor sin bombas. (p. 173)

smog fotoquímico Bruma café y densa formada al reaccionar ciertos gases con la luz solar. (p. 141)

sotobosque Estrato de plantas pequeñas que crecen a la sombra del dosel forestal. (p. 63)

subsuelo Capa bajo del suelo superior. (p. 116)

sucesión primaria Cambios que ocurren en un área en donde no ha existido un ecosistema. (p. 77)

sucesión secundaria Cambios que ocurren después de una perturbación en un ecosistema. (p. 78)

sucesión Serie de cambios predecibles que ocurren en una comunidad a través del tiempo. (p. 76)

suelo superior Capa superior del suelo formada por fragmentos de roca, organismos, nutrientes, agua, aire y materia en descomposición. (p. 116)

tala selectiva Proceso de cortar sólo algunos árboles en un área. (p. 92)

tala total Tala simultánea de todos los árboles de un área. (p. 92)

taxol Sustancia química en la corteza del tejo del Pacífico que combate el cáncer. (p. 107)

tóxico Elemento dañino para la salud de los humanos y de otros organismos; venenoso. (p. 131)

tratamiento primario Eliminación de las partículas sólidas de las aguas residuales. (p. 157)

tratamiento secundario Uso de bacterias para desintegrar los desechos en las aguas residuales. (p. 157)

tundra Bioma extremadamente frío y seco. (p. 68)

U

urbanización Construcción de edificios, caminos, presas y otras estructuras. (p. 115)

V

variable Cualquier factor que puede cambiar en un experimento. (p. 205)

variable de respuesta Factor que se altera como resultado de los cambios de las variables manipuladas en un experimento. (p. 205)

variable manipulada Único factor que un científico cambia durante un experimento. (p. 205)

varilla de combustible Varilla de uranio que sufre la fisión en un reactor nuclear. (p. 182)

varilla de control Varilla de cadmio usada en un reactor nuclear para absorber neutrones de la fisión. (p. 182)

zona intermareal Área entre la línea más alta de marea alta y la línea más baja de marea baja. (p. 72)

zona nerítica Área donde el agua del océano es menos profunda sobre la plataforma continental. (p. 72)

Índice

acero, reciclaje del 124
Acuerdo sobre Comercio Internacional de Especies en Peligro de Extinción (1973) 105
acuicultura 95
adaptaciones 32, 34-35, 195
adaptaciones de las presas 35
adaptaciones de los depredadores 34-35
agotamiento de nutrientes 117-118
agricultura, uso de la tierra para 115
agua salada 149
agua
 como factor abiótico 18
 fuerza de la corriente 174-175
aguas cabeceras 71
aguas freáticas 149, 157
aguas residuales 151
agujero en la capa de ozono 145
aislamiento 188, 189
aislamiento con fibra de vidrio 188, 189
alcatraces 27-28
alces 36
alfalfa, fijación de nitrógeno y 55
algas
 descomposición de desechos por 133
 en biomas de agua dulce 70, 71
alimento, como factor de restricción 27
aluminio, reciclaje del 124
animales
 en biomas de agua dulce 70, 71
 sobrepoblación de 30
Antártida 69, 84, 89
apagón 164
aplicar los conceptos, destreza de 206
aprovechamiento de los recursos 85
arada de conservación 117
arada en contorno 117
araña lince 44
árboles caducifolios 66
árboles. Ver también **bosques**
 coníferas 67
 desertificación por tala de 118
Arcata, California, tratamiento de aguas residuales en 157
área, biodiversidad y tamaño de 97
arrecifes de coral 72, 98
arroyos 71
asbesto 143
Asociación Médica Estadounidense 108
aspirina 106
átomos 52
Australia 56, 58
automóviles, smog producido por 141
autos eléctricos 190
aves
 de la tundra 69
 índice de extinción de 101

bacterias
 como descomponedores 47
 descomposición de desechos por 133
 fijación del nitrógeno por 55
ballena jorobada 73
barbechar 117

barreras físicas, como límites de la dispersión 58
basura. Ver **desechos sólidos**
biodegradables, sustancias 124
biodiversidad 97-105
 centro de diversidad genética 100
 extinción de especies y 100-103
 factores que afectan la 97-98
 medicina y 108
 protección de la 104-105
 valor de 98-99
biogeografía 56-61
 deriva continental 56-57
 límites de la dispersión 58-59
 medios de dispersión 57-58
biólogo especialista en administración de la vida silvestre 10
bioma de agua dulce 70-71
bioma de bosque boreal 67-68
bioma de pradera 65-66
bioma de selva tropical 63-64
bioma de tundra 68-69
bioma de bosque de árboles caducifolios 66-67
bioma desértico 64-65
bioma marino 71-73
biomas 62-75
 agua dulce 70-71
 bosques de árboles caducifolios 66-67
 clima y 62
 de bosque boreal 67-68
 de pradera 65-66
 desérticos 64-65
 experimento 60-61
 marinos 71-73
 montañas y hielo 69
 selvas tropicales 63-64
 tundra 68-69
biomas de bosque
 bosque boreal 67-68
 bosques de árboles caducifolios 66-67
 selvas tropicales 63-64
bosques de maderas duras 91, 93
bosques lluviosos templados 64, 106
bosques
 efectos de la lluvia ácida en 143
 predicciones climáticas basadas en 147
búhos 35

caballas 72
cadenas alimenticias 47-49
cadmio, varillas de control de 182-183
calcular, destreza de 203
calefacción, conservación de energía en 189
calentamiento global 146
calor, contaminación del agua por 153
cambio global del clima 146-147
camuflaje 34
cáncer 107
capa de ozono 144-145
capa superior de la selva tropical 195
capacidad portadora 27, 30
carbón 166-167
 calentamiento global y 146
 como fuente de energía 167
 extracción del 167

 formación del 166
 lluvia ácida causada por 142-143
carbono 53
carnero cimarrón 11-12
carnívoros 46
carreteras inteligentes 189
carroñeros 46, 70
casa solar 173
cautiverio, reproducción en 104
caza 30, 102
caza ilegal 102
celdas solares 172, 173, 188
centrales eléctricas 165
 contaminación del agua por 153
 lluvia ácida causada por 142-143
 nuclear 131, 182-183
centrales hidroeléctricas 178
cernícalo 44
CFC. Ver **clorofluorocarbonos.**
ciclo del agua 52-53, 174
ciclo del carbono 53-54
ciclo del nitrógeno 54-55
ciclo del oxígeno 53, 54
ciclos de la materia 51-55
 ciclo del agua 52-53, 174
 ciclo del carbono 53-54
 ciclo del nitrógeno 54-55
 ciclo del oxígeno 53, 54
ciencias del medio ambiente 87
ciervo de Virginia, sobrepoblación de 30
clasificar, destreza de 201
clima 59
 biodiversidad y 98
 biomas y 62
 cambio global del 146-147
 como límite a la dispersión 59
 predicciones 146, 147
clorofluorocarbonos (CFC) 145, 156
Colorado, río 12-13
colores de advertencia 35
colores falsos 35
colores
 de advertencia 35
 falsos 35
combustibles de biomasa 176
combustibles fósiles 164-170
 carbón 142-143, 146, 166-167
 gas natural 169
 oferta y demanda de 170
 petróleo 142-143, 146, 152-153, 157, 168-169
combustibles
 de biomasa 176
 fósiles 164-170
combustión 165
comensalismo 37
comparar y contrastar, destreza de 206
competencia 33, 58
composta, hacer 127
comunes, tragedia de los 92
comunicar, destreza de 201
comunidades 20
concentración 145
condensación 52, 53
cóndores de California 104
coníferas 67, 91

Consejo de Administración de Bosques 93
conservación de la energía 187-190
conservación
    de la energía 187-190
    del suelo 117
    eficiencia y 187-190
    reciclaje y 124, 126
conservación, punto de vista de la 88
consumidor secundario 47, 48
consumidores 46, 54
    en una red alimenticia 47, 48
    primarios 47, 48, 71
consumidores primarios 47, 48, 71
contaminación 85, 175
    carbón y 142-143, 146, 167
    de agua 150-153, 154, 157-158
    de los incineradores 123
    del aire 138-148, 156, 158
    encontrar solución para 155-158
    extinción causada por 102-103
    gas natural y 169
contaminación del agua 150-153
    extracción de carbón y 167
    reducir 157-158
contaminación del aire 138-148
    cambio global del clima y 146-147
    capa de ozono y 144-145
    causas de 141
    en interiores 143-144
    energía hidroeléctrica y 175
    lluvia ácida 142-143
    reducción 156, 158
    smog 141-142
contaminación del aire en interiores 143-144
contaminantes 140-141
    calor como 153
    concentraciones de 145
    de aguas residuales 151
    de interiores 143-144
    de la industria y minería 152
    desechos agrícolas 151, 158
    petróleo y gasolina como 152-153
    sedimentos como 152
control de emisiones 156
controlar variables, destreza de 205
convertidor catalítico 156
costos y beneficios en decisiones ambientales 89
crear experimentos, destreza de 205
crecimiento de semillas 148
crecimiento demográfico 85
cubiertas protectoras 34
cultivo en franjas 117
cultivo en terrazas 117
curruca de pecho bermejo 33
curruca del cabo May 33
curruca dorada 33
Chernobyl, Ucrania, fusión en 183-184
chimpancé bonobo 194
chorlito silbador 102

definiciones operativas 205
densidad de población 23
Departamento de peces y vida silvestre 12
depósitos 11, 13

depósitos subterráneos de almacenamiento 153
depredación 34-36
depredador 34
depurador 156
deriva continental 56-57
derrames de petróleo 152
desarrollar hipótesis, destreza de 204
desarrollo, punto de vista del 88
descomponedores 46-47
    ciclo del nitrógeno y 55
    en biomas de agua dulce 70
    en una red alimenticia 48
    nutrientes aportados al suelo por 117
descomposición 43
desecho. *Ver* **desechos peligrosos; desechos sólidos**
desechos corrosivos 131
desechos de caña de azúcar, energía de 176
desechos explosivos 131
desechos inflamables 131
desechos peligrosos 130-134
    de la comunidad 158
    efectos en la salud 132
    eliminación de 132-134
    reducción de 134
    tipos de 131
desechos radiactivos 131, 133, 183-184
desechos reactivos 131
desechos sólidos 121-129
desechos sólidos municipales 122, 127
desechos tóxicos 131
desertificación 118
desierto 64-65
    como límite de dispersión 58
    ecosistema 32
desierto de Gobi 65
desierto de Namibia 64, 65
destreza de razonamiento crítico 206-207
destrezas del proceso científico 200-212
destrucción del hábitat 101
diagramas de ciclos 209
diagramas de flujo 209
diagramas de Venn 209
dióxido de carbono 53-54, 140
    calentamiento global y 146
directa e indirecta, observación 24
diseño de ventanas, energía solar y 173
dispersión 57-59
diversidad de nichos 98
dosel 63, 195, 198-199
drosera 35
Durrell, Gerald 198-199

ecología 20-21
ecosistemas 16-17
    factores abióticos en 18-19
    factores bióticos en 17
    flujo de energía en 44-50
    materia en 51-52
    niveles de organización en el 20
    presas hidroeléctricas y 180
    valor de la biodiversidad para 99
ecuación de la población 26
Edwards, presa (Maine) 180

efecto invernadero 146
eficiencia
    conservación y 187-190
    dispositivos de consumo eficiente de energía 188-189
Einstein, Albert 181
electricidad. *Ver también* **recursos energéticos**
    producción de 165
eliminación de desechos 113
eliminación de desechos nocivos 132-134, 158
emigración 26
emisiones 141
    predicciones del clima basadas en 147
energía 51
    masa y 181
    reciclar y ahorrar 124, 126
energía de mareas 175
energía del hidrógeno 178
energía eólica 174
energía geotérmica 177
energía hidroeléctrica 175
energía nuclear 181-186
    fisión nuclear y energía 181-182
    plantas nucleares 181, 182-183
energía solar 171-173, 179
erizo de mar 34
erosión 116
    experimento sobre 120
    extracción del carbón y 167
    métodos para reducir 117
escala de peces 180
Escherichia coli 37
espacio, como factor limitante 27-28
especies 19. *Ver también* **biodiversidad**
    amenazadas 100-101
    clave 99
    diversidad de 97
    en peligro de extinción 100-101, 102-103, 104-105
    exóticas 58, 103
    nativas 58
    pioneras 77
especies amenazadas 100-101
especies clave 99
especies en peligro de extinción 100-101, 102-103
    enfoques para proteger 104-105
especies exóticas 58, 103
especies nativas 58
especies pioneras 77
estación espacial *Mir* 140
estanques con régimen de marea 72
estimación 24
estorninos de pico amarillo 37
estrellas de mar 99
estuarios 71-72
estudios de marca y recaptura 24-25, 29
evaporación 52-53
excursiones ecológicas 99
experimento controlado 205
experimentos. *Ver* **investigaciones científicas**
extinción 100-103

extracción a cielo abierto 115
extractor de calor 183

fábricas 142-143
factores bióticos 17
factores limitantes 27-28
fertilizantes 151
fijación del nitrógeno 55
fisión nuclear 181-184
flujo de energía en los ecosistemas 44-50
    cadenas y redes alimenticias 47-49
    papeles energéticos 45-47
    pirámide de la energía 49-50
formaldehído 134
formular definiciones operativas 205
formular juicios, destreza de 207
fotosíntesis 18, 45, 53, 54, 70
fragmentación del hábitat 101
French Broad, Carolina del Norte, río 155
fuentes renovables de energía 171-180
    agua 174-175
    biomasa 176
    energía de las mareas 175
    energía del hidrógeno 178
    energía eólica 174
    energía geotérmica 177
    energía solar 171-173, 174, 179
fusión 183-184
fusión nuclear 184-185

gansos 103
garrapatas 38
garza 71
gas natural 169
gas(es)
    metano 169
    monóxido de carbono 144
    natural 169
    radón 144
gasoductos 169
gasohol 176
gasolina 152-153, 157
genes 100
Georges, banco 94
glotón de aguas profundas 73
golondrinas de los acantilados 24
gráfica, de los cambios en la población 26
gráficas 210-212
Grandes Bancos 94
Groenlandia 69
grulla blanca 103

hábitat 17
hacer generalizaciones, destreza de 207
hacer modelos, destreza de 201
halcones cola roja 37
Hawai, especies exóticas introducidas en 103
herbívoros 46, 66, 68
hibernación 67
hidrocarburos 141, 166
hidrógeno, fusión nuclear del 184-185
hierro, reciclaje del 124
hipopótamo 37
hipótesis 204
hongos 47, 133

hornos de microondas 189
huésped 38
humanos, como medio de dispersión 58

iluminación, conservación de energía en 188
incineración 123, 133
índice de mortalidad 25
índice de natalidad 25
industria, contaminación del agua por la 152
inferir, destreza de 200
inmigración 26
insectos
    de tundra 69
    en arroyos y ríos 71
    en selvas tropicales 64
interacciones entre los seres vivos 31-38
    adaptación al ambiente 32
    competencia 33
    depredación 34-36
    simbiosis 37-38
interpretar datos, destreza de 205
interpretar ilustraciones, destreza de 206
inversión térmica 142
investigaciones científicas 204-205

Isle Royale, alces y lobos en 36

Laboratorio Nacional de Los Álamos 185
laboratorio, seguridad en el 213-215
labrar 117
lagos 70
lagunas 70, 74-75
lámparas fluorescentes 188
"las tres R" (reducir, reutilizar, reciclar) 127
lecho rocoso 116
legumbres 55
león marino de Steller 103
Ley sobre especies en peligro de extinción (1973) 104
Ley del agua limpia 155
Ley del aire limpio 155, 156
leyes
    contaminación 155, 156
    para proteger la biodiversidad 104-105
lianas 198
líquenes 69, 77, 116
lisimaquia 58
lixiviado 123, 130
lobos 36
lofolátilo 95
longitud, medición de 202
Love Canal 130, 132
luz solar
    como factor abiótico 18
    fotosíntesis y 70
    como fuente de energía 45

lluvia ácida 142-143

madera certificada 93
madera, como combustible 176
magma, energía geotérmica del 177
mamíferos de tundra 69
mantillo 116
mariposa golondrina de Schaus 103

polilla cometa 194
masa, medición de 203
    energía y 181
materia en ecosistemas 51-52
medicamentos 106-108
medio ambiente
    adaptación al 32
    razones para valorar 88
medición, destreza de 202-203
metal, reciclaje de 124
metano 176
meteorología, como factor limitante 28
método científico. *Ver* investigaciones científicas
métodos de tala 92
métodos de pesca 95
mimetismo 35
minería subterránea 115
minería
    carbón 167
    recuperación de la tierra después de 119
    uso de la tierra para 115
minería, contaminación del agua por 152
moléculas 52
monóxido de carbono 144
    reducir la emisión de 156
monstruo de Gila 65
montañas 58, 59, 69
Monterey, cañón de 94
muestreo 24
murciélago de nariz foliforme de California 13
murciélagos 13, 35, 37
musgos 77
mutualismo 37, 55

nave del reactor 182-183
neutrón 181, 182
nicho 32, 33, 59
nitrógeno 54, 140
nitrógeno libre 54
nódulos 55
nubes 53, 147
núcleo 181
Nuevo México, serpiente de cascabel de 102-103

observación directa 24
observación indirecta 24
observar, destreza de 200
océanos
    biomas marinos de 71-73
    predicciones del clima basadas en 147
Oficina de Administración de Tierras 10
omnívoro 46
oso pardo 102
óxidos de nitrógeno 141
oxígeno 18, 53, 54, 140
ozono 141, 145

papamoscas de los sauces 12, 13
papel, reciclaje del 90, 125
parasitismo 38
parásitos 38
Parque Nacional de Yellowstone 76, 78, 105
Parque Nacional Denali 67

parques nacionales 105
pastoreo excesivo 118
patrones de alimentación 44
peces 142, 180
permafrost 68
perros de la pradera 16, 19
pesca excesiva 94
pesquerías 94-95
pesticidas 151
petróleo 168-169
    contaminación del agua por 152-153
    localizar yacimientos de 168
    reducir la contaminación 157
    refinación 169
petróleo crudo 169
petroquímicos 169
pez monje 95
pitón 194
planarias 38
plantas convertidoras de desechos en energía 123
plantas solares 172, 178
plantas
    competencia entre 33
    en bioma de agua dulce 70, 71
    espacio como factor limitante para las 28
    medicamentos de 106-107
plantear preguntas, destreza de 204
plástico, reciclaje de 125-126
plataforma continental 72
población, densidad de 23
poblaciones 19, 20, 23-30
    efectos de la depredación en el tamaño de 36
pozos de vigilancia en rellenos sanitarios 122
pradera 65
precipitación 52, 53
predecir, destreza de 200
presa 34
presas 175, 180
presas hidroeléctricas 180
preservación del hábitat 105
primorosa del Valle Eureka 102
problemas ambientales 84-90
productores 45, 47, 48, 53, 70, 71
productos químicos, contaminación del agua por 151, 158
protección de la vida silvestre 10-13
protección del suelo 116-118
pueblo Mbuti 197
pulgas 38
pulmón negro 167
pulpa 125

radón 144
ratones 25
reciclar 90, 124-126
recolección de lixiviado 122
recuperación de gases de los rellenos sanitarios 122
recuperación de la tierra 119
recurso del agua 149-154, 157-158
recursos energéticos 162-193
    combustibles fósiles 164-170
    conservación de 187-190

energía nuclear 181-186
    renovables 171-180
recursos forestales 91
    administración 92-93
recursos naturales 85
recursos no renovables 85
    combustibles fósiles 164-170
    reciclaje para conservar 124
recursos renovables 85, 92
recursos
    bosques 91, 92-93
    en la Antártida 84
    no renovables 85, 124, 164-170
    pesquerías 94-95
    renovables 85
redes alimenticias 47-49
redes de conceptos 208
refinería 169
refrigeración, conservación de la energía en 189
relacionar causa y efecto, destreza de 207
relleno sanitario 122, 123, 127, 132-133
rendimiento sustentable 92-93, 94-95
represa 175
reproducción en cautiverio 104
reservas 105, 167, 168
resinas 125
resolver problemas, destreza de 207
revestimiento de rellenos sanitarios 122
Reykjavik, Islandia 177
ríos 71
rompevientos 117
rotación de cultivos 118

sabanas 65-66
sacar conclusiones, destreza de 205
saguaro, cacto 31, 32, 37, 65
salud
    desechos peligrosos y 132
    smog y 142
sanguijuelas 38
sedimentos 152
seguridad en el laboratorio 213-215
selección natural 32
selva tropical 63-64
    africanas 194-199
selvas africanas 194-199
selvas tropicales 63-64, 98
sequía 118, 150
Servicio Forestal de Estados Unidos 86, 92
silvicultura sustentable 92-93
simbiosis 37-38
sistema activo de calefacción solar 173
sistemas de calefacción solar 173
sistema pasivo de calefacción solar 173
sitios de superfondo 133
smog 141, 142
smog fotoquímico 141-142
sobrepoblación 30
sotobosque 63, 195, 196
subsuelo 116
sucesión 74-75, 76-78
    primaria 77
    secundaria 78

suelo 19
suelo superior 116, 118
sustancias químicas
    contaminación del agua por 151, 152
    usadas por las plantas para rechazar a sus competidores 33

tablas de datos 210
tablas para comparar y contrastar 208
taiga 67-68
tala selectiva 92, 93
tala total 92, 93
taxol 107-108
tejo del Pacífico 106, 107-108
temperatura
    como factor abiótico 18-19
temporadas de veda en la pesca 94-95
tierra
    recuperación 119
    tipos de uso del suelo 114-115
tilapia 95
tortuga del desierto 12
tragedia de los comunes 92
transferencia de calor, experimento de 186
transporte, conservación de la energía en el 190
tratamiento de aguas residuales 157
tratamiento de lixiviado 122
tratamiento primario de aguas residuales 157
tratamiento secundario de aguas residuales 157
tribu del bosque Ituri 197
truchas 71
turba 167
turbina 165
Twain, Mark 114

unidades de medida SI 202-203
uranio 235 (U-235) 181, 182
urbanización, uso de la tierra para 115

valor económico de la biodiversidad 99
valor económico del medio ambiente 88
vapor de agua 52
variable de respuesta 205
variable manipulada 205
variables 205
varillas de combustible 182
varillas de control 182-183
ventanas con revestimiento de alta eficiencia 189
vidrio, reciclaje del 124, 125
viento, como medio de dispersión 57
vitamina K 37
volumen, medición de 202

walabi australiano 56

zona abisal 73
zona intermareal 72
zona nerítica 72
zona superficial 72-73

Reconocimientos

Ilustración

John Edwards & Associates: 50, 59, 72–73, 122, 147, 156, 165, 166, 173, 177, 183, 195
GeoSystems Global Corporation: 11, 63, 64, 66, 68, 118, 133, 167, 194
Andrea Golden: 74t
Biruta Hansen: 20–21, 32
Jared Lee: 143
Martucci Design: 31, 69, 81, 85, 115, 161, 168, 187, 210, 211, 212
Matt Mayerchak: 40, 80, 110, 160, 208, 209
Karen Minot: 97
Morgan Cain & Associates: 45, 142, 145, 146, 169, 182, 184, 186, 202, 203
Ortelius Design Inc.: 57
Judith Pinkham: 90, 120, 128, 179, 186t
Matthew Pippin: 52, 116 (soil)
Pond and Giles: 77, 78, 93
Walter Stuart: 48
Alan Witschonke: 198–199
J/B Woolsey Associates: 22, 26, 33, 36, 47, 53, 54, 74, 101, 116 (spots), 206

Fotografía

Investigación fotográfica Sue McDermott
Imagen de portada Robert Maier/Animals Animals

Naturaleza de las ciencias
Páginas 10,11t, Courtesy of Elroy Masters; **11b**, Pat O'Hara/DRK Photo; **12tl**, Vireo; **12bl**, Jeff Foott/Tom Stack & Assoc.; **12–13r**, M. Collier/DRK Photo; **13**, Gilbert Grant/Photo Researchers.

Chapter 1
Páginas 14–15, Tony Craddock/TSI; **16**, Richard Haynes; **16–17**, Shin Yoshino/Minden Pictures; **17**, Carr Clifton/Minden Pictures; **17 inset top**, Corel Corp.; **17 inset**, S. Nielsen/DRK Photo; **18**, John Cancalosi/Tom Stack & Associates; **19**, Patti Murray/Animals Animals; **23t**, Richard Haynes; **23b**, Michlo Hoshino/Minden Pictures; **24**, C. Allan Morgan/DRK Photo; **25t**, Rob Simpson/Visuals Unlimited; **25b**, Bas van Beek/Leo de Wys; **27**, Mitsuaki Iwago/Minden Pictures; **28t**, Dan Budnick/Woodfin Camp & Associates; **28b**, Russ Lappa; **30**, Gary Griffen/Animals Animals; **31**, J. Alcock/Visuals Unlimited; **33l**, Patti Murray/Animals Animals; **33tr**, Wayne Lankinen/DRK Photo; **33br**, Ron Willocks/Animals Animals; **34l**, Michael Fogden/DRK Photo; **34r**, D. Holden Bailey/Tom Stack & Associates; **35l**, Stephen J. Krasemann/DRK Photo; **35r**, Donald Specker/Animals Animals; **35b**, Jeanne White/Photo Researchers; **37**, Daryl Balfour/TSI; **38**, John Gerlach/DRK Photo; **39**, Tony Craddock/TSI.

Chapter 2
Páginas 42–43, Tom McHugh/Steinhart Aquarium/Photo Researchers; **44t**, Richard Haynes; **44b**, Byron Jorjorian/TSI; **45**, Breck P. Kent/Animals Animals/Earth Scenes; **46l**, Stephen J. Krasemann/DRK Photo; **46tr**, John Cancalosi/DRK Photo; **46br**, John Netherton/Animals Animals; **47**, S. Nielsen/DRK Photo; **49**, Stephen J. Krasemann/DRK Photo; **51t**, Richard Haynes; **51b**, R.J. Erwin/DRK Photo; **55**, Dr. Jeremy Burgess/Science Photo Library/Photo Researchers; **56t**, Richard Haynes; **56b**, J. Cancalosi/DRK Photo; **57**, D. Cavagnaro/DRK Photo; **58**, Stephen G. Maka/DRK Photo; **59t**, John Canalosi/DRK Photo; **59b**, Russ Lappa; **61**, Richard Haynes; **62**, Russ Lappa; **63t**, Renee Lynn/TSI; **63m**, Frans Lanting/Minden Pictures; **63b**, Mark Hones/Minden Pictures; **64l**, Joe McDonald/DRK Photo; **64 inset**, Michael Fogden/DRK Photo; **65**, Art Wolfe/TSI; **66l**, Carr Clifton/Minden Pictures; **66 inset**, **67r**, Stephen J. Krasemann/DRK Photo; **67 inset**, Michael Quinton/Minden Pictures; **68, 69**, Michio Hoshino/Minden Pictures; **70l**, David Boyle/Animals Animals; **70r**, Kim Heacox/DRK Photo; **71l**, Stephen G. Maka/DRK Photo; **71r**, Steven David Miller/Animals Animals; **72l**, Anne Wertheim/Animals Animals; **72r**, Gregory Ochocki/Photo Researchers; **73l**, Michael Nolan/Tom Stack & Associates; **73r**, Norbert Wu; **75l,r**, Russ Lappa; **76t,76b**, Tom & Pat Leeson/Photo Researchers; **79**, John Cancalosi/DRK Photo.

Chapter 3
Páginas 82–83, Gay Bumgarner/TSI; **84**, Frans Lanting/Minden Pictures; **85l**, Inga Spence/Tom Stack & Associates; **85r**, Charles D. Winters/Photo Researchers; **85b**, Key Sanders/TSI; **86t**, UPI/corbis-Bettmann; **86b**, Corbis-Bettmann; **87t**, UPI/Corbis-Bettmann; **87bl**, Underwood & Underwood/Corbis-Bettmann; **87br**, William Campbell/Peter Arnold; **88**, Jeff Gnass/The Stock Market; **90**, Russ Lappa; **91**, Martin Rogers/Stock Boston; **92**, Gary Braasch/TSI; **94**, Tom Stewart/The Stock Market; **95**, Greg Vaughn/Tom Stack & Associates; **96**, Russ Lappa; **97**, Richard Haynes; **98tl**, Dave Watts/Tom Stack & Associates; **98tm**, Frans Lanting/Minden Pictures; **98tr**, George G. Dimijian/Photo Researchers; **98b**, Fred Bavendam/Minden Pictures; **99t**, Frans Lanting/Minden Pictures; **99b**, Jim Zipp/Photo Researchers; **100**, D. Cavagnaro/DRK Photo; **101**, Randy Wells/TSI; **102l**, John Shaw/Tom Stack & Associates; **102m**, Dan Suzio/Photo Researchers; **102tr**, Stephen J. Krasemann/DRK Photo; **102–103**, Phil A. Dotson/Photo Researchers; **103tm**, Frans Lanting/Minden Pictures; **103m**, David Liebman; **103r**, Lynn M. Stone/DRK Photo; **104l**, Roy Toft/Tom Stack & Associates; **104r**, Frans Lanting/Minden Pictures; **105**, Tom McHugh/Photo Researchers; **106t**, Richard Haynes; **106b**, Greg Vaughn/Tom Stack & Associates; **107l,r**, G. Payne/Liaison International; **108**, D. Cavagnaro/DRK Photo; **109**, Gary Braasch/TSI.

Chapter 4
Páginas 112–113, Nick Vedros, Vedros & Assoc./TSI; **114t**, Richard Haynes; **114bl**, Bertrand Rieger/TSI; **114br**, Chad Slattery/TSI; **115**, Jacques Jangoux/TSI; **117tl**, Kevin Horan/TSI; **117tr**, Tom Bean 1994/DRK Photo; **117bl**, Larry Lefever/Grant Heilman Photography; **117br**, Martin Benjamin/The Image Works; **118**, Chris Sattleberger/Panos Pictures; **119l,r**, Wally McNamee/Woodfin Camp & Associates; **120**, Richard Haynes; **121**, Russ Lappa; **123**, Hank Morgan/Science Source/Photo Researchers; **124l**, David Joel/TSI; **124r**, Hank Morgan/Science Source/Photo Researchers; **125**, Russ Lappa; **126**, David Lassman/The Image Works; **127**, Ray Pfortner/Peter Arnold; **128**, David Young Wolff/PhotoEdit; **129**, Richard Haynes; **130t**, Russ Lappa; **130b**, Galen Rowell/Peter Arnold; **131 all**, Russ Lappa; **132l**, Fred Hirschmann/TSI; **132r**, Stephen Agricola/The Image Works; **134**, Russ Lappa, **135**, Fred Hirschmann/TSI.

Chapter 5
Páginas 138–139, G. Randall/FPG International; **140t**, Russ Lappa; **140b**, NASA/Liaison International; **141**, Conor Caffrey/SPL/Photo Researchers; **144,147**, Russ Lappa; **149t**, Richard Haynes; **149b**, NASA/The Stock Market; **150l**, Ed Wheeler/The Stock Market; **150r**, Robert Fried/Stock Boston; **151**, Bilderberg/The Stock Market; **152l**, Suzi Moore/Woodfin Camp & Associates; **152r**, Jeffrey Muir Hamilton/Stock Boston; **153**, Randy Duchaine/The Stock Market; **155t**, Richard Haynes; **155b**, Mike Booher/Transparencies, Inc.; **157t**, Courtesy of city of Arcata, CA; **157b**, Stephen Rose/Rainbow; **158**, Bob Daemmrich/Stock Boston; **159t**, Conor Caffrey/SPL/Photo Researchers; **159b**, Randy Duchaine/The Stock Market.

Chapter 6
Páginas 162–163, Yamada Toshiro/TSI; **164**, M. L. Sinibaldi/The Stock Market; **167t**, Mike Abrahams/TSI; **167b**, Paul Harris/TSI; **168**, Jbboykin Oil Prod./The Stock Market; **170**, UPI/Corbis-Bettmann; **171**, Chad Ehlers/International Stock; **172**, Nadia MacKenzie/TSI; **174**, A & L Sinibaldi/TSI; **175**, Larry Ulrich/DRK Photo; **176**, Carlie Waite/TSI; **178**, NASA; **179**, Richard Haynes; **180**, Herb Swanson; **181t**, Russ Lappa; **181b**, Photograph by Johan Hagemeyer, courtesy AIP Emilio Segre Visual Archives; **184**, Y. Arthus-Bertrand/Peter Arnold; **185**, U.S. Dept. of Energy/Science Photo Library/Photo Researchers; **187**, Richard Haynes; **188l**, Mitch Kezar/TSI; **188r**, Leonard Lessin/Peter Arnold; **189**, Yves Marcoux/TSI; **190**, Wolf/Monkmeyer; **191l**, Nadia MacKenzie/TSI; **191r**, Yves Marcoux/TSI.

Exploración interdisciplinaria
Páginas 194tm, Frans Lanting/Minden Pictures; **194tr**, Alan Carey/Photo Researchers; **194bl**, Frans Lanting/Minden Pictures; **194br**, Roy Toft/Tom Stack & Associates; **195t**, Starin/Ardea London Ltd.; **195m**, Peter Steyn/Ardea London Ltd.; **195b**, Tom Brakefield/Bruce Coleman; **196t**, Dr. Migel Smith/ Earth Scenes; **196b**, Werner Forman Archive/Art Resource; **197l**, Christie's Images; **197r**, Jose Anzel/Aurora; **199**, Corbis-Bettmann

Manual de destrezas
Páginas 200, Mike Moreland/Photo Network; **201t**, Foodpix; **201m**, Richard Haynes; **201b**, Russ Lappa; **204**, Richard Haynes; **206**, Ron Kimball; **207**, Renee Lynn/Photo Researchers.

Versión en español

Editorial Compuvisión México